도시의 로빈후드

0 2.5 5 10 Km

도시의 로빈후드

뉴욕에서 몬드라곤까지, 지구를 바꾸는 도시혁명가들

초판 1쇄 발행 2014년 5월 10일 \ **초판 2쇄 발행** 2014년 12월 10일
지은이 박용남 \ **펴낸이** 이영선 \ **편집 이사** 강영선 \ **주간** 김선정 \ **편집장** 김문정
편집 임경훈 김종훈 김경란 하선정 \ **디자인** 정경아
마케팅 김일신 이호석 김연수 \ **관리** 박정래 손미경

펴낸곳 서해문집 \ **출판등록** 1989년 3월 16일(제406-2005-000047호)
주소 경기도 파주시 광인사길 217(파주출판도시) \ **전화** (031)955-7470 \ **팩스** (031)955-7469
홈페이지 www.booksea.co.kr \ **이메일** shmj21@hanmail.net

이 도서의 국립중앙도서관 출판시도서목록(CIP)은 e-CIP 홈페이지(http://www.nl.go.kr/ecip)에서
이용하실 수 있습니다.(CIP제어번호: CIP2014012816)

도시의 로빈 후드

박용남 지음

뉴욕에서 몬드라곤까지,
지구를 바꾸는
도시혁명가들

0   2.5   5   10 Km

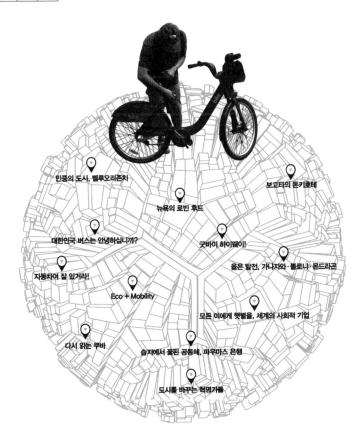

민중의 도시, 벨루오리존치

보고타의 돈키호테

뉴욕의 로빈 후드

대한민국 버스는 안녕하십니까?

굿바이 하이웨이!

자동차여 잘 있거라!

옳은 발전, 가나자와·볼로냐·몬드라곤

Eco + Mobility

모든 이에게 햇볕을, 세계의 사회적 기업

다시 읽는 쿠바

습지에서 꽃핀 공동체, 파우마스 은행

도시를 바꾸는 혁명가들

서해문집

도시를 바꾸는 혁명가들

리우+20회의와 이클레이(ICLEI, 자치단체국제환경협의회) 세계총회에 참석하러 브라질의 벨루오리존치를 다녀온 지도 이제 2년이 되어간다. 국제사회에서 창조도시의 하나로 널리 알려진 꾸리찌바의 전 시장 자이메 레르네르(Jaime Lerner)를 10년 만에 그곳에서 다시 만났다. 몇 년 전 부인과 사별한 뒤 부쩍 늙기 시작했다는 주변 사람들의 증언에도 불구하고 뛰어난 유머 감각과 반짝이는 총기는 여전했다.

오래전 내가 레르네르를 만나 '창조성'이 무엇인지 물었을 때, 그는 건조하게 학문적인 정의를 내리지 않았다. 그가 말하는 창조성이란 흔히 생각하는 것처럼 혁신, 상상력, 공상 등의 개념이 모두 포함된 '창조의 능력'을 지칭하지 않는다. 창조성의 비밀은 바로 '재미와 장난'에 있고, 그 때문에 전염성이 매우 강해, 도시 전체를 쇄신하는 데 아주 큰 기여를 한다고 레르네르는 굳게 확신하고 있었다. '혁명적인 변화 능력'을 뜻하는 창조성은 창의적인 아이디어에서 나온다. 창조성은 우리를 행복하게 만드는 일을 하고,

도시 자체의 행복을 구현하는 가장 중요한 도구인 셈이다.

이처럼 창의적인 능력을 갖춘 혁명가들이 지금 세계 곳곳에서 도시 자체를 근본적으로 뜯어고치면서 위기를 기회로 바꿔내고 있다. 나는 이들 사이에서 어떤 공통점을 발견했다. 이들 모두 로빈 후드나 돈키호테와 비슷한 인물들이라는 점이다. 이야기 속 주인공이 현실세계로 걸어 나온 것 같았다.

로빈 후드는 14세기 초부터 유명해져서 15세기 후반 이후 널리 서민의 사랑을 받아온 문학 속의 인물이다. 그는 리틀 존과 태크 수도사 등을 비롯한 의적들과 함께 11세기경 잉글랜드의 셔우드의 숲을 근거지로 삼아 포악한 관리와 욕심 많은 귀족, 성직자들의 재산을 빼앗고 그들의 횡포를 응징하면서 가난한 사람들을 도왔다. 최근 로빈 후드 같은 혁명가들이 나타나 세계 자본주의 체제의 심장이라 불리는 뉴욕의 맨해튼에서부터 폭력과 납치산업을 상징하는 도시 콜롬비아 보고타, 그리고 사회주의 국가 쿠바의 아바나에 이르기까지 지구촌의 수많은 도시와 마을을 개조하는 실험들을 벌이고 있다.

이런 혁명적인 의지와 신념을 가진 리더들의 주도 아래 이루어지는 도시나 마을 만들기 실험은 실패를 두려워하지 않고 기존 체제를 뛰어넘겠다는 모험이나 도전정신이 없다면, 그 시작은 물론 성공 자체도 기대하기가 매우 어렵다. 창조적인 상상력이 세상을 바꾼다는 굳건한 믿음과 신앙을 가진 돈키호테 같은 인물이 없다면, 삶의 질이 높고 환경친화적인 지속 가능한 도시를 만들어내는 것은 사실상 불가능하다.

돈키호테의 인생을 한 줄로 요약하면 어떻게 될까? "모험하기 위해 살다"가 아닐까. 돈키호테가 첫 번째 가출에서 돌아왔을 때, 조카딸이 그에게 힐난하듯 다음과 같이 말했다지 않은가. "있지도 않은 밀가루보다 더 좋은 것으로 만든 빵을 찾는답시고 세상 방방곡곡 쫓아다니지 말고 집에 계세요." 이 말은 돈키호테가 얼마나 무모하리만치 모험심이 강한 사람인지를 단적으로 보여준다. 그는 실패가 두려워 모험을 포기하는 나약한 인간도 아니고, 개인적이든 사회적 차원이든 변혁을 도모치 않고 세태에 순응하면서 사는 어리석은 인물도 아니다.

돈키호테는 말한다. "평온한 일상, 안락한 삶, 휴식은 비겁한 귀족을 위해 있는 것이고, 모험·불안정한 생활·결투 등은 편력 기사를 위해 있는 것입니다." 일상의 비겁으로부터 벗어나 "위험한 모험, 위대한 업적, 용감한 무훈"이 기다리는 황야로 걸음을 떼지 않는 한, '철의 시대'가 '황금의 시대'로 이행하는 변화의 운동은 결코 일어나지 않는다. 이런 돈키호테 같은 혁명가들의 무모함이 때로는 세상을 바꾸는 것이 아닐까? 그러한 단순한 생각이 이 책을 낳게 했다고 나는 생각한다.

이 책을 준비하기 위해 그동안 《녹색평론》을 비롯해 여러 지면에 발표한 원고들을 새로 읽으면서 적지 않게 고치거나 보완했다. 이렇게 한 권의 책으로 말쑥하게 다듬고 만들면서 나는 아주 소박한 꿈을 하나 갖게 되었다. 도시에서든 마을에서든 하나의 단위 공간에서 이미 훼손될 대로 훼손된 인간과 인간, 인간과 자연 간의 관계를 완전히 새롭게 복원시킬 창의적이고 모험심이 강한 지도자를 키우는 데 이 책이 작게나마 이바지했으면 좋겠다는 게 바로 그것이다.

도시의
로빈후드

이 책의 1부에는 '사람을 위한 교통'이라는 제목 아래 지구라 불리는 작은 행성을 지키기 위해 세계 곳곳에서 진행되고 있는 다양한 교통실험 사례들을 묶었고, 2부에서는 금융·식량·피크오일·기후변화위기 등 다중위기 시대를 준비하는 사람들의 생생한 목소리와 실천 사례들을 모았다.

1부에서는 아메리칸 드림으로 상징되는 자동차 문화의 종언을 선도하는 흥미로운 사례의 하나로서 뉴욕이 최근 추진해온 다양한 노력들과 파리, 보고타, 보스턴, 베를린, 서울 등 세계의 주요 도시에서 유행처럼 번지고 있는 간선도로 철거 운동의 경향을 살펴보았다. 그리고 콜롬비아 보고타에서 진행 중인 행복도시를 향한 실험과, 국제교통개발정책연구원(ITDP)이 수여하는 '2014년 지속 가능한 교통상' 특별상과 유엔인간정주회의(UN Habitat)가 주는 대상의 영예를 얻어 최근 들어 국제사회로부터 새롭게 주목을 받고 있는 수원시의 '생태교통을 이용한 마을 만들기' 경험 등을 구체적으로 알아보았다. 또한 2014년 6·4지방선거를 앞두고 거세게 불고 있는 버스공영제 논란에 대한 비판적 검토와 함께 현시점에서 우리들이 추진해야 할 버스의 공공성 강화 방안을 찾아보았다.

2부에서는 세계 최초로 시민들의 식량권을 체계적으로 지키고 있는 브라질의 벨루오리존치의 사례와, 포르탈레자에서 파우마스 은행이라 불리는 공동체 은행이 법정화폐와 지역화폐를 동시에 유통시키면서 세계에서 가장 중요한 연대경제 운동의 하나로 성장한 사례를 상세히 소개했다. 이 은행은 유엔개발계획(UNDP)과 유엔무역개발회의(UNCTAD)가 공동으로 출간한 〈2010년 유엔 창조경제 리포트〉에 소개되어 있을 만큼 국제사회에서 노 아수 성공한 사례로 인정하는 지역사회은행이기도 하다. 이 밖에도 국내외의 사회적 기업과 내생적 발전의 모범사례인 일본의 가나자와, 이탈리아의 볼로냐, 스페인의 몬드라곤 협동조합의 경험을 두루 살펴보았다. 여기서 한걸음 더 나아가 다중위기를 슬기롭게 극복해온 탈성장국가의 모델 쿠바에게서 우리가 진정으로 배워야 할 점이 무엇인지도 개략적으로 고찰해보았다.

세계 곳곳에서 다양한 형태로 시도되는 실험들을 배울 수 있도록 물심양면으로 도와주신 스승과 많은 지인들에게도 깊은 감사의 인사를 드려야 마땅하다. 특히 평생 내가 바른 길로 갈 수 있도록 이정표 역할을 해주고 계시는 《녹색평론》의 김종철 선생님, 나의 글쓰기 작업에 애정 어린 시선과 후원을 아끼지 않았던 박원순 서울시장님, 그리고 귀한 자료와 사진 등을 제공해준 많은 지인과 친구들에게도 깊이 감사드린다. 평생의 반려자인 아내와, 두 딸 지연과 홍주에게도 특별히 고맙다는 인사를 전하고 싶다. 회갑을 넘어서도 세상과 적당히 타협하지 못하고 독불장군처럼 살아가는 무능한 남편과 아빠를 묵묵히 지켜보며 격려와 위로를 아끼지 않은 가족에게 고맙고 미안하다. 이 책의 출간을 제안하고 도와준 이일규 기획위원, 거친 원고를 꼼꼼히 읽고 바로잡아 쓸모 있는 책으로 만들어준 서해문집의 김선정 주간과 임경훈 과장에게도 마음에서 우러나오는 감사의 인사를 전한다.

2014년 4월 박용남

도시의
로빈후드

Contents

뉴욕의 로빈 후드

굿바이 하이웨이!

보고타의 돈키호테

Eco+Mobility

자동차여 잘 있거라!

대한민국 버스는 안녕하십니까?

01

사람을 위한 교통

뉴욕의 로빈 후드

자동차 정점 이론

2012년 말, 박사과정을 끝냈다는 한 대학원생으로부터 전화를 받았다. 그는 《꿈의 도시 꾸리찌바》를 읽고 감동을 받았다면서, '돌직구를 날리듯' 연이어 질문을 던졌다. 피크오일이 왔다는데 왜 우리나라의 자동차 소유나 자동차 이용이 줄지 않나? 선·후진국을 막론하고 소득이 지금처럼 계속 증가한다면 구매력이 높아져 자동차 생산과 이용이 급증할 것이고, 그에 따라 도로나 주차장 등 자동차를 배려하기 위한 노력을 광적으로 기울이게 되지 않을까? 그 결과 도시는 계속 자동차 위주로 계획되고, 민주주의 원칙이나 사회정의가 구현되기 어렵지 않을까? 도시 구성원 모두가 운전을 하고 자동차를 구매할 여력이 있다고 전제하는 반인본주의적인 도시가 아닌, 자동차 소유와 이용을 현저히 줄이면서 도보와 자전거에 안전한 거리를 만들고 인간의 권리를 지켜주는 의욕적인 실험을 실천하는 도시가 지구촌에는 정녕 없는가? 그런 도시가 있다면 소개해달라 등이었다. 이 글은 그 질문을 곰곰이 되씹으며 대답을 찾아가는 과정에서 얻은 하나의 수확에 지나지 않는다.

　지금 국제사회에서는 미국, 영국, 오스트레일리아, 독일 등 선진국들을 중심으로 자동차 정점 이론(Peak car)[1]을 둘러싼 논쟁이 아주 거세다. 《뉴욕타임스》나 《포브스》의 기사를 단편적으로 요약·소개하는 수준에 그치고 있는 국내 언론이나, 그나마의 관심도 보이지 않는 국내의 보수적 학계, 재계 분위기와는 완전히 다르다. 자동차 정점 이론이란 일반적으로 킬로미터 또는 마일로 표시된 1인당 자동차 주행거리(1년 동안의 평균 자동차 주행거리를 인구수로 나눈 것)가 적어도 8개 주요 선진국(승용차가 지배적 교통수단으로 역할을 담당하고 있는 미국, 영국, 오스트레일리아, 독일, 프랑스, 아이슬란드, 일본, 스웨덴)에서 정점에 도달했다는 가설이다. 자동차 정점 이론 문제를 다룬 국제적 성과 가운데 가장 높은 평가를 받은 오스트레일리아 정부의 연구(2012. 3)에 의하면, 부유한 세계 가운데 20개국의 자동차 주행거리가 포화상태에 도달해 있다.[2] 이 자료는 우리나라도 2018~2020년부터 서서히 자동차 이용 정점 상태에 도달할 것으로 예측하고 있다. 사정이 이런데도 우리는 자동차 주행거리가 지속적으로 증가하고, 자동차 보유 대수도 급증할 것이라는 전제하에 자동차 관련 인프라를 계속해서 확대하는 방식으로 도시를 관리하고 있다. 피크오일은 자원 고갈로 석유 추출 능력이 계속 감소한다는 사실에 기초한 이론이다. 이와는 달리 자동차 정점 이론은 매우 복잡한 원인들로부터 기인하고, 명쾌하게 설명하기 어려운 수많은 변수들이 직간접적으로 영향을 미치고 있다.

도시의
로빈후드

자동차 문화의
종언

《이코노미스트》《뉴욕타임스》《타임스》《가디언》《포브스》《뉴스위크》등 세계 유수의 언론들은 요즘 들어 앞다투어 자동차 이용 정점 사태를 상세히 보도하고 있다. 경기불황과 유가인상 등으로 인해 1인당 자동차 주행거리는 갈수록 줄고, 운전면허를 새로 따려는 사람 수도 내리막길에 들어선 지 이미 오래란 보도가 끊임없이 이어지고 있다. 이는 머지않아 자동차의 이용뿐만 아니라 생산도 정점에 도달할 수 있다는 것을 시사하는 아주 중요한 징표로서, 아메리칸 드림으로 상징되는 자동차 문화의 종언을 예고하는 엄중한 사태가 아닐 수 없다.[3]

미국은 모두가 주지하는 바와 같이 세계 최초로 자동차 문화를 탄생시킨 나라다. 이 나라는 모델 티(Model T)의 출생지이자, 세계 3대 메이저 자동차 회사가 있던 디트로이트를 품에 안고 살던 나라다. 또한 윌슨 피켓(Wilson Pickett)에게 불후의 명성을 안겨준 〈머스탱 샐리(Mustang Sally)〉[4]와 비치보이스(Beach Boys)의 대표곡 〈리틀 듀스 쿠페(Little Deuce Coupe)〉[5]를 탄생시켜 자동차 문화를 전파시킨 전초기지이기도 했다. 이런 나라에서 자동차 문화의 토대가 서서히 붕괴되고 있다는 소식은 정말이지 엄청난 충격이 아닐 수 없다. 투자연구회사 '어드바이저 퍼스팩티브(Advisor Perspectives)'의 더그 쇼트(Doug Short)의 분석에 따르면, "미국 내 주행거리 수치가 2005년 정점을 찍은 뒤, 지속적으로 하락하여 2013년 4월까지 약 9% 하락했다." 이는 1995년 1월 수치와 비슷한 수준이다. 이를 두고 일부에서는 미국의 자동차 생활과 문

디트로이트의 버려진 자동차 공장

화가 저물고 있다고 지적하기까지 한다.

그 이유는 뭘까? 우선 2008년 경제위기 때문에 새 차를 구매할 여력이 줄어든 데다 실직자가 늘면서 직장 등을 오갈 일이 현저히 줄었다는 사정이 꼽힌다. 또 이와 병행해 국제유가가 배럴당 147달러까지 폭등하는 등 유가인상 기조가 겹친 것도 커다란 영향을 미친 것으로 보인다. 하지만 그 이상의 지각변동을 주요한 원인으로 꼽는 연구자들이 계속 늘고 있다. 마이클 시박(Michael Sivak) 미시간대학교 교통연구소 연구교수는 "경제위기가 발생하기 2~3년 전부터 1인당 자동차 보유율, 가구당 자동차 보유율 등이

도시의
로빈후드

꾸준히 떨어지기 시작했다"면서 다른 이유가 있다고 말했다. 어떤 이유건 이는 자동차 산업에 엄청나게 부정적인 신호란 사실을 부인할 수는 없다.

미국 드렉셀대학교(Drexel University) 사회학 교수 미미 쉘러(Mimi Sheller)는 "우리는 지금 장기적인 문화변동을 목격하고 있다"고 말한다. 동 대학의 이동연구정책센터(Mobilities Research and Policy Center) 소장을 겸하고 있는 그녀는 그 이유를 다음과 같이 설명한다. "인터넷이 멀리 떨어진 사람들과도 자주 연락할 수 있게 만들어 굳이 직접 운전을 해서 이동할 필요가 없어지고, 도심 재개발 정책에 따라 교외 지역이 점차 줄어든 것, 차를 함께 타도록 도와주는 이동전화와 카풀 앱(car-pooling apps)의 출시 및 이용 증가 등을 주요한 이유들로 꼽을 수 있다"고 했다. 그리고 "무엇보다 중요한 것은 지난 반세기 동안 교외화와 자동차 이용을 조장했던 시·주·연방정책이 점진적으로 약화되거나 역전되고 있다"는 사실이라고 지적하면서, 그 예로 뉴욕 시가 최근 도입한 공용자전거 프로그램(bike-sharing program), 교량 및 터널 통행세 급등, 카셰어링 확대 등을 들고 있다.

이 밖에도 운전 인구의 인구학적 변화도 매우 중요하다. 젊은층의 자동차에 대한 관심이 줄어들고 운전 연령대가 높아지고 있는 것도 주목할 만하다. 요즘 청년들 사이에서는 '마이카'의 필요성이 예전 같지 않다.[6] 시박 교수는 "젊은이들은 거주지 근처에서 삶의 대부분을 보내고, 멀리 이동할 때는 친구들과 카풀을 하거나 대중교통을 이용한다"며, "과거 젊은이들이 자동차에 대해 호기심이 컸던 데 반해, 요즘 세대는 그저 장거리 전철(BART)이 운행하지 않을 때 이용하는 이동수단 정도로만 자동차를 인식한다"고 말했다. 또 쉘러 교수는 "21세기에 태어난 밀레니엄 세대는 자동차

보다 어떤 IT 기기를 가졌느냐에 더 관심을 쏟는 경우가 많다"며 "버스나 전철을 타고 인터넷을 즐길 수 있는데, 왜 운전하는 데 시간을 써야 하느냐는 것이 요즘 젊은 세대들 생각"이라고 말한다.

자동차 문화의 종언을 예고하는 이런 변화를 감지한 일부 자동차 회사들은 현재 아주 발빠르게 움직이고 있다. 포드는 자동차 대신 '이동수단(Mobility)' 회사로서 자기 정체성을 재정립하고 있다. 이동수단을 자동차에 국한시키지 않고 시대변화에 맞게 외연을 최대한 확장하겠다는 것이 그들의 새로운 영업전략인 것이다.[7]

자동차 주행거리와 자동차 보유가 정점에 이른다는 사실은 경제·사회적 여건에 따라 나라별로 다소 차이가 있고, 시간의 문제일 뿐 언젠가는 우리들이 맞닥뜨릴 수밖에 없는 숙명일지도 모른다. 자동차 이용 정점을 조기에 앞당기고 폭력적인 자동차 문화를 빠른 시일 내에 종식시키기 위해서 우리는 지금까지 무분별하게 유지해왔던 자동차 중심 도시정책을 근본적으로 바꾸어야 한다. 그 길목에서 우리는 지구촌 도처에 산재해 있는 인본주의적 도시들로부터 다양한 개발 경험과 실천 노하우를 배워야 한다.

뉴욕의 로빈 후드
자넷 사딕-칸

북미에서 가장 큰 거대지역(megaregion: 광역경제권, 여러 대도시와 그 주변의 교외 및 신도시 지역을 포함하는 지역권)은 '보스워시(Bos-Wash)'라 불리는 지역이다. 거대지

도시의
로빈후드

역이라는 개념을 가장 먼저 제시한 사람은 지리학자 진 고트맨(Jean Gottmann)이다. 보스워시 거대지역은 미국 동부 해안을 따라 펼쳐져 있는데, 여기에는 뉴욕, 보스턴, 필라델피아, 볼티모어, 워싱턴 DC가 포함되어 있고, 인구가 5000만 명이 넘는다. 이 지역의 연간 경제활동은 영국이나 프랑스의 경제생산 규모와 맞먹고, 인도나 캐나다 경제생산 규모의 2배가 넘는 수준이다.[8]

세계 경제의 중심이라 말할 수 있는 이 보스워시의 허브에 뉴욕이 자리 잡고 있다. 세계적인 창조도시 이론가 리처드 플로리다(Richard Florida)는 뉴욕은 매스미디어에서부터 디자인, 예술, 엔터테인먼트에 이르는 광범위한 창조산업을 중심으로 구축된, 다양성과 혁신경제의 중심지라고 말한다. 뉴욕을 핵으로 하는 대도시권 지역은 서부 로스앤젤레스 일대와 함께 아메리칸 드림을 대표하며 자동차 이용도 가장 많은 곳이다.

브루킹스연구소의 분석에 따르면, 미국의 100개 대도시 권역 가운데 2006년도 자동차 총 주행거리는 뉴욕-뉴저지 북부-롱아일랜드(68,700.1백만 마일)의 경우 로스앤젤레스-롱비치-산타안나(76,670.8백만 마일)에 이어 두 번째로 많지만, 1인당 자동차 주행거리는 후자의 경우 5,958.8마일(39위)인데 반해 전자는 3,657.6마일로 100위를 기록한 것으로 나타났다. 요컨대 뉴욕 일대의 대도시권 지역은 서부 로스앤젤레스 대도시권에 비해 1인당 자동차 주행거리가 약 39%나 적어 미국 내에서도 승용차 의존도가 가장 낮다는 것을 보여준다.[9]

뉴욕 시는 행정구역상 5개 자치구(맨해튼, 브루클린, 퀸즈, 브롱스, 스테이튼 아일랜드)로 이루어져 있고, 2012년 말 현재 약 834만 명이 사는 미국 제1의 도시다. 이 가운데 세계 금융의 중심인 맨해튼은 미국 전체 평균보다 8배나 인구 밀집도가 높으며, 로스앤젤레스보다 무려 30배나 더 높다. 바로 그런 밀집도 때문에 맨해튼을 포함해 5개 자치구에 사는 뉴욕 시민들은 도보나 자전거를 많이 이용하며, 일상적인 업무를 볼 때도 대중교통을 많이 이용한다.

이런 도시 특성을 감안해도 2006년과 현재를 비교해볼 때 뉴욕에 혁명적인 변화가 있었음을 우리는 쉽게 알 수 있다.[10] 그 중심에 미국의 저명한 도시학자 제인 제이콥스로부터 깊은 영향을 받은 것으로 알려진 자넷 사딕-칸(Janette Sadik-Khan)이 있다. 뉴욕에서 막강한 영향력을 가진 인물 중 한 사람인 사딕-칸은 한때 20억 달러 이상의 예산을 집행·감독하고, 엔지니어링에서 선박 운항에 이르기까지 광범위한 기술을 가진 4700명의 숙련된 직원을 관리했다. 또 6300마일의 도로, 800개의 교량, 130만 개의 가로 표지, 30만 개의 가로등과 1만2000개의 교차로 신호뿐 아니라 1년에 2200만 명의 승객을 실어 나르는, 미국에서 가장 바쁜 통근자 페리 스테이튼 아일랜드 페리(Staten Island Ferry)의 운영 및 유지·책임을 떠맡기도 했다.[11]

사딕-칸은 옥시덴탈대학(Occidental College)에서 정치학사를 받은 후, 콜럼비아대학교 로스쿨(Columbia University School of Law)에서 법학 학위를 받았다. 그리고 뉴욕 시 교통국에 들어오기 전에는 세계적으로 유명한 엔지니어링 회사 파슨스 브링커호프

전뉴욕 시 교통국장 자넷 사딕-칸

도시의
로빈후드

(Parsons Brinckerhoff)의 부회장을 역임했고, 미국 연방 대중교통청(FTA)에서 청장보로 일하기도 했다. 그녀는 평범하게 뉴욕 시 도시계획가나 도시 리엔지니어로 불리기도 하지만, 다른 한편으로는 북미를 대표하는 '자전거 슈퍼스타' '뉴욕의 로빈 후드' '거리를 길들이는 조련사' '도로의 지배자' '거리의 싸움꾼' 등의 흥미로운 별명을 갖고 있다. 그녀에게 뉴요커들이 이렇게 색다른 이름을 붙여준 이유는 무엇일까?

앞서 언급한 자동차 이용 정점 사태를 자넷 사딕-칸이 명확히 인지하고 있는지는 모르겠지만, 적어도 뉴욕 시민의 생활방식이 더 이상 자동차 중심으로 이루어지지 않고, 이루어져서도 안 된다고 생각하는 것 같다. 리처드 플로리다가 《그레이트 리셋》에서 《뉴욕 타임스》의 보도를 인용해 아래와 같이 지적한 것보다 그녀는 한 걸음 더 나가 있는 듯하다.

경기 불황 및 환경에 대한 의식으로 많은 사람이 자동차 보유에 대해 다시 생각하고 있다. (…) 자동차가 아메리칸 드림을 대표하던 시절로부터 100년이 더 지난 지금, 자동차에 대한 애착은 더 이상 미국인의 DNA에 포함되어 있지 않다. 자동차 문화는 더 이상 사람들에게 강력한 영향력을 행사하지 못한다. 점점 더 많은 가정이 자동차를 공유하고 있으며, 젊은이들도 자동차 구입을 뒤로 미룬 채 대중교통이나 자전거를 이용하거나 자동차 공유 서비스 집카(Zipcars) 제도를 이용하기도 한다. 기름값이 올라서 그런 것만은 아니다. 자동차가 교통 정체를 유발할 뿐 아니라 우리 자신과 경제에 큰 낭비가 된다는 사실을 깨달았기 때문이다.[12]

자동차 없는 도시를 꿈꾸며 원대한 투쟁에 나선 여성 로빈 후드 사딕-칸은 지난 몇 년간 뉴욕 시를 리셋(reset)해왔다. '리셋'이란 '다시, 또는 다르게 고치는 것'을 의미한다. 흔히 우리는 컴퓨터를 이용하다 먹통이 되면 하드 디스크를 교체하지 않고 전원 버튼을 눌러 시스템을 재가동한다. 마찬가지로, 자동차 때문에 해결하기 어려운 도시 문제가 발생했다고 해서 기존의 도시 자체를 백지 상태로 지우고 새로 건설할 수는 없다. 이보다는 사딕-칸이 주축이 된 최근 뉴욕 시의 리셋 전략을 구체적으로 배워 우리 실정에 맞게 개조하는 것이 더 바람직하고 지혜로운 것이 아닐까? 사딕-칸의 시도를 구체적으로 검토해보자.

자동차 없는 도시를 향한 실험

뉴욕 시민이라면 누구도 마이클 블룸버그(Michael Bloomberg) 전 뉴욕 시장이 뉴욕 도시와 뉴요커들의 삶의 방식을 바꿔왔다는 사실을 부인하지 않는다. 2001년 민주당을 탈당해 공화당으로 당적을 옮긴 그는 루돌프 줄리아니(Rudolf Giuliani)에 이어 시장에 당선된 후 2002년부터 2013년 말까지 3회 연속 뉴욕 시장으로서 직무를 수행했다.[13] 그런 그가 남긴 업적 중 가장 빛나는 프로젝트 가운데 하나가 '21세기 센트럴파크'라 불리는 뉴욕의 새 명물 '하이라인 공원'이다.

인근에 도살장이 있어 '죽음의 거리'로 불리던 맨해튼 로어웨스트사이드

도시의
로빈후드

뉴욕의 새 명물 하이라인 공원

10번가에는 1934년에 건설된 화물철도형 고가철도가 있었다. 교통의 발달로 차츰 철도 이용이 줄어들다 1980년에는 운행이 완전 중단되었다. 하이라인은 맨해튼에서 가장 보기 흉한 역사적 구조물로 남게 되었고, 이에 일부 뉴욕 시민들과 뉴욕 시 당국은 이 고가철도의 철거를 주장했다. 이에 반대해 1999년 지역사회 주민들에 의해 설립된 '하이라인의 친구들(Friends of the High Line)'¹⁴을 중심으로 많은 뉴요커들이 하이라인의 보존 및 전환을 위한 시민운동에 나서게 되었고, 그것이 직접적인 계기가 되어 블룸버그는 2004년 하이라인 디자인을 위한 국제 공모를 하기에 이른다. 그 후 설계 기간만 7년(2004~2010), 시공에 6년(2005~2011)[15]이 걸린 대규모 선형 공원 조성사업이 시작되었는데, 1·2구간 총 사업비만 약 1억5000만 달러라고 한다.

총 길이 2.3km, 지상 약 10m 높이의 하이라인에는 현재 300여 종의 야생화가 자라고, 잔디밭과 산책로, 일광욕 데크와 벤치들이 조화롭고 균형 있게 배치되어 있다. 고층건물 사이에 쐐기처럼 박힌 녹도를 따라 한가롭게 산책을 할 수 있고, 뉴저지의 전망과 허드슨 강의 노을, 패셔니스타들이 모여드는 미트패킹 디스트릭트의 야경이 한눈에 들어오는 아름다운 하이라인 공원의 탄생으로, 뉴욕 시는 센트럴파크에 버금가는 명물을 새로 갖게 되었다.

2009년 6월 마이클 블룸버그 뉴욕 시장이 하이라인 공원 1구간 개막행사 때 말한 것처럼, 이 공원은 "뉴욕 시가 시민에게 준 최대의 선물"이다. 하이라인 공원은 파리의 '프로므나드 플랑떼(Promenade Plantee) 공원'과는 아주 대조적이다. 회화적 정원처럼 꾸며진 프로므나드 플랑떼와 달리 하이라인 공원은 도시와 역사의 역동적 관계를 중시하면서 시민들의 활동성에 초점을 맞춘 도시재생 방법의 한 전형으로 볼 수 있는데, 이것은 어쩌면 블룸버그 시장의 실용주의적 행정의 가장 큰 성과 가운데 하나로 볼 수 있을 것이다.

블룸버그는 자신의 임기 후반인 2007년 4월, '더 푸르고 더 위대한 뉴욕'을 건설하기 위한 30년 비전을 담은 보고서《PlaNYC》를 2007년 4월에 발표했다.[16] 이 청사진의 주요 전략은 뉴욕의 공공 영역을 다시 생각하고 인간 친화적인 도시환경을 개발하는 데 있다. 정량적인 목표로는 이산화탄소 배출량을 30% 줄이고, 100만 그루의 나무를 심으며, 300km의 자전거 전용도로를 건설할 뿐 아니라, 모든 뉴요커들이 공공의 오픈 스페이스까지 걸어서 10분 내에 도달할 수 있게 한다는 것이다. 또 자전거 통근자들의 비율을 2배 늘리고, 교통 관련 사망률을 50% 줄이는 것을 주요 목표로 설정했다.

《PlaNYC》를 구현하기 위해 블룸버그는 깊이 신뢰하고 있던 자넷 사딕-칸을 교통국장으로 영입했다(2007년 4월). 그 후 사딕-칸은 시장실, 교통국, 비즈니스 및 지역사회 단체와 긴밀한 거버넌스 시스템을 구축하고, 세계적인 건축가이자 도시 디자이너 얀 겔(Jan Gehl)이 이끄는 겔아키텍트(Gehl Architects) 연구팀과 함께 뉴욕에서 자동차 없는 도시를 꿈꾸며 〈월드 클래스 스트리트(World Class Streets)〉[17]라는 보고서와 가로 디자인 지침서 등을 만들었다. 이에 토대를 두고 사딕-칸은 6년 동안 맨해튼을 포함해 뉴욕의 5개 자치구에서 자동차 중심의 도시를 완전히 개조하는 혁명적인 과업에 나서게 된 것이다.

사딕-칸이 역점을 기울인 첫번째 사업은 '브로드웨이 대로 프로젝트 (Brooadway Boulevard Projects)'였다. 브로드웨이는 모두가 알고 있듯이 뉴욕 맨해튼 남단의 배터리 공원 북동단에서 시작하여 바둑판 모양으로 배열된 거리를 비스듬히 가로질러 북으로 통하는 대로이다. 새해맞이 행사를 하는 곳으로 익히 알려진 타임스 스퀘어(Times Square) 중심가에는 뮤지컬을 비롯한 쇼 극장이 많아 세계 제일의 연예계 시연장(試演場)으로도 불린다. 사딕-칸은 차량 정체가 심했던 이 일대의 도로를 들어낸 후 파라솔과 의자, 탁자 등을 구비한 공공 공간으로 전환하여, 사교활동은 물론 요가, 에어로빅 등

브로드웨이 대로에 조성된 공공 공간

다양한 스포츠 및 문화 이벤트를 연중 개최할 수 있도록 만들었다.

그리고 2008년 9월에는 메디슨 스퀘어(Madison Square)에 4만 1000ft²의 새로운 공공 공간을 조성해 공개했다. 조경 공사가 깔끔하게 마무리된 보행자 광장을 새롭게 선보인 이곳에는 의자와 간이 탁자가 구비된 파라솔이 설치되어 있는데, 이 사업은 블룸버그 행정부가 수행한 비공원형 공공 공간 프로젝트 가운데 가장 규모가 큰 것이다. 또 25번가에서 22번가에 이르는 브로드웨이에서 단순하고도 안전한 교통패턴을 유지할 수 있도록 이 일

도시의
로빈후드

대의 도로를 재설계하고 자전거 전용도로를 건설하는 등의 조치를 추가로 실행했다. 이 사업은 인접한 메디슨 스퀘어 공원을 보완하고 확장하는 데도 간접적으로 기여한 것으로 평가되고 있다. 이 밖에도 브로드웨이 대로를 따라, 걷기 안전한 보도와 자전거 전용도로가 포함된 완전도로 건설을 추진하고, 헤럴드와 그릴리 스퀘어(Herald & Greeley Square), 유니온 스퀘어(Union Square) 등과 인접한 도로에서는 차로를 축소해, 크고 작은 보행자 광장과 쉼터, 녹지 등을 창조하기도 했다.

새 브로드웨이 조성사업이 완성되자 상당한 성과가 나타나기 시작했다. 사딕-칸이 발표한 자료[18]에 의하면, 이스트와 웨스트 미드타운(east & west Midtown)에서 차량 속도가 약 5%~7% 증가했고, 주변의 인접 거리에서 4%~15% 정도 통행시간이 개선되었다. 그리고 프로젝트 지역 안에서 자동차 운전자·승객들의 부상이 63% 감소하고, 보행자 사고도 35%나 줄었으며, 타임스 스퀘어와 헤럴드 스퀘어의 보행자 수가 각각 11%, 6% 늘었다. 뉴욕 시 조사에 의하면 뉴욕 시민의 74%가 타임스 스퀘어 생활여건이 지난 몇 년 동안 극적으로 개선되었다는 데 동의한 것으로 나타났다.

'브로드웨이 대로 프로젝트' 이외에도 뉴욕 시는 브루클린, 퀸즈, 브롱스 등의 자치구에서도 주차장과 도로를 보행자 광장으로 전환하거나 완전도로 만들기 사업을 추진하고, 안전한 통학로와 노인을 위한 도로 만들기 등을 지속적으로 실시해 세계 최고 수준의 거리를 만드는 노력에 앞장서고 있다. 그리고 뉴욕의 주요 도로를 따라 '코펜하겐 식(차로와 완전히 분리한 형태)' 자전거 전용도로를 2007년에 비해 2배나 많이 건설해 2009년까지 725km에 이르도록 만들었다. 또 이 기간 중에 사무 빌딩 안에 자전거 주차를 허

시티바이크를 타는 뉴욕 시민들

용하고, 자전거 교육과 캠페인을 적극 벌이는 등의 새 시책을 시행해 자전
거로 통근·통학하는 뉴요커의 수를 2배로 늘렸다.

여기서 한 걸음 더 나아가 2013년 5월에는 '시티바이크(Citi Bike)'라 불
리는 공용자전거 시스템을 도입했다. 이 사업은 1년 9개월에 걸쳐 세계에
서 가장 길고 완벽한 주민 참여를 통해 계획안[19]을 설계한 것으로도 유명하
다. 2011년 9월 이래 159회의 모임, 설명회와 시연회 그리고 선출된 관리
와 부동산 소유자, 기타 관련 단체 임원들과 230차례나 되는 모임을 가졌
고, 뉴요커들로부터 1만 개 이상의 공용자전거 정류장을 제안받은 것을 토
대로 최종안을 결정했다. 맨해튼, 브루클린, 퀸즈 자치구에 광범위하게 분

도시의
로빈후드

포한 600개 무인 대여소에서 1만 대의 공용자전거를 공급하도록 계획했는데, 그중 우선 앞의 두 자치구 일원의 330개 무인 대여소에 6000대의 자전거를 배치해 2013년 5월 27일에 1단계 서비스를 시작했으며, 향후에 추가로 확대할 계획이다. '시티바이크'라는 이름은 5년 동안 시스템 구축 비용 4100만 달러 전액을 지원할 시티그룹(Citi Group)으로부터 나왔고, 그 덕분에 이 시스템은 뉴욕 시의 공적 자금을 전혀 쓰지 않고 개발되었다. 캐나다 몬트리올 시의 빅시(Bixi) 시스템 기술을 이용해 운영되는 '시티바이크'는 2011년 9월 공용자전거 시스템 개발 및 운영업체로 선정된 ABS(Alta Bicycle Share)가 독자적으로 운영 및 경영 책임을 맡고 있다.[20]

아직 운영 경험이 일천해 뉴욕 '시티바이크'가 성공했다고 평가하기는 매우 어렵지만, 외신 보도에 따르면 서서히 안착해가고 있음을 알 수 있다. 이 밖에도 최근 뉴욕 시는 차량 과속에 의한 교통사고를 줄이기 위해 '저속주택구역(Neighborhood Slow Zone)' 제도를 도입했다. 이것은 차량 운행속도를 현재의 시간당 30마일에서 20마일로 낮추고, 운전자의 행태를 변형시켜 최종적으로 교통사고의 횟수와 규모, 교통량과 교통 소음을 줄여 지역 거주민들의 삶의 질을 획기적으로 높이는 데 그 목적을 두고 있다.

뉴욕 시가 자동차 없는 도시를 꿈꾸며 실천에 옮긴 주요한 활동 중 마지막으로 주목해야 할 사업은 '섬머 스트리트(Summer Streets)'다. 이는 콜럼비아 보고타 시의 시클로비아(Ciclovia)와 파리 시의 파리 플라주(Paris Plages) 사업을 벤치마킹해, 도로 자체를 공공 공간으로 활용할 수 있는 가능성을 보여준 아주 흥미로운 사업이다.[21] 뉴욕 시 교통국의 야심찬 프로젝트 중 하나인 '섬머 스트리트'는 파크 에비뉴(Park Avenue)와 연결되는 도로를 따라 브루클린브리지에서 센트럴파크까지 6.9마일(11km)의 도로를 일시적으로 폐쇄해 시민들이 놀고, 걷고, 자전거 타고, 휴식하도록 개방하는 사업이다. 여름 기간에 3주 연속 토요일 오전 7시에서 오후 1시까지 진행되는 '섬머 스트리트'는 건전한 레크레이션 공간을 제공하고, 뉴요커들이 더 지속 가능한 교통수단을 이용하도록 돕는 것을 기본 목적으로 하고 있다.

2013년에는 '섬머 스트리트'가 8월 3일, 10일, 17일 토요일에 3회에 걸쳐 열렸다. 여기에 참가한 약 30만 명의 뉴요커들은 걷고, 조깅하고, 자전거·인라인 스케이트·롤러블레이드 등을 타는 활동 이외에도 5개 휴게소 일대에서 암벽 타기, 줄타기 어드벤처(Zip Line), 에어로빅, 춤과 거리 공연 등 다양한 스포츠와 문화활동을 즐겼다. 그리고 대형 쓰레기 수집용기를 수영장으로 개조한 가로 2.4m, 세로 6.7m, 깊이 1.3m 인공 풀장 3개를 설치해 한 사람당 20~25분 동안 이용할 수 있게 했고, 탈의실과 안락의자, 해먹 등을 구비해 시민들과 관광객들이 휴식을 취할 수 있게 했다. 또한 역사상 처음으로 보행자에게 개방한 '파크 에비뉴 터널(Park Avenue Tunnel)'에서 예술가 라파엘 로자노-햄머(Rafael Lozano-Hemmer)가 설치한 쌍방향 빛과 소리 장치를 체험할 수 있도록 했다.

이런 일련의 노력들이 자넷 사딕-칸의 창의적인 상상력으로부터 왔다는 것이 많은 이들의 평가다. 그녀는 2009년, 브루클린에서 마크로씨(Macro-sea) 사(社)의 디자이너 데이비드 벨트(David Belt)가 창안한 '쓰레기 수집용기 수영장'을 파크 에비뉴에 설치한 후, 기자회견(2010년)에서 이렇게 말했다. "전 이 수영장이 뉴욕 시민들의 상상력에 대해 많은 것을 말해준다고 생각합니다. 사람들은 뉴욕 전역에서 볼 수 있는 이 상징적인 구조물(대형 쓰레기

도시의
로빈후드

뉴욕의 섬머 스트리트 사업

파크 에비뉴 터널에 설치한 보이스 터널

수집용기)이 수영장이 될 수도 있겠다고 상상하게 된 것입니다."

사딕-칸의 이와 같은 엄청난 상상력과 지혜가 지금 아메리칸 드림의 허브이자 자동차 문화의 상징인 뉴욕을 그 근본부터 흔들고 있다. 자동차가 영원한 도로의 주인이 아닐 수도 있으며, 그 도로가 얼마든지 사람과 나누어 쓸 수 있는 공공 공간으로 전환될 수 있다는 사실을 입증하기 위해, 그녀는 뉴욕을 자동차 없는 도시로 만드는 꿈을 꾸고, 그것을 실행에 옮겼다. 이 실험이 끊임없이 지속될 수 있을지는 사딕-칸의 적극적인 후견인 역할을 자임한 마이클 블룸버그 시장의 임기가 끝난 뒤, 2014년 새 임기를 시작한 빌 드블라지오(Bill de Blasio) 현 시장과, 그가 새로 임명한 폴리 트로텐버그(Polly Trottenberg) 교통국장이 향후에도 계속 자동차와 싸우는 현대판 로빈후드의 역할을 뉴욕에서 수행할 것인지에 달려 있다. 앞으로 뉴욕의 모습이 어떻게 변화될지 주목할 일이다.

도시의
로빈후드

굿바이 하이웨이!

청계천 복원에 대한
상반된 평가

김용옥 교수는 그의 저서,《도올의 청계천 이야기》에서 "청계천 복원은 단순히 경관의 변화나 교통·물류의 변화를 초래하는 지역적 사건이기에 앞서 근원적으로 우리 민족 삶의 인식의 변화, 더 나아가서는 역사적 패러다임의 전환을 가져오는 일대 혁명적 사건"[1]이라고 말한 바 있다. 그는 2003년 4월 29일자《문화일보》에 실렸던 '유교적 풍류 꿈꾸는 역사인식의 분기점'이란 글을 앞의 책에 하나의 장으로 소개하고 있다.[2] 당시에 청계천 복원 계획을 추진하고 있던 총괄 책임자 이명박 시장과 두 차례 만나고 현지를 같이 답사하면서 나눈 대화의 내용 중 핵심적 부분만을 간추렸다는 이 글의 도입부에는 도올의 다음과 같은 진술이 나와 있다.

본 대화의 내용에서 가장 주목해야 할 것은 청계천 복원이 또 하나의 도시개발 개념으로 이해되어서는 안 된다는 것이다. 이명박 시장은 많은 사람들이 충분한

복원된 청계천

이해도 없는 상황에서 선입견만으로 비판하는 것과는 달리, 그 나름대로 확고한 신념과 방법론을 가지고 있으며 우리나라 미래의 대계를 염려하는 거시적 비전을 가지고 있음이 드러난다. 비판도 애정 어린 격려에서부터 출발하는 것이 그 정도일 것이다.

도올의 이런 지적을 염두에 둔 채 '유교적 풍류 꿈꾸는 역사인식의 분기점'을 읽으며 필자는 '우리나라에도 새로운 패러다임을 개척하는 탁월한 지도자가 나왔구나.' 하는 심한 착각을 한 바 있다. 직접 만나 대화를 나눈

도시의
로빈후드

경험은 없지만 이때 내가 받은 감흥은 말로 표현하기 어려울 만큼 크고 진한 것이었다. 왜냐하면 소수이기는 하지만 필자가 평생 동안 공부하며 배움을 얻었던 저명한 도시 사상가나 자치단체장과 이명박 당시 서울시장이 상당히 많은 생각을 공유하고 있었기 때문이다. 하지만 대통령에 당선된 후 그는 서울시장 재임 기간에 보였던 행보와는 정반대의 길로 치달으며 임기 내내 망가질 대로 망가져갔다. 한미FTA 체결, 4대강 사업 강행, 원자력 발전소 수출과 확대 등 모든 것이 역사적인 패러다임 전환과는 무관하고, 오히려 세계적인 시대적 조류와도 완전히 역행하는 퇴행의 길로 향해 갔기 때문이다. 최근에는 서울시장 재임 기간의 가장 큰 치적이라 평가받는 청계천 복원과 버스교통 개혁 자체에 대해서도 비판적인 평가가 계속 이어지고 있다.

심지어 앞서 언급했듯이 한때 청계천 복원을 높이 평가하고 극찬에 나서기도 했던 도올마저 〈나는 꼼수다(26회)〉라는 인터넷 팟캐스트 방송에 출연해 야유에 가까운 비유를 들어가며 비판의 목소리를 내기도 했다. "이명박 대통령이 대통령이 된 가장 큰 이유는 내가 보기엔 청계천보다도 사실은 버스예요. 그건 비교적 성공한 거예요. 그 모델이 브라질의 꾸리찌바란 도시였어요. 청계천은 포석정을 크게 해놓은 수준이지 본질적인 생태 패러다임은 아니죠. 그에 비해 버스는 인정할 만하다고 생각해요."

우리나라를 대표하는 지식인 가운데 하나라는 도올의 극과 극을 달리는 평가를 보면서 나는 적지 않은 혼란에 빠질 수밖에 없었다. 찬사를 아끼지 않았던 청계천 복원에 대한 평가를 8년 만에 완전히 바꾸어 조금 큰 포석정을 만든 것에 지나지 않는다고 말한 도올의 비판은 정말 옳은 것일까?

서울시의 모델이 되었던 꾸리찌바의 중앙버스전용차로

국내에서는 청계천 복원이 최근 들어 이렇게 심한 냉대를 받는데 국제사
회는 왜 이 사업을 두고 지속 가능한 도시교통의 초석이 될 만한 아시아의
모델이라고 열광하는 것일까? 이런 의문과 궁금증이 직접적인 계기가 되
어 필자는 이와 유사한 국제사회의 경험을 한동안 지속적으로 찾아보기
시작했다.

  그러던 중 누구도 예상치 못했던 10·26 서울시장 보궐선거가 열렸고
박원순 시장이 서울시의 새 수장으로 취임했다. 그리고 임기가 시작된 지
불과 4개월 만인 2012년 2월 말에는 청계천 재복원이 공개적으로 천명되

도시의
로빈후드

었고, 청계천시민위원회가 출범하여 같은 해 3월 23일 첫 모임을 가진 뒤 본격적으로 활동을 시작했다. 이를 두고 일부 보수 신문과 방송에서는 본격적으로 이명박 지우기가 시작되었다는 다소 냉소적이고 논쟁적인 기사를 앵무새처럼 쏟아내기 시작했다.[3]

이런 보수 진영의 논리와는 달리 박원순 시장은 이명박 전 시장이 했던 복원사업에서 무시된 역사적·생태적 관점을 신중히 검토해, 서두르지 않고 제대로 복원하겠다는 의지를 표명했다. 조국 교수와의 대담에서 그는 "독일 쾰른 대성당은 짓는 데 500년 걸렸고 스페인 바로셀로나의 가우디 성당은 아직도 공사 중이다. 정치적 목적으로 서두르다 범한 실수를 되풀이해서는 안 된다. 완공을 군이 임기 중에 할 필요가 어디 있나"[4]라고 말하며 긴 호흡을 갖고 청계천 재복원을 추진하겠다는 뜻을 서울시민에게 밝힌 것이다.

현시점에서 필자는 청계천 복원의 성과와 시행착오를 냉정하게 평가해야 하고, 그 과정에서 발견된 문제점이 있다면 제대로 해결하고 보완하는 작업은 아주 필요한 일이라고 생각한다. 2012년 3월, 뉴욕에 거점을 두고 있는 국제교통개발정책연구소(ITDP)와 세계자원연구소 산하의 네트워크인 EMBARQ가 공동으로 출간한 보고서인 〈도시 간선도로의 삶과 죽음〉[5]을 보면 최근 세계 주요 도시에서 발견되는 하나의 거대한 조류를 읽을 수 있다. 그것은 국제사회에서 고가도로나 하상도로 같은 도시간선도로를 해체·제거하는 사업이 하나의 유행처럼 번지고 있다는 것이다. 그 가장 큰 이유는 갑작스럽게 환경의식이 높아지거나 자동차 문화가 나쁘다는 시민들의 자각 때문이 아니다. 오히려 하이웨이의 재건 및 수리 비용보다 더 저렴한 대안을 찾거나, 경제 활성화와 부동산 가치의 증대, 이동 수요를 충족시키는 데 좋은 해결책의 하나로 이러한 사업을 시행하는 것이다. 서울시의 청계천 복원의 경우도 그런 점에서 볼 때 미국의 보스턴, 포틀랜드, 샌프란시스코, 밀워키, 독일의 베를린 등 많은 선진 도시들과 큰 차이가 없다. 처음부터 청계천 복원은 하천 생태계와 문화재 복원을 시작하려고 기획된 사업이 아니기 때문에 태생부터 그와 관련한 비판으로부터 자유로울 수는 없는 사업이었다. 이런 사실을 인정하고 우리는 청계천 재복원 논의를 새롭게 시작해야 한다.

지구상에서 우리가 살기 좋다고 말하는 도시 가운데 실패와 시행착오를 겪지 않고 만들어진 사례는 거의 없다. 이를 교훈으로 우리는 긴 시간을 갖고 청계천 복원을 다시 진지하게 숙고해야 하며, 청계천 재복원도 '아시아의 모델'이 아니라 '지구촌 전체를 대표하는 모델'이 될 수 있도록 창의적인 아이디어를 총동원해 좋은 사례를 만들어내야 한다. 이것이 바로 다소 부족하지만 이명박 시장 때 성공적으로 수행한 청계천 복원을 박원순 시장이 창조적으로 계승하는 일일 것이다. 또한 세상이 변한 만큼 환경과 문화재 복원의 중요성을 인식하지 못했던 약 10년 전 서울시민들의 눈높이를 높게 끌어올리는 일이기도 하다. 도시는 이렇게 하나하나 시대정신을 반영하며 변해가고 성숙해가는 것이다.

여기서 필자는 프랑스 파리의 센 강에 자리 잡은 조르주 퐁피두 고속도로(Georges Pompidou Expressway)[6]와 콜롬비아 보고타의 인너 링 고속도로(IRE: Inner Ring Expressway)를 통해 선진국과 개발도상국을 대표하는 두 도시의 하이웨이가 어떻게 탄생하고 사라져갔는지 그 궤적을 더듬어보려고 한다.

도시의
로빈후드

파리 시장 베르트랑 들라노에,
고속도로를 폐쇄하다

조르주 퐁피두(Georges Pompidou)는 샤를 드골(Chales De Gaulle) 대통령 재임 당시 총리(1962~1968)를 지낸 인물이다. 그는 총리직을 내려놓은 후 채 1년이 지나지 않은 1969년에 드골에 이어 새롭게 대통령에 선출된 뒤 62세인 1974년에 사망할 때까지 대통령직을 유지했다.

퐁피두는 대다수 정치가들과 마찬가지로 자동차를 열렬히 사랑한 사람이었는데, 총리 재임 시절에는 풀로 덮인 센 강 제방을 간선도로로 대체할 것을 주장했다. 1966년 3월에 파리 시는 센 강을 따라 있는 기존 도로를 연속적인 고속도로로 창조하기 위해 하상도로와 연결할 것을 결정했고, 그로 인해 1967년 조르주 퐁피두 고속도로(The Voie Georges Pompidou)가 완성되어 센 강 오른쪽 제방을 따라 총연장 13km의 구간을 자동차들이 달리게 되었다. 그 후에도 파리 도처에서 무료 간선도로의 확장이 계속 추진되었으나 환경운동과 간선도로에 대한 저항운동이 계속 추진되어 무차별적인 팽창만은 막을 수 있었다.

보수 정당이 시 정부의 권력을 가지고 있을 때는 더 많은 자동차 이용을 지지했지만 사회당과 녹색당이 연립한 시 정부가 등장하면서 파리 시의 정책 기조는 완전히 바뀌기 시작했다. 2001년 3월, 자동차를 희생시키면서 대중교통, 걷기, 자전거 타기를 지지하겠다는 공약을 내걸었던 사회주의자 베르트랑 들라노에(Bertrand Delanoe)가 파리 시장으로 새롭게 선출되었다. 그는 1976년 이래 국회의원과 파리 시 상원의원으로 일한 경력의 소유자로

1993~2001년 사이에는 사회당의 대표를 지냈다.

그는 취임 첫해에 파리 시의 지속 가능한 발전을 위한 계획을 발표했는데, 그 계획의 핵심에는 자동차 교통과 연관된 많은 골치 아픈 일들을 규제하는 것이 있었다. 새롭게 공공 공간을 분할해 버스, 보행자, 자전거나 롤러스케이트를 타는 사람들에게 더 유리하게 만들고, 더 나은 대중교통 서비스를 제공하며, 통근자 주차보다는 거주지 주차를 유리하게 하면서 자동차 이용을 줄이는 주차정책을 마련했다. 또 도시 전역에 완벽한 자전거 도로 네트워크를 구축하고, 통과교통(Through Traffic, 불필요하게 지나가는 교통)이 지역의 가로를 무분별하게 이용하는 것을 불가능하게 만드는 일방통행 차도와 함께 파리 중심지에 녹색마을(Quartiers Verts)을 계속 조성하는 것을 주요 목표로 설정했다. 이 계획으로 나타난 초기의 2개 프로젝트는 새롭게 만든 노면전차 노선과 자동차가 못 다니는 15km의 버스-자전거-택시 차로(car-free bus-bike-taxi lanes)를 건설한 것이었는데, 이 사업들은 파리 시민들에게 어느 정도 성공한 것으로 평가되었다.

하지만 2000년대 초반 파리의 일부 운전자들은 자동차 도로가 대중교통 차로로 전환된 것과, 자동차 이용을 줄이겠다는 들라노에의 선거공약에서 가장 중요한 정책의 하나였던, 여름 한 달 동안의 조르주 퐁피두 고속도로 폐쇄에 격노했다. 들라노에는 센 강 위에 있던 이 고속도로를 한 달(7월 15일~8월 15일) 동안 오전 6시에서 오후 11시까지 폐쇄하고, 여기에 모래·야자수·인공암벽과 공놀이를 할 수 있는 코트 등을 설치했다. 그러자 파리 시민들은 너도나도 밖으로 나와 낮 시간대에는 일광욕을 즐기고, 저녁에는 산책을 하거나 콘서트를 관람했다. 이 파리 플라주(Paris-Plage, 파리 해변이

도시의
로빈후드

라는 뜻)에 여름휴가를 못 떠난 시민들이 벌떼처럼 모여들었고, 2002년 여름에만 관광객을 포함해 약 200만 명을 유인한 것으로 알려져 있다. 그 후 파리 플라주는 매년 파리에서 정기적으로 개최되는 대표적인 이벤트이자 도시를 상징하는 주요 명물의 하나로 확실히 자리 잡아 나갔다. 이 창의적인 사업은 또한 파리의 교통량을 획기적으로 줄이려는 들라노에 플랜(Delanoe's plans)을 촉진시키는 것을 도왔고, 조르주 퐁피두 고속도로를 항구적으로 폐쇄하는 길을 열어주기도 했다.

이전에도 7월과 8월 말 일요일에 몇 시간에 걸쳐 고속도로를 폐쇄한 적이 있지만, 많은 자동차 운전자들이 놀랄 만한 장기적인 폐쇄는 없었다. 하루에 약 7만 대의 자동차가 이용하는 이 고속도로를 폐쇄한 것은 생제르맹 거리(boulevard Saint-Germain) 같은 수평도로에 상당한 교통체증을 불러왔고, 이에 대해 일부 파리 운전자들은 들라노에 정부에 대해 강하게 비판하고 저항을 하기도 했다. 그럼에도 불구하고 프랑스 녹색당의 녹색청년포럼(Forum of Young Greens)을 비롯해 주요 정치 세력의 도움과 파리 시민들의 강력한 지

파리 플라주에 도로로 나와 즐기는 파리 시민들

지로 조르주 퐁피두 고속도로는 약 10년간 계속 여름철마다 폐쇄되어왔다.

2007년 베르트랑 들라노에는 파리에서 자동차 이용을 40% 줄이고, 온실가스 배출량을 60% 줄이겠다는 아주 적극적인 계획을 발표했다. 이 새로운 계획은 버스와 자전거에게 최우선 순위를 두고, 노면전차로를 확장하며, 새로운 교외 통근철도 노선을 만들고, 퐁피두 고속도로를 제거하면서 전반적으로 센 강 제방을 보행자에게 적합하도록 바꾸는 것이었다.

이에 대한 우익 정당의 강력한 반대가 있었지만 파리 시 의회는 세부계획을 채택했다. 또 그해 7월 중순에 시작해 12월 말에 이르러 서구 선진국의 대도시에서 가장 규모가 큰 것으로 알려진, 벨리브(Velib) 시스템이라 불리는 공용자전거 사업도 완성되었다. 1451개의 자전거역[7]에 2만600대의 공용자전거를 파리 전역에 배치한 이 사업은 전 세계 대도시에 공용자전거 사업을 적극 추진하도록 만드는 촉매제가 되기도 했다. 이에 직간접적인 영향을 받아 중국의 항저우 시 같은 경우는 2020년을 목표연도로 공용자전거 17만5000대를 도입한다는 원대한 계획을 마련하고, 1단계로 2008년 10월에 공사를 착수해 총 5만 대의 자전거를 1050개의 자전거 역에서 이용할 수 있도록 했다.

조르주 퐁피두 고속도로를 폐쇄한 첫해에 이루어진 한 여론조사에서 파리 시민들의 66%가 이 사업에 대해 찬성 의사를 밝혔다. 그들의 대부분은 청년이나 여성, 그리고 자동차를 이용하지 않거나 드물게 사용하는 사람들이었다. 이들의 강력한 지지를 받아 매년 조르주 퐁피두 고속도로의 한시적인 폐쇄와 파리 플라주가 계속 이어져 파리 시민들을 즐겁게 만들어주었다.

도시의
로빈후드

파리의 공용자전거 시스템 벨리브

전 파리 시장 베르트랑 들라노에

2010년에 들라노에는 퐁피두 고속도로를 영구적으로 폐쇄하고, 그곳을 보행자 지구로 전환한다는 야심찬 계획을 다시 밝혔다. 자동차만을 위한 고속도로를 보행자와 자동차 모두를 위해 설계된 넓은 산책길로 전환하는 이 사업은 추정 사업비가 5000만 달러로 35에이커의 강변을 재개발하는 것이었다. 들라노에가 2010년 3월 14일 이 프로젝트를 소개했을 때 그는 다음과 같이 말했다. "이것은 환경오염과 자동차 교통을 줄이는 것이고, 파리 시민들에게 행복을 위해 더 많은 기회를 주는 것이다. 만약에 이 사업을 우리가 진행해 성공한다면, 그것이 파리를 크게 변화시킬 것이라고 나는 믿는다."

인너 링 고속도로

베르트랑 들라노에 아래서 부시장을 지낸 같은 사회당 출신의 안 이달고가 2014년 새 파리 시장에 선출됨으로써 조르주 퐁피두 고속도로는 조만간 역사의 뒤안길로 사라질 것이다. 이 도시간선도로가 사라지는 것은 창의적이고 강력한 리더십을 가진 시장이 적기에 내린 결단과 자동차가 없는 거리에서 만끽할 수 있는 강력한 해방감을 경험하고 있던 파리 시민들의 강한 지지와 연대가 있어 가능했다. 이렇게 국제사회에는 약 10년에 걸친 장기간의 학습과 정책 기조의 변화로 도시에서 하이웨이가 사라지기도 하지만, 계획이 완성되어 집행을 코앞에 둔 상태에서 구름처럼 없어지기도 한다. 그 대표적인 사례로 우리는 콜롬비아의 보고타 시에 있었던 인너 링 고속도로를 들 수 있다.

1990년대 중반, 보고타 시는 도심에서 교통혼잡의 완화와 경제활동의 촉진, 그리고 교통사고의 감소와 무분별한 교외 확산 방지를 실현하고자 했다. 1995~1996년에 조사연구사업을 진행한 일본의 국제협력사업단(JICA: Japanese International Cooperation Agency)은 앞서 언급한 보고타 시의 목표를 가장 잘 충족시킬 수 있는 방안으로 6개의 도시간선도로 시스템과 1개의 메트로 시스템을 제안하고, 이에 대한 재정을 제공할 의사가 있음을 밝혔다. 그리고 차관을 상환하는 자금을 마련할 수 있도록 간선도로에서 통행료를 징수할 것을 권고했다. 한마디로 최근 서울 지하철 9호선 등에서 문제가 되고 있는 민자유치 방식을 제안했던 것이다.

국제협력단이 제안한 6개 간선도로로 이루어진 도시고속도로에는 2개의 원형도로와 4개의 방사형 도로(radial-ways)가 있었는데, 이 가운데 바로 첫 번째 원형도로가 인너 링 고속도로였다. 총연장이 17.6km인 이 도로는 4차선(한 방향에 2차선)의 콘크리트 교량 위에 16.6km의 고가 유료도로(elevated toll road)를 건설하여 시속 60~80km의 속도로 자동차가 주행할 수 있도록 만드는 도시고속도로였던 것이다. 2015년 완공을 목표로 한 방향에 시간당 3만5000~4만5000대의 자동차가 통행할 것으로 계획했던 이 인너 링 고속도로는 설계 및 건설 총비용이 15억 달러(2010년 달러 기준)로 경제성이 매우 높고, 사업 타당성이 충분한 것으로 제시되었다.

이 제안서를 종합적으로 검토한 보고타 시장 엔리케 페냐로사(Enrique Penalosa)는 1998년에 국제협력단의 제안과는 정반대로 자전거, 보행 같은 비동력 교통, 간선급행버스 시스템에 토대를 둔 버스교통의 혁명적인 개선과 자동차 이용 제한 등에 토대를 둔 장기 이동전략을 새롭게 착수해 완성시켰다.

2000년에 운행을 시작한 세계 최고 수준의 간선급행버스 시스템 트랜스밀레니오(TransMilenio)는 하루에 약 180만 명을 실어 나르고 있다. 아주 조직화된 교통패턴뿐 아니라 보행자를 위한 교차로의 획기적 개선 등에 힘입어 2006년 기준으로 교통사고 사망자 수를 트랜스밀레니오 개통 이전에 비해 89%나 줄였고 이산화탄소 배출량도 40%나 감소시켰다. 또한 376km의 자전거 전용도로는 보고타의 안전과 접근성을 제고시키며 자전거 이용을 5배나 증대시켰다. 이렇게 인너 링 고속도로를 비롯한 도시간선도로와 메트로 시스템을 하나도 건설하지 않고, 심지어 고가(高架) 하이웨이 건설이 제안되었던 위치에 간선급행버스 교통축을 구축했으며 페냐로사 행정부 시절에 총연장 28마일의 자전거-보행자 전용로인 후안 아마릴로 그린웨이(The Juan Amarillo Greenway)를 계획해 후임 시장이 완공시키기도 했다. 이렇게 보고타 시는 자동차에 대한 의존도를 줄이면서 그들이 1990년대 중반

공원녹지와 인접한 자전거-보행자 전용로인 후안 아마릴로 그린웨이

도시의
로빈후드

에 설정했던 목표를 충족시키고, 일부는 초과 달성하는 성과를 거두었던 것이다.

교통 문제 해결을 위한
역발상이 필요하다

지금까지 우리는 파리와 보고타에서 도시간선도로가 어떻게 사라지게 되었는지 간단히 살펴보았다. 이 외에도 지구촌에는 뉴욕 웨스트 사이드 하이웨이(West Side Highway), 샌프란시스코 엠바카데로 프리웨이(Embarcadero Freeway), 포틀랜드 하버 드라이브 대로(Habor Drive Boulevard), 보스턴 빅 디그(The Big Dig), 독일 베를린 A-100 터널(A-100 Tunnel), 우리나라의 청계천 등 완성되었거나 계획 중인 비슷한 사례가 무수히 많다. 지금 국제사회에는 도시 안에서 고가와 하상도로 등 주요 간선도로가 사라지거나 변형되는 것이 거의 일상적인 풍경처럼 자리 잡고 있다. 이제 우리는 어느 도시를 가나 사람과 자동차 사이에 벌어지는 공간 확보를 위한 갈등과 투쟁 사례를 아주 쉽게 볼 수 있다. 엔리케 페냐로사 전 보고타 시장이 말했듯이 "모든 시민들이 법 이전에 평등하다면 100명이나 150명을 태우는 버스는 나 홀로 승용차보다 150배 이상의 도로 공간을 확보하는 것이 올바른 일이다. 도로 공간의 재분배는 기술적인 문제가 아니라 정치적인 문제이므로 우리의 의지 여하에 따라서 도시는 사회정의가 구현되는 장소가 될 수도 있고 안 될 수도 있다."[8] 보도에 주차하는 것은 민주주의가 결여되었다는 것을 상징적으

지상에 공원을 조성하고 지하구간은 도로로 전환한 보스턴의 빅 디그

로 보여주는 것이다. 우리가 인간답게 살고자 꿈꾸는 도시의 하천과 교차로에서 스파게티처럼 마구 뒤엉킨 하상도로와 고가도로를 하나하나 걷어낸다는 것은 우리 사회를 좀 더 민주적인 사회로 만들어가는 데 있어서도 아주 필요한 일이다.

교통 문제는 건강이나 사회복지 등 다른 도시 문제들과는 달리 소득이 증가하면 오히려 해결하기 더 어려워지고 복잡해진다. 이 문제를 해결하는 지름길은 도시 안에서 끊임없이 간선도로를 확장하거나 증설하는 방식이 아니라, 역발상을 통해 하이웨이를 없애는 데 있는 것이 아닐까? 끊임없는 경제성장이 지속 가능하지 않듯이 무분별하게 자동차만을 배려한 도로 건설이 도시를 망치고 인간적인 삶을 영위하는 것을 어렵게 만든다. 이 시점에서 우리는 어떤 선택을 하는 것이 지혜로운 것일지 한번 진지하게 생각해볼 때이다.

보고타의 돈키호테

절망의 도시

이제 우리는 우리 혼자서만 세상을 돌볼 수 없게 되었다. 아우가 너무나 많은 해를 끼치고 있다. 아우도 이를 보고, 이해하고 책임을 져야 한다. 이제 우리는 함께 일해야 할 것이다. 그렇지 않으면 세계는 죽을 것이다.

이 말은 남아메리카 시에라 네바다의 높은 산악지대에 살고 있는 토착민족 코기 사람들이 영국의 역사가이자 텔레비전 프로듀서인 앨런 이레이라(Alan Ereira)의 입을 빌려 오늘날의 문명세계를 향해 보낸 메시지다. 지구의 생명을 지키고, 세상을 보존하고 유지하는 것이 자기들의 책임이라고 생각했던 그들의 선조들은 콜롬비아의 산타마르타(Santa Marta) 근처의 밀림 속에 타이로나(Tayrona)라고 불리는 거대 도시의 유적을 만든 사람들이었다. 스스로 '인류의 형님'을 자처하는 그들이 20여 년 전에 문명세계의 아우들에게 앞으로 살아가는 방법을 바꾸지 않으면 세상은 곧 죽게 될 것이라고 엄중하게 경고했던 것이다.[1] 그럼에도 불구하고 우리가 사는 세계는 그들의 경고에 따라 삶의 방식을 근본적으로 재조직해보려는 노력을 거의 기울이지 않았다.

이런 와중에 일찍이 엘도라도(황금의 나라)라고 불렸지만, 지금은 마약과 납치 산업의 대명사처럼 알려진 절망의 땅 콜롬비아에서 다시 인류의 미래를 위한 청사진을 새롭게 제시하고 있다는 소식이 계속 전해진다. 그중 하나는 콜롬비아 동쪽 황량한 초원지대에 자리 잡은 '가비오타스(Gaviotas)' 생태공동체다.[2] 가비오타스는 자연과 원주민, 이주민들이 모두 생태적으로 조화롭게 공존하는 새로운 문명을 건설했다는 점에서 국제사회의 높은 평가를 받고 있다. 이를 만든 일군의 이상주의적 지식인들과 과학자들은 오늘날 제3세계의 현실에서 생태주의에 입각한 공동체의 건설이 어떻게 가능한지를 구체적으로 보여주고 있다. 한편 최근 콜롬비아의 수도 보고타(Bogota)에서 기존의 서구 도시들과는 근본적으로 다른 도시문명을 가꾸고 만들어가는 혁신적인 실험이 진행 중이라는 흥미로운 소식이 전해지면서 우리를 또 한 차례 흥분시키고 있다.

콜롬비아는 천일내전(Guerra de los Mil Dias, 1899년부터 1902년까지 자유파와 보수파 사이에 벌어진 내전. 1902년 위스콘신 평화협정으로 내전이 끝날 때까지 약 10만 명이 사망했다.) 이후 파나마의 상실 등으로 소강상태에 들어갔던 자유파와 보수파 간의 분쟁이 1948년부터 재연되어 10여 년 동안 다시 내전의 수렁에 깊이 빠진 적이 있다. 이른바 '라 비올렌시아(La Violencia, 폭력의 시대)'라 불리는 이 시기를 거치면서 30만 명 이상의 국민이 희생되는 끔찍한 유혈 폭력사태를 경험하고도 모자라 1960년대 초반에 결성된 좌익무장반군과 정부군이 전쟁 아닌 전쟁을 지금까지 계속하고 있는 나라다. 또한 정부의 공권력이 제대로

도시의
로빈후드

미치지 못하는 지방의 토호들과 주민들이 자위권 행사 차원에서 결성한 우익 민병대와 좌익단체, 이에 대항하여 만들어진 각종 우익테러단체, 그리고 막강한 자금력을 가지고 있는 마약 조직들이 만든 무장단체, 그 밖에 사회의 혼란을 틈타 독버섯처럼 번성하고 있는 각양각색의 범죄조직 등이 마구 뒤엉켜 치안 부재의 상황을 연출하면서 일반 시민과 농민들을 공포의 도가니로 몰아넣고 있다.

이렇게 우리의 상상력을 초월하는 정치·사회적 상황이 국가의 안정과 미래를 근본적으로 위협하는 콜롬비아에서 가비오타스나 보고타 같은 불가사의한 사례가 있다는 사실은 놀라운 일이 아닐 수 없다. 특히 안데스 산맥의 해발 2640m 고원에 자리 잡고 있는 보고타가 보여준 최근의 경험과 교훈은 시사하는 바가 자못 크다. 여기서는 '인류의 형님'답게 1998년부터 불과 5~6년에 지나지 않는 짧은 기간에 엔리케 페냐로사(Enrique Penalosa) 전 시장을 비롯한 보고타 사람들이 어떤 도시를 만들어왔고, 그 후 어떤 시행착오를 경험하고 있는지를 좀 더 구체적으로 살펴보기로 한다.

보고타와
엔리케 페냐로사

콜롬비아는 국토 면적이 113만 8910㎢로 남한의 12배에 달하며, 브라질, 아르헨티나, 페루에 이어 남미에서 네 번째 큰 나라다. 특히 생물종 다양성이 아주 높은 국가로 알려져 있다.[3] 이 나라의 수도인 보고타는 원래 평화

보고타 구 시가지의 볼리바르 광장에 있는 대성당과 동상

로운 안데스 산맥의 고산족인 칩차(Chibcha)족의 본거지이자 엘도라도 전설
의 근원지로 '아메리카의 아테네'라고 불리는 곳이다. 2013년 현재 전체인
구의 약 16.3%인 약 767만 명이 거주하는 콜롬비아의 명실상부한 정치, 행
정, 그리고 교육과 문화의 중심지이다.

국내에서 차지하는 이러한 높은 위상에도 보고타는 '라 비올렌시아' 이
후 50여 년 동안의 거듭된 내전과 폭력, 부정부패, 높은 실업률, 빈부격차
의 심화 등으로 엄청난 고통을 겪고 있었다. 특히 보고타 남쪽 옆에 자리
잡은 볼리바르 시(Ciudad Bolivar)는 도시로 몰려드는 사람들이 산기슭에 기반

도시의
로빈후드

을 잡을 때마다 마치 파도가 절벽을 때리듯이 안데스를 배경으로 솟아오른 곳으로 국제사회에 널리 알려졌다. 인구가 200만이나 되는 그곳은 세계에서 가장 큰 불법거주자 정착지 가운데 하나로서 전형적인 빈민지역이라고 할 수 있다.

이런 도시적 특성 때문에 보고타에서는 폭력과 테러, 납치 사건이 일상적으로 일어난다. 알 카포네의 영화에 비유될 만큼 폭력이 난무하는 이 도시에서는 경찰서, 검사의 자동차, 판사들의 거주지, 심지어 대통령의 취임식장에까지 폭탄이 던져지는 기상천외한 일이 흔히 발생한다. 보고타의 문제는 여기서 그치지 않는다. 서쪽으로 시 경계 밖에 있는 보고타 강과 그 지류들이 퇴적시킨 기름진 600제곱마일의 충적토에는 수천 개의 비닐 온실이 자리 잡고 있고, 그 화훼단지에서 무분별하게 살포되는 농약으로 인해 보고타 강은 화학약품 폐수 웅덩이가 되어버려 2015년까지 수영이 금지되어 있다. 또한 수출용 국화와 장미에 물을 대느라 대수층이 깊숙이 오그라들어서 이 지역에 사는 사람들은 몇 주일씩 물 없이 지낼 때도 있다고 한다. 게다가 고원지대에 자리 잡은 탓에 산소도 부족한 데다, 자동차로 인한 스모그와 대기오염 등도 우리의 상상을 초월하는 수준이었던 것으로 전해진다.

이렇듯 깊은 시름에 빠져 있던 제3세계의 전형적인 절망의 도시가 탁월한 비전과 열망을 지닌 한 지도자의 출현으로 이전과는 전혀 다른 모습으로 거듭 태어났다. 불과 3년에 지나지 않는 짧은 재임 기간(1998년~2000년)에 시장을 역임하면서 보고타를 여느 제3세계 도시에서는 볼 수 없을 정도로 높은 삶의 질을 가진 도시로, 그리고 지속 가능한 도시로 탈바꿈시킨 엔리

전 보고타 시장 엔리케 페냐로사

케 페냐로사가 바로 그 사람이다.

페냐로사는 명랑하고 '돈키호테처럼 말을 잘하는 사람'으로 통한다. 한때 보고타 시의회 의원과 유엔의 주택 전문가였던 그의 아버지로부터 도시 문제에 대한 깊은 관심과 지식을 물려받은 페냐로사는 그만이 지닌 독창적인 도시개발 아이디어를 세련된 정치가의 역량을 통해 구현해내는 탁월한 능력을 지니고 있었다. 또한 시민들의 삶터인 도시를 만들어가는 데 기본적으로 필요한 소양과 분명한 철학을 갖고 있었다.

그의 철학은 2000년 4월, 미국 버클리에 있는 캘리포니아대학교 라틴아메리카 연구센터 특강에서 밝힌 내용에 잘 나타나 있다.[4] "수 세대가 살 환경을 창조하는 데 참가한 우리 모두의 과업은 단순히 능률적인 도시를 창조하는 것이 아니라, 다수의 사람이 행복해질 수 있는 환경을 창조하는 것입니다. 행복은 정의하는 것은 물론 측정하기도 어렵지만, 집단적이든 개인적이든 우리 모두의 노력이 그것을 가져온다는 것을 잃어버리면 안 됩니다." 이렇게 개인 또는 집단이 자신들의 삶터를 근본적으로 개혁할 수 있다는 낙관적인 가치관을 지니고 있는 그는 "우리 모두의 일상적인 노력은 한 가지 목표, 즉 행복을 향하고 있다"고 믿고, 그 가운데서도 특히 어린이들의 행복을 위한 이상적인 환경 조성이 아주 중요하다는 생각을 하고 있었다.

페냐로사는 자신의 신념을 설명하면서 브라질의 한 습지에서 촬영한 왜

도시의
로빈후드

가리 다큐멘터리를 예로 들었는데, 그것은 오늘날 우리의 현대 도시가 안고 있는 문제를 이해하는 열쇠로서 아주 흥미로운 것이다. "어린 왜가리가 나는 것을 배우면서 일부가 물에 떨어졌지요. 악어는 즉시 그것들을 게걸스럽게 먹어치웠어요. 이런 왜가리에 대해 연민을 가졌던 것처럼 나는 도시에서 어린이들이 비슷한 상황에 직면해 있다고 느꼈습니다. 어린이들은 집을 떠남으로써 자동차에 치일 위험이 있는데, 이는 이론이 아니지요. 실제로 세계 전역에 있는 수천 명의 어린이들이 매년 자동차에 의해 죽습니다. 중세 시대의 어린이들이 늑대를 두려워했던 것처럼 오늘날 도시의 어린이들은 자동차의 공포 속에서 성장하고 있습니다."

이렇게 어린이를 왜가리, 자동차를 악어와 늑대로 비유해 설명하고 있는 그를 두고 보고타의 대표적인 일간지 《엘 티엠포(El Tiempo)》는 선동 정치가 또는 돈키호테 같다고 말했다. 하지만 페냐로사는 서구의 전통적인 토지 이용 개념 및 개발 방식과 싸우는 로빈 후드이다. 브라질의 세계적 생태도시 꾸리찌바의 전 시장이었던 자이메 레르네르에게도 간접적인 영향을 받았다는 그의 언술은 지금까지 서구를 비롯한 대부분의 사회에서 관료들이 견고하게 지켜왔던 가치관과 관행은 물론 일반 시민들의 기존 관념마저 뿌리째 뒤흔들 만큼 아주 혁명적이었다. 보고타 도시 만들기의 철학적 토대가 된 그의 생각이 드러난 또 다른 발언을 보자.

"신은 우리를 걷는 동물, 즉 보행자로 만들었지요. 물고기가 헤엄치고, 새가 날고, 사슴이 뛸 필요가 있는 것처럼 우리는 살아남기 위해서가 아니라 행복하기 위해 걸을 필요가 있습니다. 새는 작은 새장 안에서도 살아남고 후손들을 낳지요. 하지만 사람들은, 새가 강당 크기의 커다란 새장 안에서 더욱 행복해하며 자유롭게 비행할 수 있는지를 의심스러워합니다. 그래서 사람은 새와는 달리 가능한 한 자유롭게 걸을 수 있고, 달릴 수 있을 때 더 행복해질 수 있습니다."

이렇게 그의 머릿속에는 자동차가 중심이 되는 도시가 아닌, 걷고 뛸 수 있는 도시가 시민들을 행복하게 만들어준다는 신앙이 깊게 뿌리내리고 있다. 그래서 페냐로사는 도시를 만드는 데 있어서 대부분의 자치단체장들이 성서처럼 받드는 비용·편익 분석 결과보다는 오히려 경제적으로 계산할 수 없는 것들을 더욱 중요하게 생각한다.

"보행자를 위한 공공 공간의 중요성은 측정할 수 없습니다. 우리는 더 넓은 보도, 보행자 거리, 더 크고 좋은 공원이 사람들을 더 행복하게 만드는지 수학적으로 입증할 수 없고, 게다가 얼마나 더 행복하게 하는지는 증명할 수조차 없습니다. 그러나 만약 우리가 좀 더 고민해본다면, 삶에서 중요한 대부분의 것들 역시 측정될 수 없다는 사실을 알게 될 것입니다. 그 좋은 예로 우리는 행복 이외에 우정, 아름다움, 사랑과 충성심 등을 들 수 있지요." 이와 같이 우리가 엄연히 진리로 받아들이고 있는 것들은 대다수 자치단체의 행정에서는 아주 소홀히 다루어지거나 완전히 무시되는 게 일반적이다. 하지만 앞서 지적했듯이 우리가 전혀 계산할 수 없는 요소들의 중요성을 깊게 인식한 페냐로사는 세계적으로 유명한 도시학자들도 흔히 놓치기 쉬운 내용까지 언급하고 있다.

"공원과 기타 보행 공간은 도시생활을 행복하게 하는 데 기본입니다. 공원과 기타 공공 투자 사이에는 묘한 차이가 있습니다. 만약 사람들이 교통, 수도 시설 같은 다른 전통적인 서비스가 부족하다면 매우 불만족스럽게 느

도시의
로빈후드

낄 것입니다. 그러나 사람들이 그런 서비스를 받는 경우에는 만족감을 많이 갖지 못하지요. 이와는 반대로 사람들이 공원이나 기타 보행공간이 부족하다면 특히 더 불만족하게 될 것입니다. 하지만 그들이 그것들을 갖는 경우에는 끊임없이 만족감을 느낄 겁니다." 이런 페냐로사의 말은 교통을 비롯해 대부분의 정부 서비스가 더 나은 생활을 의미하는 반면, 공원과 보행자 공간같이 도시생활을 행복하게 하는 데 기본적으로 필요한 것은 그 자체가 존재 이유라는 사실을 말해준다. 바꾸어 말하면, 공원·광장·보행자 거리·보도 등은 사회정의의 기초이자 민주도시의 가장 기본적인 요소라는 것이다. 이는 고층건물과 고속도로의 이미지가 도시의 진보를 상징하는 것으로 착각하는 우리에게, 그것보다는 아이들이 자전거로 쉽고 안전하게 이동하는 사회가 더 문명화된 사회라는 강한 메시지를 전달하는 것이기도 하다.

기존의 서구식 개발 패러다임에 반기를 든 페냐로사의 이러한 진취적 사고는 도시교통 문제를 이해하는 데서도 보통사람들과는 확연히 구분되는 특징을 보였다. "교통은 개발도상국 사회가 직면한 다른 문제들과는 차이가 있는데, 그것은 경제발전이 되면 더 악화되기 때문이지요. 하수도 설비, 교육 등 다른 도시 문제들은 경제성장과 더불어 개선되지만 교통은 악화됩니다. 따라서 교통개혁은 선진국 도시에서보다 제3세계 도시에 적합한 도시 모델의 핵심이라 볼 수 있습니다." 이러한 생각에서 그는 세계가 지난 세기와 지금까지 추구하고 있는 것과는 근본적으로 다른 삶의 방식, 즉 자동차에 대한 의존도가 낮은 사회를 염두에 둔 하나의 도시 모델을 머릿속으로 그렸다. 그것은 이제까지 선진국에서 보여준 도시개발 모델의 폐해와 자신이 살고 있는 도시가 처한 현실에 대한 비판적 인식에 기초한 것이었다.

페냐로사는 선진국 도시들의 자동차 기반 교외화 모델이 잘 작동하지 않는다고 지적한다. 스프롤(sprawl) 현상, 즉 도시의 무분별한 확장을 가속화하는 이 모델은 물리적 차원에서 낭비적이고 환경적으로도 건전하지 않을 뿐 아니라 인간의 상호작용 자체를 어렵게 만드는 매우 비인간적인 공간조직 방식이다. 그 좋은 예는 미국의 조지아 주 애틀랜타 시의 사례에서 좀 더 극명하게 드러난다.[5] 이를 잘 인지하고 있던 그는 선진국 도시들의 실패 경

애틀랜타 도심고속도로의 교통체증

도시의
로빈후드

험을 피하면서도 제3세계 도시들만이 지닌 고유한 특성을 살리고 평등과 환경, 문화적 정체성과 자존을 지키기 위해 필요한 도시 모델을 새롭게 모색해나갔다.

페냐로사는 제3세계 도시들이 앞으로 경제발전을 한다 해도 유럽의 역사 깊은 도시들이 가진 위대한 건축 유산은 결코 갖지 못할 것이라고 생각했다. 또한 보고타의 저소득과 그 결과인 낮은 자동차 대중화, 그리고 고속도로의 부재와 빈발하는 범죄, 낮은 지가가 주변 지역의 교외개발을 촉진시키지 않았기 때문에 많은 토지가 잘 보존되어 있다는 사실 역시 잘 알고 있었다. 그는 이런 현실 인식에 토대를 두고 파리를 비롯해 서구 선진도시에서는 전혀 꿈꿀 수 없는 아주 혁명적인 비전을 갖게 된 것이다. 지금까지 세계 어느 도시에서도 발견하기 어려운 엄청난 규모로 자동차 이용을 '제한'하여, 보행자 및 자전거에 친화적이고 대중교통에 기반을 둔 사회를 건설하겠다는 야망이 바로 그것이다.

이와 같은 엄청난 비전과 야망을 가진 한 지도자가 시민들과 혼연일체가 되어 내전과 폭력, 마약, 부정부패 등으로 온통 얼룩진 도시를 시장 재임 기간 동안 어떻게 개조해왔는지를 살펴보는 일은 아주 흥미로운 작업이다. 여기서는 그들이 보여준 다양한 성과와 국제사회의 평가 중 교통 분야를 집중해서 살펴보려고 한다. 자동차 이용을 제한하면서 세계에서 가장 규모가 큰 '차 없는 도시'가 어떻게 운영되고, 간선급행버스체계(BRT: Bus Rapid Transit) 트랜스밀레니오가 어떻게 운영되는지, 그리고 국제사회가 괄목할 만한 것으로 평가하는 성과와 앞으로의 전망 등을 개략적으로 알아보자.

'차 없는 도시'를 향한 혁명

제3세계 도시들은 물론 우리나라에서도 자동차 이용은 매우 퇴행적인 결과를 가져오고 있다. 일반 시민들, 특히 빈민들의 가장 시급하고 중요한 수요와는 무관하게 교통체증을 경감시키기 위한 도로, 주차장 등의 건설과 유지에 따르는 대규모의 공공 투자를 유발하고, 대중교통을 이용하는 대다수 시민의 통행을 어렵게 만드는 교통혼잡과 대기오염을 가중시키고 소음을 발생시킨다. 또한 자가용 소유자들을 위한 도로와 그에 따라 불가피하게 만들어진 육교, 지하도 등은 보행자들에게 장애가 될 뿐 아니라, 무분별한 주차로 인해 이미 축소된 보행자 공간마저 잠식당하고 있는 형편이다. 거기에는 분명 자동차와 인간 사이의 모순적인 이해가 존재하고 있다. 말하자면, 한 도시가 자동차에 더 편의를 제공하면 할수록 인간의 존엄성은 덜 존중받게 되고, 상류와 하류계급 사이의 삶의 질 차이 또한 더욱 커지게 된다. 게다가 어린이, 노인, 장애인 등 사회적 약자들은 자동차 대중화가 급속도로 진전되면서 더욱 소외감을 느끼게 된다.

더 큰 도로를 더 많이 건설하는 방식으로 교통 문제를 해결하려는 시도는 표면상으로 논리적인 것처럼 보이지만, 국내외의 다양한 사례들은 그것들이 아주 무모한 일이라는 것을 잘 보여준다. 새로운 고속도로는 자연스레 도시의 외연적 확산과 저밀도 개발, 장거리 통행을 자극하고, 그 자체의 교통을 창출한다. 이러한 방식은 벼룩을 잡기 위해 초가삼간을 태우는 것만큼이나 잘못된 것으로서 한 도시를 퇴행적이고 비인간적으로 만드는 지

도시의
로빈후드

름길이다. 이에 대한 증거가 압도적으로 많이 있음에도 불구하고 세계 전역에서는 아직 그것을 계속 반복해 시행하는 오류를 범하고 있다.

도시교통 문제의 유일하고도 실질적인 해결책은 사람들이 개인 자동차보다는 대중교통으로 이동하게 하는 것이다. 일부에서는 자동차 이용을 제한하기 위해 높은 사용자 부담금 제도를 제안하는데, 그것은 통행료·차량등록비·유류세나 특정 시간대와 도로 형태에 따른 다양한 도로 부담금을 뜻한다. 오늘의 보고타를 만드는 데 산파 역할을 한 페냐로사는 그러한 계획에 다음의 몇 가지 이론을 들어 반대했다. 부담금은 도로 공간의 실질적인 가치, 소음과 대기오염, 도로 건설 및 보수, 경찰력 유지는 물론, 보행자의 생활 장애와 어린이들에 대한 위험원(danger sources)으로서 도로가 발생시키는 막대한 사회적 비용 등을 적당히 책임질 수 없고, 또 소수의 상류층 운전자들이 가로망 전체를 자신들을 위한 것으로 만드는 불평등한 상황을 창조할 것이기 때문이었다.

여기서 한 걸음 더 나아가 그는 자가용 차량이 지배하는 사회가 결국 어떤 미래를 우리에게 가져다줄 것인지를 아주 흥미로운 예를 들어 설명했다. 페냐로사는 한 도시에서 부자 1000명이 각자 자신들의 편의를 위해 일상교통수단으로 개인용 헬리콥터를 이용하는 것은 가능 – 대다수 사람에게 엄청난 소음과 대기오염으로 고통을 가져다 준다 하더라도 – 하지만, 모든 사람들이 헬리콥터를 타는 것은 불가능하다고 말한다. 이러한 논리는 자동차에도 그대로 적용할 수 있다. 자동차는 많은 사람의 평온한 생활을 파괴하고 대기를 오염시키면서도 비싼 도로 공간과 기반시설 건설에 희소한 공적 자금을 사용하도록 유도한다. 이러한 엄청난 비용과 사회·경제적 부정의에도 불구하고 상류계급에 속하는 소수만이 자동차를 이용하는 경우에는 시스템이 별 무리 없이 작동한다. 하지만 이동을 위해 모든 시민들이 자가용 자동차를 이용하는 것을 염두에 두고 도시를 만든다는 것은 거의 불가능하다. 만약 그렇게 된다면 교통혼잡은 대규모화될 것이고, 높은 속도의 도로 또한 도시의 인간적 특성과 구조 자체를 완전히 파괴할 것이다. 이는 도시의 건강성과 지속 가능성을 확보하기 위한 중요한 과제가 다름 아닌 자동차의 이용을 제한하는 시스템의 구축에 있다는 것을 말해준다.

그러나 앞서 언급한 진리를 겸손히 받아들이고 급진적인 자동차 이용 제한 시스템을 대규모로 실행에 옮긴 도시는 거의 없다. 단지 런던, 싱가포르, 스톡홀름 등 일부 선진 도시에서 혼잡세 제도를 도입해 자동차 통행량 자체를 억제하고 있을 뿐이다. 하지만 보고타의 경우는 페냐로사가 시장으로 취임한 후 선·후진국을 막론하고 세계 어느 도시에서도 유례를 찾아볼 수 없는 수준의 여러 가지 획기적이고 혁명적인 자동차 이용 제한조치를 직접 실행에 옮겼다.

그 첫째는 차량 번호의 끝자리로 구분하여 통행을 제한하는 '피코 이 플라카(Pico y Placa, 첨두와 번호판이라는 뜻)'라 불리는 부제운행 시스템이다.[6] 시는 이 제도를 도입해 택시를 제외한 모든 개인 자동차 소유자들이 월요일부터 금요일까지 일주일에 이틀간 러시아워인 첨두(출퇴근)시간대에 차를 가지고 나올 수 없도록 했다. 이는 보고타 전체 자동차의 40%가 운행제한 조치를 받는 엄청난 규모로, 우리나라의 차량 10부제나 5부제에 비해서도 훨씬 강력한 제도이다. 이렇게 보고타에서 첨두시간대에 국한해 차량이용을 통제한 이유는 남미의 멕시코시티, 산티아고, 카라카스 등 다른 도시들이 하루

종일 실시하는 부제 운영 시스템의 성과가 매우 빈약한 것으로 평가되었기 때문이다.

이와 같이 가히 혁명적인 규모의 과감한 부제 운영 프로그램을 도입했음에도 불구하고 보고타의 자동차 소유 시민들 대부분은 시의 시책을 잘 따라주어 큰 불상사는 없었다. 일부 운전자들이 거센 반발과 저항을 보이기는 했지만, 대다수 운전자는 출발시각을 바꾸어 운행을 계속하거나 이웃사람들과 함께 카풀을 실시하고 대중교통이나 택시로 교통수단을 전환했다. 그 결과 주요 교통축에서 통행속도가 시속 10㎞에서 15㎞로 증가했고, 일상적인 통행시간도 약 48분 줄었으며, 대기오염 수준도 첨두시간대에 약 10%가 감소했고, 가스 소비량도 10.3% 정도 떨어지는 등 괄목할 만한 성과를 보여주었다.

이와 병행해 보고타 시 정부는 수천 개의 볼라드(bollard, 차량의 진입을 막기 위한 말뚝)를 설치하고, 불법으로 보도에 주차한 차량에 대한 강력한 지도·단속과 계도 캠페인을 적극적으로 추진해나갔다. 이 시책에 대해 보도에 접해 있는 상점 주인들이 중심이 되어 커다란 저항운동을 벌였지만, 대다수 보고타 시민들은 그에 동조하지 않았다. 그것은 반대운동을 주도했던 선동가들이 시장 탄핵 주민투표에 필요한 최소한의 서명조차 얻어내지 못했다는 사실로도 여실히 입증된다.

보고타에서 자동차 이용 제한이 거스를 수 없는 하나의 대세로 자리 잡으면서 시민들의 의식 또한 우리 상식으로는 도저히 이해할 수 없을 만큼 빠르게 변화되어갔다. 그것은 2000년 10월 29일에, 페냐로사가 "보고타 시민들에게 자신들의 도시 운명에 대해 직접 목소리를 낼 기회를 제공했다"고 말하는 한 주민투표에서 구체적으로 나타났다. 즉, 트랜스밀레니오 건설의 최종 목표연도인 2015년 1월 1일부터 평일(월요일~금요일)의 경우 하루 6시간의 첨두시간대 동안 택시를 제외한 "모든 자동차의 통행을 제한한다"는 혁명적인 계획안을 승인했다. 보고타 전체 유권자의 51%가 찬성해 압도적 지지를 보여주었다(반대는 34%).

이 결과를 두고 당시 콜롬비아에서는 헌법 논쟁까지 있었던 것으로 전해진다. 주민투표에서 유권자들이 높은 지지를 보였다는 사실만으로 합법적인 위임으로 볼 수 있는가 하는 문제가 논란이 되었던 것이다. 어떻든 보고타에서 이 계획안이 2015년에 실제로 집행될 수 있을 것이라고 보기는 현재로서 매우 어렵다. 그 이유는 트랜스밀레니오 건설계획이 예정대로 실현되지 않고 순연되고 있는 데다, 최근 당선되었던 시장들의 정책기조가 페냐로사와 크게 다르기 때문이다. 그렇지만 2000년에 실시된 주민투표는 보고타 시민들에게 자동차에 의존하지 않는 또 다른 세계, 바꾸어 말하면 더 나은 도시생활과 도시교통을 조직하는 방식을 시민 스스로 직접 실천에 옮기는 것이 가능하다는 사실을 보여주었다.

이 밖에도 보고타에는 1982년부터 시작된 '시클로비아(Ciclovia)'라 불리는 아주 흥미로운 전통이 있다. 그것은 일요일(콜롬비아의 국경일도 포함)마다 7시간 동안 주요 간선도로에서 자동차의 통행을 금지하고 보행자는 물론 자전거 이용자, 롤러스케이트 및 인라인스케이트 이용자 등에게 도로를 개방하는 프로그램이다. 현재는 '시클로비아' 도로연장이 이전과 비교해 2배가 증가한 120㎞에 이르고 있는데, 매 주말마다 약 150만 명 이상의 보고타 시민들이 나와 느긋하게 산책을 하거나 자전거 타기, 달리기, 모임 등을 하

도시의
로빈후드

면서 다른 도시에서는 전혀 맛볼 수 없는 보고타만이 가진 아주 독특한 삶을 만끽하고 있다. 게다가 최근에는 크리스마스 전날에도 위와 같은 방식으로 자동차 통행을 제한하고 있는데, 이날은 연령과 사회적 지위를 막론하고 보고타 인구의 절반에 가까운 약 300만 명 이상이 길거리로 쏟아져 나와 크리스마스 전야의 불빛을 만끽한다.

시클로비아에 거리로 나온 보고타 시민들

보고타에서 시작한 이 '시클로비아' 사업은 현재 건강도시 건설을 역점 사업의 하나로 추진 중인 세계보건기구 (WHO)에서 공식적으로 권고하는 주요 공중보건 사업의 하나다. 도시에 따라 사용하는 명칭이 다르기는 하지만, 비만 문제를 해결하거나 교통수요 관리와 생태교통을 진작시키는 등 그 목적은 아주 다양하다. 이는 남미는 물론 미국과 캐나다의 주요 도시에서 현재 들불처럼 번지고 있는 아주 유의미한 사회운동의 하나로 국제사회에 널리 알려져 있기도 하다.[8]

페냐로사 행정부가 착수한 또 다른 집단적인 실험으로 우리가 놓쳐서는 안 될 것이 바로 '차 없는 날(car-free day)'의 운영이다. 프랑스에 본부를 두고 있는 '차 없는 날 세계포럼(World Car Free Day Forum)'이 후원한 보고타의 '차 없는 날' 행사는 파리, 암스테르담, 뮌헨, 로마 등에서 이루어진 일련의 유럽의 '차 없는 날'보다 훨씬 규모도 크고 잘 운영되는 것으로 평가되고 있다.

2000년 2월 24일(목요일) 보고타의 첫 번째 '차 없는 날'에는 비가 내리는 데도 시민들 대다수(약 98%)가 80만 대 이상의 자동차를 집에 두고 걷거나, 자전거와 롤러스케이트, 시청 허가를 받은 일부 버스와 택시들을 이용했다. 그 결과는 놀랄 만한 성과로 나타났는데, 2000년대 초반 3년 동안 처음으로 보고타에서 1명의 교통사고 사망자도 없었고, 정오의 대기오염 수준 역시 22%나 떨어졌다.[9] 그래서인지 보고타의 일간지 《엘 티엠포》가 실시한 한 여론조사에서도 시민들의 약 80%가 '차 없는 날'을 성공한 것으로 평가했고, 앞으로도 그런 제도를 정규적으로 운영해줄 것을 원한다고 답했다. 이와 같은 일련의 성과들이 국제사회에 널리 알려지면서 그해 6월에는 저명한 '스톡홀름 도전상(Stockholm Challenge Award)'을 수상하고, 10월에는 보고타 시 유권자의 약 63%(반대는 26%)가 매년 2월 첫 번째 목요일을 '차 없는 날'로 정해 지속적으로 운영할 것을 승인했다.

여기에 기반을 두고 보고타 시에서는 2001년부터 한 해도 거르지 않고 매년 '차 없는 날'을 연례행사처럼 치르고 있다. 이는 규모 면에서 볼 때, 제3세계 도시는 물론이고 유럽, 캐나다 등 선진국 도시들과 비교해도 월등히 큰 세계 최대의 '차 없는 도시' 실험이다. 이 모험적인 실험을 시민들이 얼마나 즐기고 자긍심을 갖고 있는지는 2004년의 '차 없는 날' 직후에 실시된 한 여론조사에서도 잘 나타나고 있는데, 82.7%의 응답자들이 지지한다고 대답했다. 2003년 2월에는 보고타에서 열린 한 국제회의에 참석한 30여 개국 수백 명의 전문가와 학자 등이 '차 없는 날' 행사에 동참했고, 최근에는 보고타의 경험을 토대로 남미와 아프리카 등지에서도 '차 없는 날' 행사가 확대일로에 있는 것으로 전해지고 있다.

도시의
로빈후드

보고타 시는 여기에 머물지 않고 평탄한 지형과 온화한 기후, 그리고 1일 통행의 77%가 11㎞ 이하의 비교적 단거리에서 이루어진다는 도시적 특징 등을 고려해 자전거전용도로망 구축을 역점을 기울여 추진했다. 페냐로사의 임기가 끝난 2000년대 초반 210㎞였던 자전거전용도로망[10]이 2013년 현재 376㎞까지 확대되어 보고타는 남미에서 가장 큰 자전거 도시로 거듭 태어났다. 그 결과 자전거는 1998년 총통행수의 1%를 분담했으나, 2001년에는 3%로 증가했고, 그 후에도 계속 일정하게 증가하는 추세를 보여 최근에는 약 5%를 상회하고 있다. 게다가 양질의 보도를 계속 확충하고 도심지에서 대규모 보행 몰을 조성하는 등 친환경적인 도시 만들기에도 적극적으로 나서고 있다. 이러한 일련의 노력은 인간의 존엄성에 대한 존경과 평등주의적인 도시의 상징으로 서서히 자리 잡아 나가고 있는 것으로 보인다.

지금까지 소개한 보고타 시의 자동차 이용 제한시책과 실험들은 사회통합에 이바지함은 물론 엄청난 환경적 편익과 경제적 보상들을 가져왔다. 지나친 도로 건설과 유지뿐 아니라 연료와 자동차를 위해 지출되는 막대한 세금을 절약한다는 것은 보고타 시민들에게 교육, 건강, 문화와 기타 다양한 영역의 삶을 한층 더 풍요롭게 만들어주는 지름길이다.

첨단 대중교통 시스템
트랜스밀레니오

보고타에서는 제3세계 대부분의 대도시처럼 만성적인 교통체증과 교통 분제를 해결하기 위한 수많은 연구와 계획의 집행이 지난 수십 년 동안 계속 되어왔으나 그 성과는 늘 미미한 수준이거나 거의 없었다. 이들 중 대다수 는 인구 규모에 걸맞게 철도교통 시스템, 특히 지하철과 같은 고비용의 첨 단 대중교통 시스템의 제안과 집행을 요청했다. 그러나 보고타 시의 경우 재정여건도 열악한 데다 기술수준도 낙후되어 있어 여러 차례 사업계획을 집행하지 못하고 연기해왔다.

예를 들면, 1995년에 교통종합계획(Transport Master Plan)의 수립을 위한 조 사연구사업이 일본의 국제협력사업단(JICA: Japan International Cooperation Agency) 의 지원 아래 시작되었다. 일본인 컨설턴트, 그리고 지역 및 국가의 계획 ·교통 관련 연구기관이 공동으로 참여해 수행한 그 계획의 최종보고서는 1997년에 일반인들에게 처음 공개되었다. 계획 기간을 20년으로 정한 이 장기계획은 대중교통 시스템의 재편성, 철도교통 시스템의 구축, 도시고속 도로의 건설, 수요관리 정책과 제도적 변화를 포함한 여러 가지 방안을 제 시했고, 총사업비는 약 90억 달러에 이르는 것으로 추정했다. 이 무렵 보고 타에 지하철과 같은 중전철(heavy rail transit) 시스템을 건설하는 데 관심이 있 었던 중앙정부 역시 지역 및 국제 컨설턴트와 함께 통합대중교통 시스템의 타당성 조사를 하고 있었다.

이러한 주류 사회의 일반적 흐름과는 달리 1997년 지방선거에 출마한 엔리케 페냐로사는 유권자들에게 기존의 도시개발 패러다임과 완전히 다 른 선거공약을 제시하여 임기 3년(1998~2000)의 보고타 시장에 당선되었다. "우리가 원하는 보고타를 위하여"라는 구호를 내건 선거공약에는 보도의 재건, 자전거 도로망 건설, 배타적 버스전용도로를 토대로 한 대중교통 시스템의 구축, 민간대중교통 운영자들에 대한 보상 방식 개혁 등이 포함되어 있었고, 또한 중앙정부의 도움을 전제로 1개의 급행철도노선 건설을 약속했었다.

시장에 당선된 후 페냐로사는 그 계획안을 1997년 말에 기존의 기술적 연구와 사례들을 토대로 유용성과 타당성을 재검토하고, 이를 근간으로 하여 보고타 시가 3개년 동안 추진해야 할 구체적인 개발계획(Development Plan)을 제시했다. 이것은 다시 학자, 상공인, 전문가협회 대표, 그리고 시민단체와 지방의회 의원 등 지역사회 대표 37명으로 구성된 지역계획위원회(Regional Planning Council)와 40명의 시의원으로 구성된 시의회(City Council)에 의해 공식 승인을 받았다.

이와 병행하여 페냐로사는 개발계획을 좀 더 구체화하기 위한 상세계획을 작성하고, 시청 내 관련 부서와 기관의 협력체계 구축과 제도적 조정에 힘쓰고, 더 나아가 새로운 기구의 창립을 준비하는 특별팀과 자문단 등을 조직했다. 이 중에서 특히 중요한 기구는 시장에게 직접 보고할 수 있는 특별자격을 갖추고 있으면서, 사실상 보고타 간선급행버스체계(BRT)의 계획과 건설을 총괄해왔던 트랜스밀레니오 프로젝트 연구실(TransMilenio project office)이었다. 이 외에도 시장은 도시개발연구소(Institute for Urban Development) 구조를, 보도·광장·자전거 전용도로 등 공공 공간과 도로망의 개발 및 유지를 전담하는 기구로 새롭게 개편하는 등 보고타 시의 조직을 완전히 일신시켜나갔다.

이와 함께 페냐로사 행정부는 앞에서 소개한 자동차 이용 제한시책과 더불어 '제3의 밀레니엄을 위한 교통'을 뜻하는 머리글자인 '트랜스밀레니오

(TransMilenio)'프로젝트를 최대의 역점사업으로 적극 추진해나가기 시작했다. 이것은 보고타 시민들의 삶의 질을 개선하는 데 가장 크게 이바지하는 것은 물론, 더 나은 미래 비전을 갖도록 지역에 새로운 컬러를 입히고 상징물을 만드는 지역혁신체계로서 버스에 기반한 대중교통 시스템이다.

보고타 시는 '땅 위의 지하철'이라 불리는 브라질 꾸리찌바 시의 통합교통망 시스템에 깊은 인상을 받고 백지 상태에서 자신들의 교통체계를 근본적으로 바꿀 수 있는 밑그림을 새롭게 그렸다. 이 계획안에는 노선 총연장이 388㎞인 트랜스밀레니오 시스템을 2016년까지 4단계로 나누어 개발하도록[11] 설계되어 있고, 목표 연도에는 도시 인구의 약 85% 정도를 신개념 버스인 '트랜스밀레니오'로 이동하게 하겠다는 원대한 비전을 담고 있었다. 이런 목표 아래 불과 3~4년에 지나지 않는 짧은 1단계 사업기간 동안 주요한 기반시설 공사를 완벽하게 마무리 지었다. 즉, 3개 노선 41㎞의 중앙버스전용차로, 305㎞의 지선버스 차로, 57개의 정류장과 4개의 터미널,[12] 1개의 중간차고지와 4개소의 주차 및 유지관리지역, 29개의 육교·인도·광장 및 기타 공공장소를 건설하고, 또한 기반시설물을 위한 다양한 지원설비와 통제센터 등을 갖추었다. 그리고 트랜스밀레니오 시스템의 계획, 개발 및 통제를 전담하는 공기업 트랜스밀레니오 S.A.(TransMilenio S.A.)의 설립과 함께 다수의 민간 운영자들을 주요 파트너로 새로 맞이하는 작업까지 끝낸 뒤 2000년에 운행을 시작했다.[13]

이런 일련의 과정을 거쳐 보고타에 처음 도입된 트랜스밀레니오 시스템은 비록 버스에 기반을 두고 있기는 하지만, 그 운영은 지하철 또는 경전철과 비슷하거나, 오히려 그보다 훨씬 더 우수하고 효율적이기까지 하다. 최

도시의
로빈후드

대 수송인원이 160명인 굴절버스는 방향당 1개 내지 2개 전용차선이 확보되어 있고 양쪽에 턱을 세워놓은 중앙버스전용차로 위를 고속으로 운행한다. '트랜스밀레니오'라 불리는 이 버스는 도로변의 건물이나 시설로 진출입하는 각종 차량들이 걸림돌이 되지 않도록 갓길이 아닌 큰 가로의 중앙을 달린다.

보고타의 중앙버스전용차로와 자전거전용도로

또한 통제센터에서는 위성위치추적시스템(GPS: Global Positioning System)과 버스 운전석 옆에 설치된 단말기를 통해 도로 사정 및 승객 수송과 관련된 모든 정보를 운전자와 실시간으로 교환하면서 배차간격과 이동시간을 조정하고 돌발상황

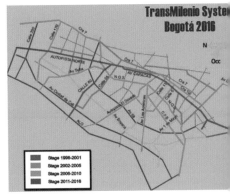

트랜스밀레니오 시스템의 단계별 개발계획(2016)

에 능동적으로 대처할 수 있는 준비를 한다.

이런 첨단기술로 운영되는 시스템 이외에도 트랜스밀레니오 시스템에는 꾸리찌바의 원통형 정류장과 같은 기능을 담당하는 매우 효율적인 정류장이 있다. 정류장의 구조는 우리나라의 전철역과 비슷하지만, 자동문을 갖추고 있어 훨씬 안전하다. 중앙버스전용차로 상에 우리나라와 같이 각 방향에 1개씩 엇갈림 형으로 설치하는 대신 양방향의 승객들을 동시에 처리

할 수 있도록 한 장소에 통합해 약 500여m마다 1개씩 정류장이 설치되어 있다. 이 정류장에 진입하는 승객들은 대부분 육교형의 보행자 브리지를 통해 쉽고 안전하게 접근한다.

트랜스밀레니오 정류장은 승객의 신속한 승하차를 가능하게 하는 것은 물론, 장애인이나 노약자들이 편리하고 안전하게 승하차할 수 있도록 섬세한 배려를 하고 있다. 우선 넓은 공간의 정류장에는 턱이 없는 자동문이 설치되어 있어 승객들을 안전하게 보호해주며, 짧은 순간에 200여 명 이상이 신속하게 승하차할 수 있도록 하고, 휠체어 사용자라도 누구든 타인의 도움 없이 버스에 탑승할 수 있도록 만들어져 있다. 또한 트랜스밀레니오 버스는 각 정류장 승강대에 고무로 연결된 완충 부분에 빈틈없이 정확히 정차하고, 버스의 출입문을 승강대와 같은 높이에 유지할 수 있도록 설계되어 있다. 이렇게 정류장은 휠체어를 탄 장애인과 함께 어린이와 노약자 등 사회적 약자들도 아무런 차별 없이 사고의 위험에 노출되지 않은 채 편안한 상태에서 신속하게 버스에 승하차할 수 있도록 만들어졌다.

승객들은 359개의 정류장 개찰구와 시내 곳곳에 산재해 있는 90개의 판매소, 그리고 전자카드 회사에서 '스마트 카드'를 자유롭게 구입하고, 이를 이용해 우리나라의 지하철에서와 마찬가지로 출입문을 통과할 때 선지불 방식으로 버스요금을 지불한다. 이때 정류장 출입구에 설치된 카드 판독기에 내장된 통신장치가 승객의 진출입 정보를 곧바로 송신하고, 이렇게 받은 정보는 중앙통제센터에서 실시간으로 어느 정류장의 승객이 과밀 또는 과소한지를 바로 파악할 수 있게 해주어, 신속한 후속 조치를 가능하게 한다. 이 시스템은 지금까지 보고타에서 고질적인 질병으로 지적되어오던 낙

도시의
로빈후드

후된 버스운영체계에 일대혁신을 가져
왔고, 동시에 요금 수입을 손바닥 보듯
이 투명하게 관리할 수 있도록 했다.

정류장 출입구에 설치된 카드 판독기

이 외에도 트랜스밀레니오 시스템의
큰 장점 가운데 하나는 승객들이 불필
요한 정차로 인한 시간낭비를 하지 않
고 무료로 환승할 수 있다는 점이다. 일
부 버스는 트랜스밀레니오 시스템의 간
선에 있는 모든 정류장에 정차하는 반
면, 다른 버스들은 단지 소수의 정류장
에만 정차하는 급행노선을 운행한다. 승
객들은 버스요금을 추가로 부담치 않고
로컬버스(local bus)에서 급행버스로 바꾸
어 탈 수 있고, 또한 한 노선버스에서 다

정류장에 위치한 스마트 카드 판매소

른 노선버스로 무료로 환승할 수 있다. 녹색의 지선버스는 중앙버스전용차
로와 같은 배타적인 차선을 달리지는 않지만 4개의 중간통합역, 4개의 터
미널과 연계되어 있어 도시 전역에 양질의 버스 서비스를 제공하는 데 커
다란 기여를 하고 있다.

또 다른 장점으로는 공기업인 '트랜스밀레니오 S. A.'의 통제 아래서 입
찰을 통해 민간업자들을 선정하고, 효율적으로 운용하는 보고타 시만의 독
창적인 요금징수 및 분배 시스템을 갖추고 있다는 것이다. 전자카드의 발
급·판매·수거는 물론 카드 판독기의 설치·보수 등의 역할을 전담하는 '엔

젤콤 S. A.'가 수거한 운임수입은 '로이드 트러스트'에 날마다 신탁기금으로 적립되고, 이 기금은 다시 4개의 간선노선 운영자와 5개의 지선버스 운영자,[14] 그리고 시스템의 운영을 전체적으로 총괄하는 공기업인 '트랜스밀레니오 S. A.'와 앞의 '엔젤콤 S.A.' 등에 1주일에 한 차례씩 투명하게 정산하여 배분해준다. 여기서 특히 우리의 관심을 끄는 것은 간선버스 운영자와 지선버스 운영자에게는 주행한 거리에 따라 요금수입을 배분하고, 버스요금 징수 업무를 담당하는 회사에게는 승객 수에 따라 요금을 정산해주고 있다는 점이다.[15] 이는 개발도상국 도시에서 일상화되어 있는 오지노선 또는 적자노선에 대한 운행 기피 현상을 근원적으로 해결해주는 중요한 열쇠이기도 하다.

지금까지 우리는 트랜스밀레니오의 주요 특징들을 개괄적으로 살펴보았다. 앞서 소개한 내용에서 우리에게 더 중요한 것은 트랜스밀레니오가 지하철이나 경전철 같은 철도 시스템과는 비교가 되지 않을 정도로 건설비와 운영비가 저렴한 '저비용 고효율' 교통수단이라는 사실이다.

미국 워싱턴 메트로(Washington Metro)의 건설비는 km당 6600만 달러(총연장

환승터미널로 진출입하는 녹색 지선버스

지선버스를 바꾸어 탈 수 있는 중간통합역

도시의
로빈후드

166㎞, 총공사비 110억 달러)인 데 비해 보고타 시의 '트랜스밀레니오 시스템'의 건설비는 ㎞당 500만 달러(55억 원)에 지나지 않는다.[16] 하지만 이 공공 투자비는 세계의 다른 대표적인 도시들의 '간선급행버스체계(BRT)'의 일반적인 건설비에 비해서는 다소 높은 편이다. 그 이유는, 건설에 도시의 삶의 질을 개선하고 시스템에 더 많은 승객을 유인할 수 있도록 중앙버스전용차로 같은 간선노선의 건설뿐 아니라 쾌적하고 안전한 정류장, 인도, 광장, 나무 심기와 더불어 그 주변지역의 보행환경을 획기적으로 개선하는 사업 등을 추진하는 데 필요한 사업비가 모두 포함되어 있기 때문이다.

세계의 거의 모든 도시철도 시스템은 운임수입만으로 운영이 되지 않고 중앙정부나 지방자치단체의 막대한 보조금을 받아야만 운영이 가능하다. 브라질 포르투알레그레 시의 예를 들면, 트랜서브스(Transurbs) 철도 시스템은 승객 통행당 69%의 운영보조금을 받는다. 반면 '간선급행버스체계(BRT)'는 운영보조금 없이 시스템을 운영하고 있다. 보고타의 트랜스밀레니오도 마찬가지로 소득수준에 비해 버스요금이 다소 비싸기는 하지만 대부분 운송 수입만으로 시스템의 운영관리비를 충당하는 것은 물론, 민간버스 운영자에게도 적정한 이윤을 보장해주고 있다.

이와 같이 보고타에 저비용 고효율의 '간선급행버스체계'가 도입된 후 괄목할 만한 성과가 보이기 시작했다. 2013년 현재, 하루에 198만 명 이상의 승객을 수송하는 트랜스밀레니오의 일부 간선노선은 경전철보다 월등히 많은 시간당 4만3000명의 승객을 수송하고 있다. 그로 인해 트랜스밀레니오 버스 이용자들은 연평균 223시간을 절약했으며, 그들 가운데 9%는 과거에 자동차로 일하러 다니던 사람들이었다. 1단계 개발 사업이 마무리되고 시스템이 본격적으로 운영되자마자 교통사고가 현저히 감소했고,[17] 대기오염도 2000년과 2001년을 비교했을 때 아황산가스는 43%, 질소산화물은 18%, 미세먼지는 12% 줄어든 것으로 나타났다. 또한 시간당 통행속도가 각각 12㎞와 18㎞이던 '칼 80(Call 80)'과 '카라카스 가(Avenida Caracas)'는 26.7㎞로 증가했고, 평균 통행시간도 32%가 단축되는 아주 두드러진 성과들을 보였다.

앞서 살펴본 보고타의 트랜스밀레니오 시스템의 개발 경험을 보면서 우리는 아주 중요한 사실을 하나 깨닫게 된다. 지금까지 우리가 맹목적으로 쫓아왔고 앞으로도 쫓아가려 하고 있는 세계, 즉 자동차에 의존적인 세계(또는 지하철이나 경전철에 의존하는 세계)보다 '더 나은 세계'가 '얼마든지 가능하다'는 점이다. 최근 들어서는 지구상에서 가장 자동차 의존도가 높고 온갖 최첨단 철도 시스템을 운영 중인 미국마저도 더 나은 세계를 향해 힘찬 발걸음을 내딛고 있다. 미국 연방대중교통청(FTA: Federal Transit Administration)은 꾸리찌바, 보고타 등 이른바 남미 패러다임이라 불리는 '간선급행버스체계'에 깊은 인상을 받은 뒤, 미국 내 11개 시범도시를 선정하여 지원하고, 이 밖에 7개 도시는 독자적인 '간선급행버스체계' 구축에 적극 참여하고 있는 것으로 알려졌다.[18] 여기에는 세계 최고의 자동차 왕국인 로스앤젤레스와 뉴욕, 보스턴, 피츠버그, 피닉스 등도 포함되어 있는데, 특히 뉴욕의 경우는 2014년에 새로 취임한 드 빌라지오 시장이 세계 최고 수준의 간선급행버스 시스템(World Class BRT) 건설을 핵심공약으로 내세워 당선되기도 했다.

2013년 말 현재, 지구촌에는 보고타와 비슷한 상급 수준에서부터 하급 수준에 이르기까지 총 168개 도시에 간선급행버스(BRT) 시스템이 구축되

도시의
로빈후드

어 있다. 총연장 4424km에서 하루에 약 3090만 명이 이용하는 지구촌의 간선급행버스 시스템은 현재 승객 수를 기준으로 할 경우 남미와 아시아가 90%를 점유하고 있고, 연장을 기준으로 하면 남미와 아시아가 약 58%, 북미가 16.5%, 유럽이 16.2%를 차지하고 있다. 최근에는 특히 유럽형 간선급행버스 시스템이라 불리는 BHLS(Buses with a high level of service) 시스템이 급속히 확산되고 있는 유럽과 북미 대륙에서 첨단 버스교통 시스템의 도입이 나날이 증가하는 추세에 있다.[19]

그럼에도 불구하고 우리나라를 비롯해 대다수 개발도상국의 전문가와 관리들은 여전히 잘못된 신화 속에 빠져 허우적거리고 있다. 보고타의 예가 보여주는 것처럼 문제의 본질은 버스전용도로를 위해 자동차가 이용하는 주요 간선도로의 몇 개 차선을 빼앗을 것인가 말 것인가에 있다. 공익이 개인의 이익에 앞서는 것이라면 우리는 도시에서 암세포 역할을 하는 자동차에 그동안 내어주었던 차선의 일부라도 돌려받는 노력을 해야 한다. 그러나 우리의 현실에서는 이러한 민감한 문제를 건드리는 것조차 금기시되어 있으며, 오히려 그보다는 막대한 재원이 소요되는 지하철, 경전철 같은 도시철도 사업의 추진이 하나의 불문율로 받아들여지고 있는 것이다.

보고타 전 시장 페냐로사는 "제3세계의 상류계급은 자가용 자동차를 가지고 있어서 버스 시스템을 위한 공간 이용을 반대하고, 그 대신 도시철도 건설을 주장한다"고 지적한다. 이것은 역설적으로 말해 그들이 철도를 이용하고 싶지도 않고 이용하지도 않을 것이기 때문에 지하철을 선호한다는 뜻이기도 하다. 어찌 됐든 도시철도나, 버스에 기반을 둔 지상교통 시스템은 모두 환경친화적이다. 하지만 사람들은 쥐처럼 지하를 여행하기보다는 건물, 사람, 나무, 상점 등을 보면서 편안한 마음으로 통행하기를 원한다. 그것이 바로 보고타 사람들이 꿈꾸고 구현해가고 있는 세상이자 도시의 진정한 모습이다.

트랜스밀레니오가 마주한 만만찮은 숙제

2009년 11월 보고타에서 열린 제4차 국제대중교통박람회(IV Feria Internacional de Transporte Masivo)에서 트랜스밀레니오는 전 세계 20개국 이상의 대표단으로부터 '간선급행버스 시스템의 세계적인 기준점'이라는 평가를 받았다. 이렇게 간선급행버스 시스템의 건설 경험과 노하우를 배우기 위해 찾아온 수많은 사람들이 좋은 평가를 해주면서 보고타는 브라질의 꾸리찌바와 함께 국제사회에서 간선급행버스 시스템의 성지로 인정받고 있다.

　2013년 말 현재 트랜스밀레니오 시스템은 3단계 사업까지 완료되어 일부가 운영 중이고, 2단계 사업 구간 중 소아차 시(municipality of Soacha)를 연결하는 5.5㎞의 확장노선이 현재 건설 중이다. 그리고 트랜스밀레니오 개발사업 4단계 가운데 첫 번째인 34㎞의 노선이 계획 중인 것으로 알려지고 있다.[20] 2013년 말을 기준으로 트랜스밀레니오 시스템은 간선교통축 8개에 총연장이 106㎞인 중앙버스전용차로가 구축되어 있고, 135개의 정류장과 통합터미널 10개, 환승정류장 14개, 버스 차고 9개를 보유하고 있다. 간선노선 70개와 지선노선 90개를[21] 운행하고 있는 트랜스밀레니오 시스

도시의
로빈후드

템은 현재 굴절버스 1267대와 이중굴절버스 10대(2007년 도입)가 하루 평균 시속 26.2㎞로 약 198만 명의 승객을 수송하고 있는 것으로 보고되고 있다.[22] 이들 승객 중 약 80%가 저소득자와 중간소득 계층으로, 보고타의 간선급행버스 시스템이 경제적 약자들에게 상당한 혜택을 제공하고 있다는 사실을 우리는 알 수 있다.[23]

또한 트랜스밀레니오 시스템은 고용창출과 성평등에도 커다란 기여를 하고 있다. 유엔유럽경제위원회(UNECE: United Nations Economic Commission for Europe) 자료에[24] 의하면, 2009년에 3만9869명의 직접고용과 5만5817명의 간접고용을 창출했는데, 이 과정에서 미혼모 같은 취약 사회집단의 고용을 최우선으로 고려했다고 한다. 일반적으로 교통 부문은 남성을 많이 고용하지만, 트랜스밀레니오 시스템은 여성의 노동력 참여를 높이는 데 상당히 성공한 것으로 보인다. 전체 노동력 가운데 24%가 여성인 것으로 나타났는데, 그중 62%가 미혼모였고, 버스요금 징수와 세차 등에도 여성이 각각 70%와 43% 참여하고 있다.

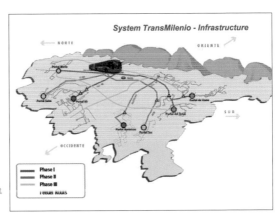

현재까지 추진된 트랜스밀레니오 시스템 사업 현황도

트랜스밀레니오 노선도

이 외에도 전체적으로 대중교통의 통행시간을 단축시켰고, 트랜스밀레니오 네트워크 50m 이내 지역에서 충돌사고를 50% 정도 줄였으며, 그로인해 사망자와 부상자 수도 현저히 감소하는 효과를 거두었다. 그리고 이산화탄소를 비롯해 질소산화물과 미세먼지 등의 대기오염 수준도 획기적으로 줄였고, 간선교통축에서 소음 수준도 3~10db씩 감소시키는 괄목할만한 성과를 나타냈다.

이상과 같은 트랜스밀레니오 시스템의 표면적인 성과에도 불구하고 최초에 수립되었던 계획안과 일정에 따라 순조롭게 사업이 추진되지 않고 있다. 그 이유는 최근 들어 정치적 환경이 급변했기 때문이다. 엔리케 페냐로사가 퇴임한 후 현재까지 총 4명의 시장이 취임했지만, 좌파인 대안민주당소속의 사무엘 모레노 로자스(Samuel Moreno Rojas, 2008 ~ 2011. 5. 3) 시장도 지하

도시의
로빈후드

철 건설을 주요 공약으로 내걸었고, 진보운동당의 구스타보 페트로 우레고 (Gustavo Petro Urrego, 2012. 1. 1 ~ 2013. 12. 9) 시장도 트란비아(Tranvia)라 불리는 경전철 건설을 핵심 공약으로 내세워 전임자와 크게 차이가 없었다.[25] 물론 이 두 사람은 모두 부정부패 혐의로 임기를 다 채우지 못하고 중도하차했거나, 시장직을 잃었다가 다시 되찾는 초유의 사태를 경험하기도 했다. 로자스는 보고타의 공공 공사 입찰 관련 부정으로[26] 옷을 벗었고, 우레고도 공공 사업과 새로운 폐기물 시스템 도입을 둘러싼 부정 때문에 공직감찰원으로부터 2013년 12월 9일에 시장직을 박탈당하고 향후 15년 동안 공적인 자리에 앉는 것이 금지되었다. 우레고는 2014년 1월 중순에 다시 법원에 의해 일시적으로 직무정지가 보류되었다가, 3월 19일에 대법원에 의해 직권남용과 부패 혐의가 인정되면서 자격박탈이 확정되었다. 그 후 후안 마누엘 산토스(Juan Manuel Santos) 대통령이 시정 혼란을 막는다는 명분을 내세우면서 우레고를 시장에서 해임하고 하파엘 파르도(Rafael Pardo Rueda) 노동부장관을 시장 직무대행으로 새로 임명했었지만, 보고타 고등재판소(Superior Tribunal)의 치안판사가 다시 미주인권위원회(Inter-American Commission on Human Rights)의 권고를 따를 것을 대통령에게 명령하면서 시장직을 4월 23일자로 다시 회복하였다.

이같이 보고타의 정치적 환경이 요동치고 있다는 것은 트란스밀레니오 시스템이 계획대로 완성되기가 상당히 어렵다는 사실을 말해준다. 대한무역투자진흥공사(KOTRA) 보고타 무역관의 보고에 의하면, 2013년 보고타시 예산이 12월 기준으로 48.8%밖에 집행되지 못했고, 2014년 예산집행 또한 우레고 시장의 일시적인 복직과 해임으로 인해 큰 차질을 빚을 것으

트랜스밀레니오의 일부 구간과 정류장에서 심
화되는 교통혼잡

로 예상된다. 이에 따라 보고타 시에서 현재 진행하는 사업 또한 추진 속도
가 매우 느려질 것으로 보인다.

이러한 정치적 여건의 변화가 트랜스밀레니오 시스템의 확충과 서비스
질을 개선하기 위한 다양한 노력을 안정적으로 추진할 수 없게 만들었다.
그 결과 주요 노선의 서비스가 악화되고, 교통혼잡도 상당히 심화되어 국
제사회에서 그동안 보내주던 높은 평가도 다소 빛을 잃게 되었다.

예를 들면, 2007년과 2008년 사이에 승객 수가 10.3%(13만5292명) 증
가했지만 버스 숫자는 불과 2.2%만 증가했고, 주요 교통축의 수송용량도
2011년 이전까지는 획기적으로 확대되지 않았다. 그로 인해 아주 바쁜 노
선에서는 트랜스밀레니오 버스가 과밀 상태에 놓이게 되었고, 승객들 또한
일부 승강장과 육교형 브리지와 연결된 접근로의 극심한 혼잡으로 엄청난
불편과 고통을 감수할 수밖에 없었다. 교통혼잡은 보고타 전역에서 심화되
었다. 자가용 소유 대수가 2003년에 인구 1000명당 104대에서 2008년에

도시의
로빈후드

163대로 연평균 12.3% 증가했지만 도로용량은 거의 늘어나지 않았다. 이모든 것이 누적되어 대중교통 서비스가 악화되었는데, 카라카스가의 교통축(Av. Caracas corridor)에서 트랜스밀레니오의 평균 통행속도는 2001년에 시간당 28㎞였지만 2011년에는 23㎞로 떨어졌다.[27] 이와 같이 서비스 질이 악화되자 트랜스밀레니오를 이용하는 보고타 시민들의 불만은 점점 고조되기에 이르렀다.

이 외에도 시민들 입장에서는 요금 문제 또한 간과할 수 없는 중요한 것이다. 2010년 3월 31일 발행된 한 신문 성명에서 세계은행은 트랜스밀레니오를 "현대적이고 재정적으로도 자립적인 간선급행버스 시스템"이라고 찬양했고, 이 통합적인 대중교통 프로젝트는 "빈민들에게 신뢰할 수 있는 교통 접근성을 제공"하고 있다고 평가했다.[28] 그러나 2013년 현재 트랜스밀레니오의 요금이 1700페소(0.97달러)나 되어[29] 보고타 시의 많은 극빈자들과, 경제적으로 매우 취약한 시민들에게는 상당히 비싼 것으로 보인다. 앞서 언급했듯이 1분위에 해당하는 빈민(6%)과 2분위에 속하는 저소득자(40%)들의 경우, 소득수준에 비해 버스요금이 많이 부담될 것으로 보인다.

앞서 언급한 바와 같이 트랜스밀레니오 시스템이 지속적으로 안정된 상태에서 확충되지 않은 탓에 서비스 질 저하와 혼잡도 증가, 그리고 버스요금 문제 등이 복합적으로 작용하여 보고타 시민들의 불만을 더욱 가중시켰다. 이로 인해 보고타에서는 대규모 시위가 두 차례나 있었다. 외신보도에 의하면 2단계 사업이 끝나는 해였던 2006년 5월 초, 트랜스밀레니오와 직접 연관이 없는 여러 버스기사 단체들이 자신들의 불이익을 이유로 대규모 시위를 했고, 일부 트랜스밀레니오 이용자들도 여기에 동참했다. 그리고

2012년 3월 9일에는 높은 버스요금과 정류장 혼잡 등으로 인한 서비스 질 저하에 저항하는 시위가 일반 시민과 학생들 주도 아래 진행되었는데, 이 때 일부 시위 참가자들이 약탈과 가로 시설물 훼손, 유리창 파괴 등을 자행한 것으로 알려졌다. 이 폭력 시위로 50만 달러 규모의 물리적 피해와 11명의 부상자가 발생했다고 한다.

보고타의 간선급행버스 시스템 문제는 여기에만 국한된 것이 아니다. 일부 전문가들은 트랜스밀레니오 출입구와 보도를 연결해주는 구름다리가 시각적으로 매력적이지 않고, 시끄러운 소음을 발생시키고 있으며, 비능률적인 우회로를 만들고 있다고 지적했다. 이 시설들은 노인과 장애를 가진 사람들에게는 이동하는 데 큰 부담이 될 수도 있다.[30] 단지 정류장이 안전하고, 자전거 주차를 보장한다고 해서 접근성이 완전하다고 평가하기는 어려워 보인다. 이런 설계상의 결점이 대중교통 승객을 위한 편의성을 저하시키는 데 적지 않게 영향을 주고 있다.

지금까지 우리는 트랜스밀레니오 시스템이 당면하고 있는 문제와 과제를 개략적으로 살펴보았다. 여기서 우리는 세계 최고 수준이라는 보고타의 간선급행버스 시스템의 경우도 앞으로 지속적으로 중앙버스전용차로의 확충, 정류장과 구름다리 시설의 보완 및 개선 등을 통한 서비스 질의 개선이 필요하다는 것을 알 수 있었다. 또 요금체계의 다원화와 함께 빈민과 저소득 계층 사람들이 지불할 수 있도록 버스요금을 인하하거나 보조금을 지원하는 방안 등도 다각적으로 검토해야 하는 것이 향후 과제로 남아 있다.

도시의
로빈후드

녹색도시를
향하여

런던 위생·열대 의과대학(London School of Hygiene and Tropical Medicine)의 공중보건학 교수인 이안 로버츠(Ian Roberts)는 이라크 전쟁이 불가피했다고 지적한 바 있다.[31] 그는 이 전쟁이 1920년대에 이미 북미 계획가들에 의해 결정되어 있었다고 말하고 있는데, 미국이 경제적 기반시설을 고도로 자동차 의존적으로 만들어 석유에 병적으로 탐닉할 수밖에 없게 된 것에서 그 원인을 찾고 있다. 전쟁의 계획자가 군사계획가가 아니라 도시계획가(또는 교통계획가)이며, 전쟁의 원인도 자동차 의존에 있다고 본 것이다. 이러한 관점에서 생각한다면 엔리케 페냐로사는 가장 평화를 사랑하는 사람이고, 보고타 또한 내전의 소용돌이 속에서 '자동차와의 전쟁'이라는 또 다른 전쟁의 최일선에서 싸우는 아주 불가사의한 '평화도시'이다. '인류의 형님들'이 만들고자 한 참된 도시의 모습은 바로 이런 얼굴을 하고 있는지도 모른다.

대부분의 제3세계 도시들은 어린이를 포함해 시민들의 행복보다는 자동차 이동을 더 원활히 촉진하는 도시를 건설하는 데 모든 역량을 쏟고 있다. 앞에서 언급한 바와 같이 자동차에 기반을 둔 선진도시들의 교외화 모델은 잘 작동하지 않고 부작용 또한 엄청나게 크다. 물리적 자원은 물론 인간적 측면에서 볼 때도 낭비적인 그 모델은 환경적으로 건전하지 않고, 인간의 상호작용에도 결코 바람직하지 않은 것으로 알려져 있다.

그것을 인정한다면 이제 우리는 자동차를 위한 도로보다 공공의 보행자 공간이나 녹지공간, 그리고 대중교통과 녹색교통에 더 비중을 두어야 한다. 이것은 시대적 요청이다. 그런데도 이를 무시하고 우리는 여전히 종전의 관행에 따라 자동차 천국과 아스팔트 도시를 만들기 위해 매진하고 있다. 이런 현실에서 볼 때, 보고타의 개발 경험은 주류 패러다임에 대한 근본적인 도전이자 새천년에 우리가 새롭게 만들어가야 하는 도시 모델의 전형을 보여주는 좋은 사례가 될 것이다.

페냐로사는 "제3세계 도시들은 선진국 도시들이 이제까지 보여준 실패 경험을 피하면서도 그들과는 근본적으로 다른 도시 모델을 창조할 가능성이 아직 존재하는 개발단계에 있다"고 말했다. 그가 뉴욕, 파리, 런던 등의 선진도시들과 아직 다르게 생각하고 행동할 가능성이 있다고 판단한 가장 중요한 영역은 어디일까? 아마도 그것은 자동차 이용의 제한과 대중교통에 기반을 둔 사회의 구축일 것이다.

페냐로사가 얼마나 원대한 비전을 가지고 절망의 도시 보고타를 개조하고자 했는지는 다음의 지적을 보면 쉽게 알 수 있다. "제3세계 도시들은 결코 노트르담 대성당이나 유럽의 다른 도시들에 있는 건축학적 보석을 갖지는 못할 것입니다. 이 때문에 제3세계 도시들은 파리가 가지고 있지 못한, 거대한 열대목이 줄지어 서 있는 20㎞의 긴 보행자 가로를 가질 수 있습니다." 그렇게 페냐로사는 보통사람으로는 상상할 수도 없는 큰 꿈을 가지고 '인류의 형님들'이라 불리는 그들의 선조들에게 부끄럽지 않도록 보고타의 판을 새로 짜고 다양한 색깔을 입힐 수 있는 계획을 수립하여 실천에 옮겼던 것이다. 그 산물 가운데 하나가 바로 보고타에서 가장 가난한 마을을 관통하는 총연장 17㎞의 보행자 거리 '알라메다 엘 쁘르베니르(Alameda Porvenir)'이다. 세계에서 가장 긴 보행자 거리로 알려진 이 사업이 끝난 후 보

도시의
로빈후드

고타는 콜롬비아 건축협회로부터 최상의 도시 프로젝트에 수여하는 특별상을 받기도 했다.

하지만 현재로서는 2000년 전후 엔리케 페냐로사와 안타나스 마커스(Antanas Mockus) 시장 시절에 보고타가 보여준 환경친화적이고 지속 가능한 도시개발이 앞으로도 흔들림 없이 계속될 것이라고 속단하기는 어렵다. 페냐로사가 만든 야심 찬 계획의 일부가 그의 퇴임 후 제대로 진전되지 않았다고, 재임 시에도 좌우파를 막론하고 적지 않은 비판을 받았기 때문이다. 예를 들어, 마르크스주의자들의 정기간행물《헤시스텐시아》는 페냐로사를 선거구민의 필요보다 공공 공간의 아름다움에 더 주의를 기울이는 '신자유주의적 투표권 강탈자(neoliberal vote-grabber)'라고 부르기도 했다. 이런 비판적인 그룹들이 절대다수는 아니지만 엄연히 존재하고 있다는 사실을 염두에 둘 때 보고타의 장래에 대해 낙관적인 전망을 하기는 아직 이르다.

또한 2008년 이후 지하철 건설 공약으로 당선되었던 사무엘 모레노 로자스가 부정부패로 낙마한 데다 2012년 경전철 건설을 핵심공약으로 내걸고 새로 취임했다가 시장직 박탈과 직무정지 보류, 해임, 복직을 반복해서 경험했던 구스타보 페트로 우레고 시장이 앞으로 어떤 생각으로 시정을 운영할지, 그리고 정치적 의지가 어느 정도인지도 보고타의 향방을 결정할 주요한 요소가 아닐 수 없다. 이 모든 점을 고려할 경우, 보고타가 브라질의 꾸리찌바처럼 환경친화적이고 지속 가능한 도시가 될 것인지는 트랜스밀레니오 프로젝트가 계획대로 제대로 마무리될 것인가에 달려 있다고 볼 수 있다. 이런 관점에서 보면 보고타의 행복도시 만들기는 아직도 미완성 상태임이 분명하다.

어떻든 다소 늦기는 했지만, 우리의 도시도 페냐로사가 구상했던 것같이 공동체 구성원 모두가 함께 공유할 수 있는 원대한 비전을 세우는 작업을 지금부터라도 시작해야 한다. 그 비전은 자동차 의존도가 점점 높아가면서 우리의 삶터 자체를 황폐화시키는 최근의 현실을 타개하기 위해서도 매우 시급한 과제가 아닐 수 없다. 우리는 더 이상 진보라는 이름으로 지속 불가능한 선진도시를 맹목적으로 쫓아가는 모방과 복제사업을 계속해서는 안 된다. 언제나 이류에 머무를 수밖에 없는 그런 노력은 선진국의 도시들과 우리의 현실이 다르고, 그 도시조차도 성공적이지 않기 때문에 우리가 따라갈 이유가 전혀 없다. 이제 우리는 도시를 만들고 가꾸는 방식에서도 주체성을 가져야 한다.

우리가 꿈꾸고 염원하는 세상이 100년, 또는 그 이상이 걸려 달성된다는 것은 문제가 되지 않는다. 꿈이란, 꿈을 꾼 자에 의해서만 이루어지기 마련이다. 페냐로사의 말대로 중세 시대의 대성당은 건설하는 데 200년 이상 걸렸고, 그 과정에 위기가 없었던 것도 아니다. 우리는 물론 우리의 후손, 그 후손의 후손까지 사용할 수 있는 견고한 건축물을 설계하고 짓는 것은 모두 우리의 손에 달려 있다. 지금은 우리가 사는 도시에서 코페르니쿠스 같은 인식의 대전환과 혁명이 필요한 시대이다.

도시의
로빈후드

Eco + Mobility

쌍둥이 위기의 도래

석유생산 정점 분야의 세계 최고 전문가이자 환경운동가들에게 깊은 영감을 주는 지식인의 하나로 손꼽히는 리처드 하인버그(Richard Heinberg) 탈탄소 연구소 수석 연구원은 다음과 같이 말한다. "전 세계의 경제성장이 끝나고 있다. 그 이유는 세 가지 요인, 즉 자원고갈, 환경파괴, 구조적 금융·통화 실패에 있다. 하지만 팽창시대의 막을 내릴 핵심 요인을 내게 하나만 들라고 한다면, 그것은 바로 석유에 있다."[1] 석유생산 정점 웹사이트 오일드럼(The Oil Drum)은 석유 1배럴당 100달러를 지불해야 할 뿐 아니라 가스 한 탱크도 100달러를 지불해야 할 것이라고 예측한 바 있다. 이 예측은 2006년에 이루어졌고, 2008년 7월에는 석유가 배럴당 147달러에 도달했다. 이는 제2차 세계대전 이후 최악의 경기후퇴를 촉발한 1970년대 오일쇼크 때의 거의 1.5배에 달하는 엄청난 규모였다. 하지만 그해 9월에 연이어 일어난 세계금융위기에 지구촌의 모든 이목이 집중된 탓에 유가 폭등은 사람들의 뇌리에서 금세 잊혀져갔다. 많은 사람들은 금융위기의 원인을 주택거품, 금융

규제 부실, 일반인들은 전혀 이해할 수 없는 기이한 파생금융상품의 남발 등에서 찾고 있었지만, 소수의 진보적인 학자와 활동가들은 석유탐사 지질학자 콜린 캠벨(Colin J. Campbell)이 일찍이 2000년에 제시한 석유생산 정점 시나리오를 다시 들춰 보기 시작했다. 그는 2010년을 전후로 석유공급이 침체하거나 감소하여 유가가 치솟고 요동칠 것이며 이 때문에 세계 경제가 추락할 것이라고 주장한 바 있다. 바로 지금이 캠벨이 말한 그때가 아닌가.

경제가 지금처럼 급속히 위축되면 에너지 수요가 가파르게 감소하여 유가가 떨어질 것이지만, 경제가 다시 생기를 찾게 되면 유가는 다시 폭등할 것이고 경제는 결국 곤두박질칠 것이다. 이 순환이 되풀이될 때마다 회복주기는 짧고 얕아지고, 폭락주기는 길고 깊어지다 급기야 경제는 풍비박산이 날 것이다. 지속적 성장을 전제로 구축된 현재의 금융 시스템이 무너지고 석유생산 정점 위기가 심화되어, 에너지 투자회사 설립자 매튜 시몬스(Matthew Simmons)가 오래전에 예견한 것처럼 석유가 배럴당 300달러에 이르게 될 경우 우리는 과연 어떻게 살아갈 수 있을까?

피크오일을 주제로 진행된 한 오스트레일리아 텔레비전 쇼에서는 2004년 오스트레일리아석유생산·탐사협회(APPEA)의 회의 참석자들에게 세계의 석유생산이 정점에 이르렀다고 생각하는지를 질문했는데, 절반이 피크오일 자체를 인정했다고 한다. 또 피크오일에 회의적이었던 국제에너지기구(IEA)마저도 2006년, 전통적인 의미의 석유는 정점에 이르렀고, 5% 정도씩 생산이 하락할 것이라는 사실을 인정했다. 그리고 미국과 영국 정부의 가장 보수적인 추정도 2010~2020년 사이에 석유생산 정점이 도래할 것이라고 말하고 있다.[2] 이는 주류 사회도 이미 석유생산 정점 사실을 인정한

도시의
로빈후드

것으로, 우리는 지금 '영구적인 석유 부족 상태'에 살고 있음을 의미한다.

다른 한편, 2007년 11월에 반기문 유엔 사무총장은 '우리 시대의 가장 큰 도전'으로 기후변화를 손꼽았다. 2006년 방대한 자료를 기반으로 만든 〈불편한 진실〉이라는 영화를 통해 지구온난화의 위험성을 부단히 경고해온 앨 고어를 비롯해 세계의 무수히 많은 기후 과학자들은 기후변화가 사실이라고 공식적으로 인정했으며, 그 중요한 원인이 인간의 영향에 있다는 점을 90% 이상 확신한다고 밝혔다. 그와 같은 생각을 가진 대표적인 기구가 바로 유엔 산하의 '기후변화에 관한 정부 간 협의체(IPCC)'다.

IPCC는 최근 발표한 제5차 기후변화 평가보고서(AR5)[3]에서 인간활동에 의한 '대기 중 온실가스 배출'이 지구온난화의 주범임을 과거보다 좀 더 분명한 표현으로 지적했다. 2013년 9월 23~26일 스웨덴 스톡홀름에서 열린 IPCC 회의에서 최종 확정된 이 보고서의 '정책결정자를 위한 요약본'은 이번 세기말(2081~2100년)의 지구 평균기온은 인류의 온실가스 감축 노력 정도에 따라 1986~2005년 평균기온과 비교해 최소 1.0℃에서 최대 3.7℃까지 상승할 가능성이 높은 것으로 예상했다.[4] 그 결과 지구 해빙이 가속화되어 금세기 말까지 해수면이 최소 26cm에서 최대 82cm까지 올라갈 것으로 예상해 해안가 주요 도시들이 더이상 안전지대가 아님을 확실히 했다.

지금까지 우리는 지구촌 전체가 석유생산 정점과 기후변화라 불리는 쌍둥이 위기 속에 깊이 빠져 신음하고 있다는 사실을 알 수 있었다. 이를 극복하기 위해 무엇보다 시급한 것은 피터 뉴먼(Peter Newman) 등이 그들의 저서 《회복력이 있는 도시(Resilient Cities)》에서 말했듯이 2050년까지 석유 소비를 절반으로 줄이고 이산화탄소도 절반으로 감축하는 것을 목표로[5] 기존의 도시를 대대적으로 수술하고 개혁하는 것이다. 우리는 수십 년 동안 석유가 저가에 무한정 공급될 것이라는 가정을 전제로, 지구온난화 문제를 배제한 채 무차별적으로 자동차 중심 도시를 만들어왔다. 이제 우리는 단기적으로 새로운 환경에 맞게 도시를 적응시키고, 장기적으로는 회복력이 높은 공간으로 개조해나갈 수 있는 계획과 전략을 수립해 실천에 옮겨야 한다. 그 핵심 개념이 바로 '생태교통(Eco Mobility)'인 것이다.

생태교통이란?

'생태교통'이란 환경적으로 지속 가능한 모든 '이동' 형태를 통합한 개념으로, 자가용을 사용하지 않는 카셰어링이나 무동력 교통수단(걷기, 자전거, 수레, 유모차, 휠체어, 인력거 등)과 전기 이동수단(전기 자전거, 전기 오토바이, 전기차, 전기 스쿠터, 전기 휠체어 등) 그리고 버스, 전철, 기차 등의 대중교통을 포괄하는 교통수단을 연계한 것으로, 환경적으로는 물론 사회적으로도 바람직한 지역교통 체계를 의미한다. 한마디로 정리하면, 석유생산 정점과 기후변화위기에 대비하기 위한 기후친화적인 교통체계를 뜻한다. 기본적으로 친환경성과 사회적 포용성을 지니고 있는 생태교통은 기후변화의 원인이 되는 온실가스와 환경오염물질의 배출을 줄이고 에너지 소비를 절감하는 것뿐 아니라 궁극적으로 장애인, 노약자, 어린이, 빈민 등 사회·경제적 약자들이 모두 소외받지 않는 교통을 지향한다.

이 '생태교통'은 기존에 정부, 학계, 기업, 시민사회에서 꾸준히 언급되어

도시의
로빈후드

온 '녹색교통' '지속 가능한 교통'과 개념상 큰 차이가 존재하지 않고 지향점 또한 크게 다르지 않으나, 사용하는 주체가 누군지, 다루는 분야가 어딘지에 따라 약간의 간극은 있는 것으로 보인다. 가장 최근에 소개된 생태교통이란 개념은 대체로 교통 분야 외에 도시계획, 보건 등 다양한 분야와의 접목을 통해 새롭게 고안된 용어라고 볼 수 있다. 인터넷에서 검색해봐도 아직까지 '생태교통'이란 용어가 그렇게 널리 퍼져 있지는 않다.

'생태교통'은 원래 세계지방정부 환경협의체 이클레이(ICLEI)의 전 사무총장이었던 콘라드 오토 짐머만(Konrad Otto-Zimmermann)이 2007년 처음 사용한 용어로 알려져 있는데, 보행·자전거·대중교통·카셰어링 등 자가용 사용을 제외한 모든 이동수단을 통합한 친환경 교통 시스템이다. 그의 제안으로 세계 최초로 생태교통연맹총회가 추진되었고, 2011년 6월 독일에서 열린 '2011 환경선진화를 위한 생태회복력 도시총회'에서 창원시가 제1회 생태교통연맹총회 의장도시에 선정되었다. 같은 해 10월 21일부터 24일까지 창원컨벤션센터와 창원광장 일원에서 24개국 40개 지방정부와 도시에서 도시설계자·연구자·기업인·단체 활동가·생태교통 전문가 등 300여 명이 참석해 공용자전거 시스템, 생태교통의 혁신방안, 당면과제 극복방안 등을 주제로 발표 및 토론을 하는 생태교통총회가 열렸다. 세계 자전거 축전과 함께 열린 이 총회에서 짐머만이 석유고갈 시대를 가정해 자동차 없이 무동력 교통수단만으로 한 달 동안 생활해보는 세계 최초의 글로벌 프로젝트를 개최할 것을 수원시에 제안했다. 이를 염태영 수원시장이 받아들여 수원시와 이클레이, 그리고 유엔인간정주회의(UN Habitat)가 공동으로 세계생태교통축제(EcoMobility World Festival 2013)를 개최하기에 이른 것이다.

수원시는 낙후되고 침체된 원도심을 재정비하면서 보행 중심, 사람 중심 도시, 환경수도 수원을 만들고 에너지위기 시대에 적합한 새로운 도시교통의 모델을 선도적으로 제시하여 저탄소 녹색도시 건설을 추진하고자 이 사업을 의욕적으로 실행에 옮기게 되었다고 한다. 2013년 9월 1일부터 30일까지 한 달 동안 열린 '생태교통 수원 2013'은 화석연료 고갈에 대비하여 차 없는 미래의 생활상을 오늘날 재현함으로써 생태교통에 대한 전 세계인의 인식을 제고하고, 생태교통의 실현을 앞당겨 기후변화에 적극적으로 대처하고자 하는 데 그 목적이 있었다.

이렇게 명확한 추진 배경과 좋은 목적이 있다 하더라도 자치단체장의 입장에서 보면 아주 무모해 보이기까지 하는 이런 사업을 어떻게 큰 부작용이 없이 치렀을까? 자동차 이용 통제와 소상공인의 영업 불편으로 예상되는 거센 주민저항을 어떻게 슬기롭게 극복할 수 있었을까? 또 수원시에서 말하는 것처럼 '생태교통 수원 2013'이 성공적으로 추진되었는가? 시 당국이 예상했던 기대효과 못지않게 적지 않은 문제점과 아쉬운 점 등은 없었는가? 이제부터 이에 대해 좀 더 구체적으로 살펴보도록 하자.

수원시의 도전[6]

생태교통 시범지역으로 2012년 4월 선정된 사업 대상 지역은 경기도 수원시 팔달구 행궁동(신풍동, 장안동)으로, 전체 면적은 0.34㎢이다. 2200세대에 4300명이 살고 있는 이곳의 자동차 등록 대수는 1516대로, 가구당 평균

0.69대의 자동차를 보유하고 있는 비교적 서민들이 거주하는 원도심 지역이다. 이곳은 또한 단독주택, 다세대주택이 많은 저밀도 주거지역으로 도소매, 숙박 및 요식업, 선술집 등 다양한 업종이 분포하고 있고, 점집도 다수 분포하고 있는 수원시의 전형적인 저개발지역 가운데 하나라 볼 수 있다. 주변에 유네스코 세계문화유산인 수원 화성과 행궁을 비롯해 팔달문, 화서문, 서북공심돈, 화령문 등 많은 문화재가 산재해 있는 이곳은, 수원시 마을 르네상스 사업과 나혜석 생가 거리미술제 같은 마을행사가 지역조직과 연계되어 활발히 이루어지고 있는 대표적인 지역이기도 하다. 주민자치가 비교적 활발히 이루어지는 행궁동 일원의 지형은 대체로 평탄하며, 통행량이 많은 2차선 도로에서부터 좁은 골목길까지 다양한 도로환경을 가지고 있어, 생태교통을 기반으로 마을 만들기 조성사업을 실현하기에 적합한 환경을 보이고 있다.

총사업비 155억 원이 투자된 '생태교통 수원 2013'은 크게 두 가지 사업으로 나뉘는데, 하나는 130억 원이 소요된 기반시설 공사이고, 다른 하나는 25억 원의 예산을 가지고 치른 국제행사이다. 전자의 주요 사업으로는 2013년 1월부터 8월까지 시행한 화서문로(화서문 장안사거리)와 신풍로(제일감리교회 팔달로), 사업지 내 도시계획도로 등에서 이루어진 총연장 2.55㎞의 생태특화거리 조성과 화서문 추억길, 장안문 추억길 그리고 나혜석 생가를 지나는 길로 시, 문학, 그림 활동을 매개로 한 예술·문화의 향기가 가득한 길과 같은 골목길 조성사업이 있다. 이 밖에도 행궁동 주민들의 커뮤니티 공간과 휴게소 기능을 담당하도록 구비된 7개소의 쌈지공원을 조성했다. 그리고 화성 주변 거리 경관의 개선을 통해 역사·문화·관광도시 이미지를

생태교통마을 입구

생태교통마을에 조성된 쌈지공원

제고하고 낙후된 구도심의 활력을 증진시키기 위해 정조로와 화서문로 주변에 입지한 건물들의 간판과 입면 개선을 추진했다. 또 담장 허물기, 커뮤니티 공간 조성, 그린파킹, 주택개량 등의 도시 르네상스 사업을 생태교통 마을 안에서 실시했고, 3개소에 도심텃밭을 설치·운영했다.

이런 일련의 기반시설 조성사업과 함께 사업 구역 안에서 다양한 예술작품 전시, 이색 이동수단과 자전거 발전기 체험, 재활용품을 활용한 공예품 만들기, 각종 놀이터와 상징물 설치, 조형물 전시 등의 전시·체험 행사를 마련했다. 이를 위해 임시로 친환경 이동수단 전시관 및 체험장, 도시·기업 홍보부스, 노면전차 등의 친환경 교통수단 홍보부스, 기후에너지 홍보교육 체험관 등을 설치·운영했다. 동시에 수원 지역과 주민자치센터의 동아리 공연, 전문 예술 공연 등 다양하고 풍부한 행사를 한 달 동안 매주 금요일~일요일에 지속적으로 개최했다. 또 약 60명으로 구성된 생태교통 마을 해설사를 두어 화서문 옛길, 나혜석 유적지, 마을 만들기 코스 등을 탐방하는 골목 투어 프로그램을 '생태교통 수원 2013'이 진행되는 1개월 내내 쉬지 않고 진행했다.

게다가 수원시에서는 행궁동 주민들의 주차 대책과 이동수단 지원 대책을 체계적으로 마련해 생태교통을 생활 속에서 직접 실천하도록 유도하는 기반을 구축했다. 생태교통 마을 인근에 1200면의 주차면을 확보해 주민들의 편의를 도모하고, 사설·공영주차장 이용자들에게 주차비를 지원해주었으며, 일반 자전거 620대, 자전거 택시 13대, 전기 자동차 6대 등 총 828대의 이동수단을 준비해 주민들이 생태교통수단을 공동으로 이용하고, 물품 배달노 가능하도록 시스템을 구축했다.

이 외에도 15개 소규모 마을 만들기 사업을 추진하고, 다양한 방식으로 거버넌스형의 주민 참여를 제도화하는 등의 노력을 게을리하지 않았다. 여기에는 생태교통마을의 길라잡이 역할을 담당할 마을 해설사를 동네에서 직접 양성하고, 동네 주민들이 중심이 되어 자전거나 택시를 이용한 수원 화성 유람시키기, 생활소품을 만들어 전시하는 창작공방과 마을 문화공간 운영 등의 소소한 사업들을 직접 계획하고 실천하는 노력들이 포함된다. 그리고 생태교통주민추진단, 시민응원단, 행정서포터즈 등을 활용한 '생태교통 수원 2013' 사업 홍보와 주민 설득작업을 시행했다. 이와 함께 종교계, 시민사회, 상가번영회, 주민자치위원회, 지역 동아리 등 지역사회 대표자와의 정례회도 개최해 주민 홍보는 물론 지원 방안도 자연스레 모색했다.

앞서 언급한 다양한 준비와 함께 9월 한 달 동안 '2013 생태교통 수원 총회', 저탄소녹색도시 국제포럼, 지속가능발전 전국대회, '사회적 기업 세

축제 기간 중 진행된 카프리 데이 기념행사

자전거 택시

도시의
로빈후드

계로 페스티벌', '수원그린국제포럼 2013', '마을르네상스 주간행사' 및 '마을 만들기 전국대회', '전국자원봉사센터대회' 등 수많은 국제회의와 학술행사를 개최해 내외국인의 수원 방문을 유도했다. 그리고 '생태교통 수원 2013' 행사 말미에 국내 최대 규모의 축제 가운데 하나인 수원화성문화제를 개최하고 대단원의 막을 내리게 되었다.

생태교통축제가
남긴 것

'생태교통 수원 2013'은 전 지구촌에서 수원시가 처음으로 도전한 창의적이고 선도적인 국제행사였다. 이클레이, 유엔인간정주회의 등과의 긴밀한 협력과 공조 아래 추진된 이 행사를 통해 수원시는 기후변화에 선도적으로 대응하는 창의적이고 혁신적인 도시임을 국내외에 각인시켜, 환경도시 또는 창조도시로서의 국제적 위상이 제고될 것으로 예상된다. 또 콘라드 오토 짐머만, 길 페냐로사 등을 포함한 많은 전문가들의 입을 통해 세계 최초의 생태교통 실험도시로 홍보되면서, 수원은 차 없는 미래사회를 체험해본 아주 진보적인 도시로 국제사회에 널리 알려질 것이다.

생태교통이라는 구체적 실천 수단을 매개로 수원은 지속 가능한 도시로 다시 한 번 도약하는 계기를 만들었고, 시범지역인 행궁동 일원은 생태적 가치와, 지역이 가진 역사·문화적 유산을 결합하면서 그동안 침체되고 낙후되었던 마을 이미지를 탈피하는 중대한 전환점을 마련하게 되었다. 이는

'생태교통 수원 2013' 행사장 앞에 설치된 자전거 조형물

장기적으로 수원 화성의 관광효과 극대화와 지역경제 활성화에도 이바지
하게 되고, 수원의 도시 브랜드를 새롭게 창조하는 데도 커다란 도움을 줄
것으로 예측된다.

'생태교통 수원 2013'은 시민참여를 완전히 배제한 채 행정 주도로 치러
지는 국내의 많은 자치단체 행사와는 다소 차이가 있었다. 상당수의 시민
단체들이 주민 참여가 미흡했다는 평가를 하고 있기는 하지만, 이번 행사
는 다른 어느 지역 못지않게 주민 주도와 참여, 민관협력이 비교적 잘 이루
어진 것으로 보인다. 상인들을 중심으로 행궁동 일원의 일부 주민들이 자
동차 이용의 불편과 영업상의 곤란을 이유로 조직적으로 저항하고 시위를
했음에도 행정에서 큰 무리 없이 잘 대처한 편이다. 이러한 경험들이 모두

도시의
로빈후드

주요한 자산이 되어 수원시에서는 앞으로도 이해 당사자들의 네트워크 활성화와 거버넌스 강화, 그리고 주민자치 역량 강화 등을 한층 배가시킬 것으로 보인다.

그러나 '생태교통 수원 2013' 성과 결과를 분석한 자료를 보면 상당히 흥미로운 사실을 발견하게 된다. 사업 구역을 찾은 총 방문객은 약 101만 명인 것으로 나타났는데, 약 30개의 전시·체험 프로그램을 이용한 사람들이 15만6000명이었고, 129회의 문화공연에 참석한 사람이 12만6300명인 것으로 보고되었다. 이에 반해 마을투어와 유년·청소년 교육프로그램에 참가한 인원은 불과 2만 명 정도에 지나지 않았다. 반면 노면전차 방문객(53만500명)과 생태교통 전시관(12만200명), 이색 교통수단 체험장 등을 찾은 사람 수가 전체 내방객 가운데 약 70%를 점유하고 있는 것으로 나타났다.

특히 여기서 아쉬웠던 점은 이색 자전거를 포함해 자전거가 중심이었던 생태교통 전시관의 전시 내용이 다양하지 않았고, 독일 뮌스터와 프라이부르크 시의 생태교통 사례만을 단편적으로 소개한 2~3개의 패널만 있었을 뿐, 국제사회의 수많은 생태교통도시 사례가 거의 소개되지 않았다는 것이다. 때문에 수원시민이나 방문객들이 국제사회의 최근 동향을 알 수 없었고, 학습기회도 거의 제공되지 못했다는 사실은 상당히 아쉬운 점으로 남았다. 또한 굴절버스나 대체에너지를 이용하는 다양한 대중교통수단의 전시 없이 현재 수원에서 공개적인 토론이나 논증을 거치지 않은 노면전차만을 홍보하는 데 역점을 기울인 것 아닌가 하는 인상을 지울 수 없었다.

이런 표면적인 문제점 이외에도 우리가 관심을 갖고 지켜봐야 하는 것은

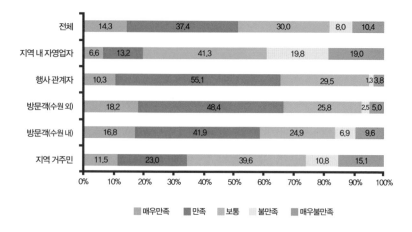

〈표 1〉 "생태교통 수원 2013"에 대한 만족도 조사 결과

'생태교통 수원 2013' 행사 전후에 나타난 행궁동 주민들의 태도변화와 방문객들의 객관적 평가가 어떠했는가 하는 점이다. 수원시에서 사업기간 중 (2013년 9월 14~15일)에 실시한 설문조사 결과를 보면, 행사 관계자와 수원 내외 방문객들의 만족도에 비해 지역 거주민과 자영업 종사자의 만족도가 상대적으로 높지 않은 것으로 나타났다. 지역 내 자영업자의 경우 '매우 만족'이 6.6%, '만족'이 13.2%였고, 지역 거주민은 '매우 만족'이 11.5%, '만족'이 23.0%였던 데 반해, 행사 관계자의 경우 '매우 만족'과 '만족'을 합하면 65.4%, 수원 외 방문객은 66.6%, 수원 내 방문객은 58.7%로 각각 나타났다. 이 같은 결과는 승용차 없이 살아보는 것에 대한 불확실함과 불편할 것이라는 두려움 때문에 행사 준비단계에 일부 행궁동 주민들의 반대와 거센 저항이 끊이지 않았다는 사실을 염두에 둔다면 아주 자연스러운 것으로 보인다.

도시의
로빈후드

자동차가 사라져 정온한 분위기를 느낄 수
있는 생태교통마을

하지만 행사 전후의 설문조사 분석결과를 비교해보면, 전반적으로 사전
에 비해 사후에 만족도가 향상되어 행궁동 일원에 조성한 생태교통마을 만
들기 사업은 비교적 성공한 것으로 평가할 수 있다. 만족도가 대체로 '보
통' 수준에 있기는 하지만 보행환경, 지역 내 미관, 야간조명시설, 쉼터 및
공원, 소음, 대기환경 분야에서는 전반적으로 만족도가 향상되었다. 반면에
대중교통 접근성 면에서는 만족도가 크게 변화를 보이지 않았는데, 특히
지역 내 자영업자의 경우는 만족도가 떨어진 것으로 나타나 대중교통 접근
성 향상을 위한 노력이 다소 미흡했던 것 아닌가 하는 추론이 가능하다.

녹색도시를 위한
교통정책

2013년 9월 한 달 동안 수원시에서 진행한 생태교통축제는 염태영 수원시장이 말한 바와 같이 "자원고갈로 인해 현재와 같이 화석연료를 이용할 수 없는 미래의 도시 모습을 가상하여 실현해본 것으로서, 시민들이 한 달 동안 자가용을 사용하지 않고 무동력 교통수단을 이용하여 일상생활을 해보도록 한 세계 최초의 프로젝트다. 유럽의 친환경 도시들의 경우 자발적으로 비슷한 형태를 보이는 도시도 있으나 수원의 생태교통축제처럼 승용차를 완전히 배제하는 실험이나 생활은 아마도 세계에서 처음이 아닌가 생각된다."[7]

이 축제를 찾아온 국내외 방문객들은 자동차가 사라진 도심 거리의 변화를 직접 체험하면서 '내가 살고 있는 도시 생활공간이 어떻게 바뀌면 좋을 것인가' 하는 화두를 놓고 스스로 질문하거나 성찰해보는 아주 의미 있는 기회를 가졌을 것이다. 또 한 달 내내 자동차 없이 불편한 생활을 감수했던 수원시 행궁동 주민들도 이제는 생태교통마을이 자신들이 앞으로 살아가야 하는 주요한 공동체이자 마을 만들기의 한 전형이 될 수도 있다는 사실을 체험했을지도 모른다.

우리나라와 이클레이, 유엔인간정주회의 관계자들과 수원시민들이 함께 경험한 '생태교통을 이용한 마을 만들기' 실험은 이제 시작에 불과하다. 왜냐하면 생태교통도시는 이번처럼 일회성 행사나 캠페인만으로는 실현되지 않기 때문이다. 자동차에 대한 시민들의 인식 및 일상생활의 변화와 함께

도시의
로빈후드

생태교통도시로의 혁명적 전환을 도모할 수 있는 일관된 교통정책 기조의 확립과 도시정책이 반드시 수반되어야 하기 때문이다.

수원시는 '생태교통 수원 2013'을 통해 낙후된 구도심의 재생, 보행과 사람 중심의 도시 만들기, 문화유산과 환경을 매개로 한 지역경제 활성화에는 어느 정도 성과를 거둔 것으로 보인다. 하지만 이번에 추진된 생태교통축제가 도시재생에 주로 초점을 맞춘 탓에 행궁동 일대를 완전히 생태교통마을로 바꾸는 데는 성공했다고 보기 어렵고, 수원시 전역을 생태교통도시로 전환하는 노력도 상당히 미흡했던 것으로 생각된다. 이런 한계를 깊게 인식한 탓인지 수원시에서는 향후 기후변화에 대응하고, 사람이 중심이 되는 환경도시, 생태교통이 함께하는 녹색도시 조성을 위해 다음과 같이 도시 교통정책 방향을 설정했다고 한다.[8]

첫째, 도심 경관과 조화를 이루는 가로수길과 보행자가 편리하게 이동할 수 있고 걷고 싶어 하는 보행환경을 조성하고, 자전거 함께 타기와 자전거 도로의 지속적인 확대·정비, 공공자전거 도입 및 첨단 자전거 주차장 구축 등을 보다 실효성 있게 추진하여 비동력·무탄소 교통수단의 활성화를 유도할 계획이다.

둘째, 광역철도를 확충하고, 수원역에서 장안구청(6㎞)까지 무가선 노면전차 노선을 구축해 철도 중심의 대중교통체계로 전환하며, 버스노선 체계를 개편하고, 도심 철도역 주변 대중교통을 연계하는 환승체계를 구축하며 사람과 대중교통이 중심이 될 수 있는 대중교통 전용지구를 조성한다.

셋째, 생태교통에 기반을 둔 도시재생사업을 지속적으로 추진하고, 수원 실성에 석합한 차 없는 거리를 조성하며, 나누미카(카셰어링) 사업을 보다 확

생태교통축제에 전시된 국내 개발 노면전차

대실시하여 생태교통 환경의 지속적인 개선을 추진할 것이다.

마지막으로 교통안전 및 복지 향상을 위해 녹색교통 캠페인, 교통사고 위험지역 개선, 어린이·노인·장애인 보호구역 강화 등을 지속적으로 추진하려고 한다. 또 교통 약자에게는 보다 편리하고 안전한 교통복지가 제공될 수 있도록 효율적인 교통약자 이동지원센터를 운영·관리하고, 특별교통수단 및 저상버스를 확대 도입할 예정이다.

이런 수원시의 교통정책 방향은 전체적 틀에서 보면 큰 무리가 없으나 일부 정책은 수정·보완하는 노력이 필요할 것으로 보인다. 현재 2017년 완공을 목표로 추진하고 있는 노면전차 사업이 타당한지 지역 주민들의 참여 아래 민주적이고 공개적인 검증을 거쳐 용인, 김해 등 다른 지방도시에서와 같은 시행착오를 겪지 않도록 해야 할 것이다. 그리고 보고타 시클로비아나 뉴욕 섬머 스트리트, 파리의 파리 플라주 사업 등과 같은 사례들을 참고해 도로 자체를 공공 공간으로 활용할 수 있는 방안을 적극 모색하고, 고가도로와 육교 등을 철거·해체하는 노력도 시도해, 도시 자체를 자동차가 아닌 인간이 주인인 생태교통도시로 전환시켜야 한다.

이 밖에도 특히 수원시에서 향후에 관심을 가져야 할 사항으로는, 행궁동 일원 생태교통마을에 대해 좀 더 적극적인 운영에 나서는 것이다. 기존에 운영했던 생태교통주민추진단을 비롯한 지역 주민들과 긴밀한 협력 및 공조체제를 유지하면서, 화서문로를 보행자 전용거리로 만들거나, 생태교통마을 경계선 밖으로 주차장을 완전히 이전시키고 차 없는 단지로 개발하는 방안도 지속적으로 찾아봐야 할 것이다. 또 지역 주민들이 생태교통 자체만으로도 생활이 가능하도록 생태교통마을에 우선적으로 공용자전거와 카셰어링 시스템을 구축해주는 노력도 중요할 것으로 보인다.

지금 지구촌 안에는 유럽을 중심으로 차 없는 개발에 성공한 저탄소 생태주거단지가 상당히 많이 있다.[9] 네덜란드 암스테르담의 베스터파크(Westerpark)에서 시행한 GWL 지구나 독일 프라이부르크에 있는 보봉 마을 등 우리가 교훈을 얻을 만한 사례가 다수 존재하는 바, 이를 모델로 수원시가 제2의 도전을 해보는 것도 행사 후 꺼져가는 수원 생태교통마을의 불씨를 되살리는 데 큰 도움이 될 것으로 생각된다.

자동차여 잘 있거라!

두 도시 이야기

세계 최대 신도시의 하나인 이 도시는 어떤 건물도 민의를 상징하는 국회보다 높아서는 안 된다는 뜻에서 국회 건물 층수인 27층보다 높은 건물은 지을 수 없게 한다. 주거 지역은 모두 번호로 구분한다. 주택은 면적으로만 구분될 뿐 계층을 표현하는 어떤 장식이나 치장도 허용하지 않는다. 이 도시의 건설에 참여했던 글래드손 로샤 교수는 이곳을 "권력 개혁(reformation of power)을 위한 도시 사상의 종합적 결정체"라고 표현하고 있다. 그래서인지 이 도시는 1987년 유네스코로부터 모더니즘 건축과 도시의 정수로 평가받아 세계문화유산으로 지정받았다.(2005. 3. 19 중앙일보)

이 도시의 이름은 국내에서도 신행정수도와 관련된 논쟁이 벌어질 때마다 단골로 소개되던 브라질의 수도 브라질리아다. 천재 건축가 루시오 코스타(Lucio Costa)와 유엔본부 건물을 설계한 오스카르 니에메예르(Oscar Niemeyer)가 도시 설계와 건축을 맡았던 이곳에 가면 많은 사람이 느끼는 하나의 공통된 정서가 있다. 브라질리아 한가운데에 서면 마치 영화 촬영 세트장에 들어간 기분이 든다. 자동차 위주로 도로가 설계돼 여기저기 멀찌감치 떨어져 서 있는 직육면체의 콘크리트 빌딩과 아파트, 보행자가 드문한적한 도심 등은 미래 SF 영화 장면들을 연상시키고, 밤거리에서는 아예 사람을 보기가 어려울 정도이다.

나 역시도 얼마 전에 이 도시에 대해 비슷한 지적을 한 바 있다. 브라질리아를 설계하고 건설한 이들은 전통적인 도시 공간 속의 길을 온갖 갈등 요인을 내포한 가로로 인식하고, 이를 보전하기보다는 확장하면서 하늘로 치솟는 수직적인 고층건물과 낮은 대지 점유비, 그리고 자유롭게 흐르는 도시 공간을 그 대안으로 제시하고 있었다. 이것은 전통적인 블록의 패턴을 와해시키고, 도시의 기능이나 공동체의 결속력 약화를 가져오는 것이었다. 한마디로 살아 숨 쉬는 도시의 느낌도, 사람 사는 맛도 나지 않는 황폐한 도시의 전형이었다.

그렇다면 이런 도시는 과연 어떤 형태로 만들어졌을까? 브라질리아는 하늘에서 내려다보면 제트기처럼 마치 날개를 펼친 새의 형상을 하고 있는 도시로 유명하다. 날개 모양을 한 지역에는 주로 주택지와 아파트가 있고 호텔이 줄지어 들어서 있으며, 도심에는 거대한 위락 지역과 함께 동일한 규모의 격자형 건물을 배치함으로써, 일하고 쇼핑하고 노는 기능을 엄격하게 분리하는 것에 중점을 두었다.

브라질리아는 이들 지역을 주로 도로로 연결하는 등 거의 교차 지점이 없이 건설된 '고속도로 도시'였다. 누구든지 유명 건축가들이 설계한 기념 건물 사이를 걸을 때는 고가도로나 육교를 이용해야만 했고, 건설 사업도

브라질리아 시내 전경　　　　　　날개를 펼친 새와 같이 비행기 모양을 한 브라질리아의 도시 이미지

중앙 평원에 있던 아주 풍부한 숲을 없애버린 채 진행되었으며, 유리 건물 역시 빵 굽는 오븐처럼 햇빛 속에서 엄청난 복사열을 방출하도록 설계·건설되었다. 한마디로 이 도시는 에어컨이나 자동차 없이는 상상할 수도 없는, 정말이지 반환경적인 자동차 의존형 도시라 할 수 있다.[1]

1961년 세계 최초로 유인 우주비행을 하면서 우주비행사 유리 가가린이 남긴 "지구는 푸르다"라는 유명한 말은 인류의 우주개발 역사에서 잊히지 않는, 지구촌 사람들이면 모두가 잘 알고 있는 말이다. 그 역시도 나중에 브라질리아를 방문한 후 "나는 마치 지구가 아니라 다른 행성 위에 상륙했던 것처럼 느꼈다"라고 증언했다고 한다. 이는 브라질리아같이 자동차가 주인인 도시가 얼마나 살벌한가를 단적으로 말해주는 아주 흥미로운 예이다.

이처럼 도로가 도시의 얼굴이나 다름없는 사회가 지금 지구촌 전역에 널려 있다. 하지만 이와 정반대로 사람이 사람답게 살고 인간이 자연과 진정으로 공존하면서 살아가는 인본주의적인 도시가 전혀 없는 것도 아니다.

우리는 이런 곳의 전형을, 이미 국내에도 너무나 잘 알려진 브라질 남쪽에 있는 꾸리찌바라는 도시에서 찾을 수 있다.

꾸리찌바의 오늘을 만드는 데 산파 역할을 한 자이메 레르네르 전 시장은 도로가 도시의 얼굴이 되지 않고, 거리 또는 길이 도시의 혈관처럼 기능하는 사회를 꿈꾸어온 아주 혁신적인 인물이다. 그는 "내 어린 시절은 거리가 전부이다. 그래서 나는 이 거리를 잊을 수 없다. 거리는 도시와 사회 전체의 종합체이다"라고 말하는 아주 흥미로운 철학을 가진 사람이다. 그렇게 범상치 않은 생각을 지녔던 레르네르는 도시의 길을 공동체 구성원들이 이동하는 주요 통로이자 친교를 맺고 교류하는 아주 중요한 장으로 만들었고, 자동차가 아닌 사람을 위한 도시를 만들었다.

광활한 영토를 보유한 나라이기는 하지만 브라질에는 이렇게 극과 극을 달리는 도시가 공존하고 있다. 많은 학자와 전문가들은 도시를 여러 기준을 놓고 다양한 형태로 분류하고 있지만, 나는 우리가 사는 도시라는 삶터도 아주 단순화해 크게 두 가지로 나눌 수 있다고 생각한다. 그 정도와 내용에 차이가 있겠지만, 미국을 비롯해 대다수 선진국과 개발도상국의 대도시들은 브라질리아같이 자동차가 지배하고 있는 것이 오늘날의 현실이다. 우리나라도 여기서 예외가 아님은 두말할 필요도 없다.

지금부터는 우리나라 도시가 안고 있는 고질적인 난치병 중 하나인 교통문제를 발생시키고 있는 도시교통체계에 대해 좀 더 비판적으로 고찰해보고, 자동차가 도시 속에서 사는 사람들의 삶에 어떤 영향을 미치고 있는지를 구체적으로 살펴보고자 한다. 또한 작은 행성 지구를 위해 우리가 앞으로 어떤 도시들을 만들어가야 하는지 그 모습과 방향을 간략하게나마 그려

보기로 한다.

자동차는 도시의
암세포다

미국의 역사가 클레이 맥셰인(Clay Mcshane)은 그의 책《자동차(The Aotomobile)》에서 독일 작가 포르스트(W. Forst)가 1962년에 쓴 표현을 인용해 "자동차들은 메뚜기가 들판의 곡식을 먹어치우듯 우리의 가로와 광장을 점령해가고 있다"라고 말했다. 이처럼 가공할 위력을 지닌 자동차라는 암세포가 지금은 생태적으로 아주 중요한 대다수 도시의 산허리와 농지를 먹고, 하천마저도 도로나 주차장으로 전용해 먹어치우고 있다. 뿐만이 아니다. 심지어는 최근 일본의 사례가 보여주듯이 건물 중앙에 도로를 관통시켜 건설하는 아주 기상천외한 일까지 벌어지고 있다.

이렇게 도시에서 도로와 주차장 등 자동차 인프라의 여러 요소를 위해 평균적으로 우리가 잡아먹고 있는 땅이 과연 얼마나 될까? 북아메리카의 경우 추정치가 매우 다양하지만 15~50%로 보는 것이 가장 일반적이다. 월드워치연구소의 마이클 레너(Michael Lerner)에 따르면, 세계 전체로는 "평균적인 도시의 경우 최소한 전체 면적의 1/3을 차지하고 있다."

정확히 얼마나 많은 면적이 포장되어 있는지 통계로 확인하기는 어렵지만 미국에서만도 대략 6만 제곱마일 이상이 덮여 있는 것 같다고 하는데, 그것은 대략 조지아 주에 해당하는 면적이다. 그런데도 미국에서는 여전히 자동차에 계속 땅을 내주고 있다. 이러한 경향은 자동차의 급속한 증가 이외에도 기술 개발로 인한 자동차 속도 향상에 따라 앞으로도 더욱 심화될 것으로 예측되는데, 같은 수의 자동차가 이동한다 하더라도 앞과 뒤, 그리고 옆면에 완충지대 면적이 더 크고 넓게 필요하기 때문에 이는 아주 자연스러운 현상이기도 하다.

이와 같이 도로 등 자동차 관련 인프라 시설이 도시에서 가장 중요한 기반시설로 인식되면서 국제기관은 물론 중앙정부와 지방자치단체 등에서 차지하는 도로 건설비의 비중은 엄청나게 증가해왔고, 그 총액 규모도 계속 커져왔다. 지구상에서 자동차 의존도가 가장 높은 국가 가운데 하나인 미국 교통 예산의 대부분은 도로 건설비였는데, 그중 75% 이상을 자동차 도로에 배정했다. 유럽연합도 도로 지출을 늘려왔고, 세계은행도 개발도상국에 대한 도시교통 차관의 60%를 도로 건설에 할애했다.

이처럼 천문학적인 예산이 도로 부문에 집행되자 대도시에서는 '자동차 기차'라고 불릴 만큼 꼬리에 꼬리를 무는 자동차 행렬이 길게 이어지면서 교통체증이 심화되고, 도시 상공과 가로변에는 엄청난 규모의 오염 물질이 숨 쉬기조차 어렵게 만들고 있다. 또한 유구한 세월 동안 면면히 이어져왔던 마을 공동체의 끈끈한 사회적 유대감과 공동체 의식이 깨어지면서 지역 공동체도 아주 심하게 훼손되었다.

문제는 여기에 국한되지 않는다. 렌조 피아노(Renzo Piano)와 함께 프랑스 퐁피두 센터(1971~77)를 설계한 세계적으로 유명한 건축가이자 도시 디자이너인 리처드 로저스(Richard Rogers)가 지적한 바와 같이, 도시 자체가 자동차라는 잣대에 의해 하나로 통일되거나 획일화되는 아주 무서운 결과까지

도시의
로빈후드

가져오게 되었다.[2] 자동차 통행이 도시계획에서 꼭 필요한 부분이 되면서, 가로의 모서리 부분과 공공 공간의 형태와 재질은 모두 자동차를 위한 방향으로 결정되었다. 결국 전체 모습, 건물 배치, 도로 바닥 재료, 가로등, 난간에 이르기까지 전 도시가 이 하나의 기준에 의해 결정되었던 것이다.

이제 자동차는 모든 도시에서 가장 큰 영향력을 가진 대지주이자 건축주로서 명실상부하게 천하를 손아귀에 거머쥐게 되었다. 이렇게 사람이 아니라 자동차가 절대권력을 지닌 군주처럼 되면서 도시의 교통체계는 도로를 중심으로 완전히 재편성되고, 이에 힘입어 자동차 소유 또한 도시 정부가 통제할 수 없는 수준으로까지 급증하고 있다.

이러한 추세는 지금까지도 그래왔듯이 자동차 산업을 지원하고 육성하려는 세력들에 의해 앞으로도 끊임없이 장려될 것으로 보인다. 전문가들이라 불리는 사람들은 소득수준이 향상되면서 가까운 미래에 천문학적인 수의 자동차가 이용될 것이라는 예측과 전망을 지속적으로 내놓고, 계획가와 지방자치단체들은 이 수요 예측을 근간으로 종합적이고도 체계적인 도로망을 공급하는 사업을 적극 추진하게 된다. 결국 허구로 판명될 위험성이 매우 높은 일련의 활동들이기는 하지만, 이러한 활동들은 시간이 지나면서 눈덩이처럼 커다란 힘으로 모여 앞으로도 우리의 작은 행성 지구가 감당하기 버거울 정도로 자동차 이용을 장려할 가능성이 매우 크다.

지금까지 언급한 것과 같이 자동차화(motorization)로 인해 야기된 도시 사회 문제들에 대한 비판에서 우리나라도 결코 자유로울 수 없다. 일부 사람들이 지적하고 있듯이 우리나라가 토건국가[3] 성격을 지니고 있다면, 아마 노골성도는 앞서 언급한 선진국 도시들과 비교가 되지 않을 만큼 심각할

지도 모른다.

모두가 주지하는 바와 같이 지난 40여 년 동안 우리나라는 압축적인 경제성장을 뒷받침하기 위해 도로와 철도 등 기간 교통망 확충에 심혈을 기울여왔다. 그럼에도 교통수요의 급증으로 교통혼잡 등에 따른 사회경제적 비용은 나날이 증가하고 있는데, 우리나라 7대 도시의 교통혼잡 비용은 1993년에 5조148억 원에서 2009년에는 17조6412억 원으로 연평균 증가율이 5.94%에 이를 만큼 아주 빠르게 성장해왔다.[4] 그리고 수송 부문의 에너지 소비 점유비가 17.9%(2011)에 달해 중국, 말레이시아 등과 함께 세계적으로 높은 수준을 보였고, 수도권을 비롯한 대도시의 대기오염 상태 역시 악화일로에 있다. 또한 자연환경과 생태계 파괴도 우리나라 국토, 특히 도시 지역 내에서는 환경 용량이 감내하기 어려울 정도의 심각한 수준으로 계속 진행되고 있다.

이와 같은 결과들의 일차적 원인은 어디에 있을까? 그 가장 큰 이유는 아마도 승용차의 기하급수적이고도 지속적인 증가에 있을 것이다. 우리나라에서 자동차는 2005~2012년 사이 연평균 증가율이 2.9%로 선진국보다 높은 증가 추세를 보이고 있는데, 인구 1000명당 승용차 보급 대수를 기준으로 할 경우 164대(1993)에서 370대(2011)로 거의 2.3배나 증가한 것이다. 또한 에너지경제연구원의 최근 자료에 따르면, 도로는 2011년 현재 수송 부문 최종에너지 소비량 3687만5000환산톤(TOE) 가운데 약 80%를 차지하고,[5] 교통 부문 온실가스 배출량(2008년 CO_2 기준) 8420만 톤 중에서도 93.6%를 차지하는 것으로 나타났다.[6]

이러한 여러 통계 수치들은 우리 사회가 승용차 중심의 도로교통체계에

도시의
로빈후드

도로 위주의 수송체계가 결합된 아주 특이한 구조를 지니고 있다는 것을 시사해주는 아주 중요한 지표다. 그렇다면 이것은 현시점에서 우리에게 무엇을 가르쳐주는 것일까? 아마도 그것은 2005년 2월 16일을 기해 발효된 이산화탄소 감축을 위한 교토의정서에 우리가 능동적으로 대응하기 어렵고, 지속 가능한 교통체계를 구축하는 데도 상당한 한계를 지닌 국가라는 사실을 말해주는 것이 아닐까 싶다.

인간 소외와
공동체 파괴

우리나라에는 도로교통이 지역 공동체에 어떻게 얼마나 영향을 미치는가를 실증적으로 조사한 연구 결과가 거의 존재하지 않는다. 작고 사소한 것처럼 보이지만 실제로는 아주 중요한 이러한 연구들이 우리 사회에서 심층적으로 이루어지지 않는 가장 큰 이유는 아마도 이러한 주제로는 연구비를 얻기도 쉽지 않을 뿐 아니라, 이런 연구에 대해서는 연구자 개개인의 큰 성과로 인정해주지 않는 학계의 경직된 분위기에서 기인하는지도 모른다.

그래서 여기서는 오래전인 1970년대에 미국의 샌프란시스코에서 도널드 애플야드(Donald Appleyard)가 수행한 유명한 연구를 간단히 소개하는 것으로 대신하기로 한다.[7] 연구는 각기 다른 주민들로 구성된 거리를 비교해서 도로교통이 지역 공동체에 미치는 영향을 평가했다. 조용한 거리와 번잡한 거리를 선택한 뒤 이 두 거리에서 이루어지는 이웃들 간의 의사소통과 사회적 접촉 정도를 측정한 것이다. 결과는 놀랍게도 우리가 예측할 수 있는 현실을 그대로 보여주었다. 이웃 간의 사회적인 교류 정도, 다시 말해 그 거리의 공동체감은 거리를 지나는 교통량에 반비례했던 것이다. 그리고 가정의 세력(영역)권에 대한 인식 또한 교통에 의해 영향을 받는다는 것을 알 수 있었다. 결과적으로 애플야드의 연구는, 시민들이 고립되면서 시민의식이 소멸되는 근본원인에 도시교통체계가 있다고 결론을 내린다.

이를 좀 더 구체적으로 살펴보면 흥미로운 결과를 발견하게 된다. 통행량이 적은 한산한 가로(1일당 2000대, 첨두시간당 200대의 차량)에서는 옥외 활동의 빈도수가 중간 정도의 가로(1일당 8000대, 첨두시간당 550대의 차량)보다 다소 많았고, 통행량이 많은 복잡한 가로(1일당 1만 6000대, 첨두시간당 1900대의 차량)에 비해서는 월등히 많이 이루어진다. 이러한 경향은 옥외 활동에서뿐만 아니라 교통량이 증가할수록 이웃에 사는 친구와 안면이 있는 사람과 접촉하는 횟수도 마찬가지로 줄고 있다는 사실에서 다시 한 번 확인된다. 통행량이 적은 한산한 가로에서는 한 사람당 이웃 친구 3.0명, 아는 사람 6.3명과 사회적 접촉이 이루어지는 반면, 통행량이 중간 정도인 가로에서는 한 사람당 1.3명의 이웃 친구, 4.1명의 아는 사람과 접촉을 하고, 통행량이 많은 복잡한 가로에서는 한 사람당 0.9명의 이웃 친구와 3.1명의 아는 사람만을 만나는 것으로 나타났다.

이와 같이 세 가지 가로의 비교를 통해 우리는 자동차 교통량 증가가 '마을 내에서는 물론 도시 전체 차원에서 보더라도 사람들의 고립을 부추기는 주요한 요인 가운데 하나라는 사실'을 알 수 있다. 통행량이 적은 한산한 가로에서는 '가정의 세력(영역)권'이 길 양편으로 광범위하게 미치고, 중간

도시의
로빈후드

도로에서는 그 크기가 거의 절반 이하로 줄지만, 통행량이 많은 복잡한 도로에서는 길 건너편 블록과의 사회적 교류가 전혀 이루어지지 않고 세력권이 자신의 집에 국한할 정도로 급격히 축소되어 고립이 한층 더 강화되고 있다는 사실을 발견하게 된다.

'루트 20에 반대하는 시민들(CART: Citizens Against Route 20)'이라는 민간단체의 설립자인 데이비드 엥위트(David Engwicht)가 그림을 그려 묘사했듯이,[8] 자동차가 없을 때는 마을의 길이 놀이 공간이자 사회적 교류의 장으로 기능하다가, 자동차가 한 대씩 점진적으로 증가하면서 사람들의 영향권은 서서히 집 앞 인도로 후퇴하고, 급기야는 집 안으로 들어가 나올 수 없을 정도의 지경에 이르게 된다. 결국 자동차가 야기하는 이러한 인간 소외와 공동체 해체를 개선하거나 예방하기 위해서는 지금이라도 이전과는 전혀 다른 새로운 길을 찾아 나서야 한다.

현재 지구촌 안에는 그런 길을 이미 찾았거나 찾고 있는 선진적인 사례들이 적지 않게 존재한다. 오래전부터 독일, 스칸디나비아 국가, 네덜란드 등 서유럽과 북유럽의 도시들이 시행해온 통행 제한과 교통정온화(交通靜穩化: Traffic Calming) 조치, 광장 및 보행자전용거리 조성, 보행자와 자전거 그리고 대중교통에게 우선권 주기 등 다양한 실험들이 통행량이 적은 한산한 거리와 연계될 경우 사람들은 더 안전하고 사회적으로 통합되어 있다고 느낀다는 사실을 확인시켜준다. 특히 켄 리빙스턴(Ken Livingston)과 베르트랑 들라노에(Bertrand Delanoë) 시장같이 개혁적인 자치단체장이 교통개혁을 추진한 런던과 파리의 경우 통행제한과 대중교통의 육성이 도시의 거리를 획기적으로 바꾸는 변화의 열쇠라는 것을 보여주고 있다.

자전거에게 우선권을 주고 있는 독일의 대표적 자전거 도시 뮌스터

이런 예들은 물론 우리가 흔히 언급하는 선진국 도시에만 국한되어 있는 것은 아니다. 앞에서 간단히 소개한 브라질의 꾸리찌바, 콜롬비아의 보고타 등 남미에도 모델을 삼을 만한 사례가 상당히 많이 있다. 아주 최근에는 국내에서도 이러한 조류가 하나의 대세로 서서히 자리 잡아 가고 있는데, 서울을 필두로 일부 자치단체에서 다른 나라 도시들의 사례를 보고 배워 실천하려는 움직임이 아직 미미하기는 하지만 조금씩 싹트고 있다. 이는 우리가 사회적 고립에서 탈피하고 훼손된 공동체를 복원하는 첫걸음을 시작하는 작은 시도의 하나로서, 아주 반가운 조짐이 아닐 수 없다.

작은 행성을 위한
도시교통체계를 향하여

우리는 지금 작은 행성에 지나지 않는 우주선 지구호에 탑승해 살고 있다. 이 지구호가 난파되는 것을 방지하고 오랜 세월 동안 큰 무리 없이 항해하도록 하기 위해서 우리는 가능한 한 모든 자원을 소비하고 오염시키는 '선형의 물질대사 도시(linear metabolism city)'를, 투입과 배출을 최소화하고 재생을 극대화하는 '순환형 물질대사 도시(circular metabolism city)'로 점진적으로 바꿔 나가야 한다. 이것은 우리가 도시를 하나의 '닫힌 계'라는 전제 아래 소비를 줄이고 자원 재활용을 극대화하면서 도시의 전반적인 효율을 향상시켜야 한다는 것을 말해준다. 또한 이것을 이루기 위한 열쇠는, 지금까지 진전된 국제사회의 논의와 경험을 토대로 할 때, 우리가 '지속 가능한 도시'를 만들어가는 것임을 뜻한다.

리처드 로저스의 말을 빌리면, '지속 가능한 도시'란 고밀도이면서 여러 중심을 갖는 도시, 다양한 행위들이 서로 교차되어 일어나는, 생태적이고 의사소통이 자유롭고 공평무사하며 열려 있는 도시, 궁극적으로 예술·건축·조경이 인류 혼을 충족시키고 감동시킬 수 있는 도시다.[9] 이렇듯 포괄적 의미를 담고 있는 지속 가능한 도시는 결코 1~2년간의 노력만으로는 달성할 수 없고 그 구체적인 방안과 전략 또한 아주 방대할 것이다.

도시의 지속 가능성을 구현해가는 성공의 열쇠는 다른 어떤 요인보다 교통에 달려 있다. 그것은 토지이용계획과 교통계획을 통합시켜 우리가 사는 삶터를 고밀도 도시로 만들고, 도시 내에서 자가용 자동차의 통행량과 속도를 저감시키며, 에너지 사용량을 획기적으로 감소시킬 수 있는 방안이 바로 교통에 농축되어 있기 때문이다. 이를 위해 우리는 주거·상업·공공 기능 등이 혼재된 복합 용도 개발을 원천적으로 불가능하게 하는 단일 기능 개발과 자동차의 지배력을 배제하는 노력을 도시 안에서 다양한 방법을 동원해 적극 추진해나가야 한다.

이를 위한 첫걸음으로 우리는 새롭게 도로 건설을 하거나 도로 면적을 넓히는 것이 교통정체라는 질병을 해결하는 만병통치약인 것처럼 생각하는 그릇된 고정관념을 과감하게 버려야 한다. 허리띠를 늦춘다고 비만이 해결되고 코를 넓힌다고 코막힘이 치료되지 않듯이, 복잡한 도로에 수용능력을 늘려준다고 실제로 차량 흐름이 빨라지거나 개선되지 않는다는 실례는 현실 속에서 무수히 많이 발견할 수 있다. 이와는 반대로 도로를 폐쇄하거나 가로를 좁게 둔 채 건물들을 집약적으로 배치하고 걷기와 자전거 타

도시의
로빈후드

기를 장려하면 교통량을 획기적으로 줄일 수 있고 거주하는 주민들도 보다 안전하게 살 수 있다. 이러한 코페르니쿠스적인 인식의 대전환이 이루어질 때 우리에게 좀 더 빨리 새 세상이 열리게 될 것이다.

우리가 꿈꾸는 참된 도시는 승용차가 절대군주처럼 막강한 권력을 행사하는 괴물 같은 도시가 아니다. 반대로 대중교통, 자전거, 보행 등의 친환경적인 교통수단을 이용하여 주거 지역과 상업 지역에 대한 접근성을 제고하면서 대중교통 이용을 활성화하고 이용 수요를 극대화할 수 있는 도시가 우리가 꿈꾸는 도시다. 동시에 교외화에 의한 도시의 평면적 확산을 억제하고 도심 공동화를 방지할 수 있는, 작은 행성에 더욱 적합한 유형의 도시가 우리가 꿈꾸는 도시다. 이것은 최근에 국내에서도 깊은 관심을 보이고 있는 '대중교통 지향형 도시개발(TOD: Transit-Oriented Development)'을 통해서 얼마든지 실현 가능하다.

이러한 노력과 병행하여 다양한 교통 정온화 조치를 취하고, 차량 진입 금지 지구를 지정·관리하거나 주차장을 폐쇄하는 등, 보다 진보적인 교통 수요 관리 정책을 추진하며, 보행이나 자전거와 같은 녹색교통을 진작시키는 일도 적극 전개해나가야 한다. 그리고 도시 내에서 여러 장소를 '걷고 싶은 거리'로 만들기 위해서는 보행자 전용거리나 광장을 만들어 운영하고, 길과 건물의 관계도 자동차가 아닌 사람 중심으로 재설정해야 한다. 대도시 가로변의 많은 건축물, 특히 대형건물들을 보면 드나드는 차량으로 인해 보행자의 흐름이 끊기는 경우가 많고, 차량과 보행자를 분리하기 위해 관상목을 심거나 조각품을 배치해 건물을 더욱 배타적으로 만들고 있을 뿐 아니라 길과 아주 유리된 장소로 만들고 있다. 우리 인간들은 이런 폐쇄

간선교통축 인접지역을 고밀 개발한 꾸리찌바 시

적인 건물보다 길과 바로 붙어 열린 형태로 존재하는 개방된 건물이 있을 때 더 편안하다는 느낌을 받는다. 어쩌면 우리가 자동차로부터 해방된 도시를 만드는 데 있어 가장 시급한 것은 길과 건물이 서로 조화롭게 공존하는 방안을 찾는 일인지도 모른다.

자동차가 대중화되면서 그동안 우리가 잃어버렸던 예전의 정든 길을 되찾고, 자동차가 아닌 사람을 위해 안전하고 공평하면서도 지속 가능한 도시를 건설하는 일은 전적으로 우리의 의지에 달려 있다.

대한민국 버스는
안녕하십니까?

버스공영제,
지방선거의 이슈로 떠오르다

2014년 6·4지방선거를 앞두고 버스공영제를 둘러싼 논란이 거세다. 발단은 원혜영 경기지사 예비후보가 버스공영제 공약을 내걸면서 시작되었지만 김상곤 전 경기도 교육감이 '무상버스' 공약을 내놓으면서 기름을 부은 형국처럼 전국 도처로 번지고 있다. 이제는 광역은 물론 기초자치단체에서도 너도나도 무상버스, 할인버스, 100원 택시 등을 주요 공약으로 내걸면서, 2010년 지방선거 당시 '무상급식'처럼 2014년 지방선거에서는 '무상교통'과 '버스공영화'가 중요한 정치적 의제로 떠오르는 분위기다. 이렇게 휘발성이 강한 공약이 전국의 대도시는 물론 농산어촌을 휩쓸어서인지 우리 국민들은 2014년 지방선거를 '버스가 한다'거나 '버스 공공성 강화가 한다'고 생각하는 것 같다.

이 의제를 한마디로 요약하자면 그 핵심은 '버스의 공공성을 어떻게 확보할 것인가'이다. 버스공영제에서 시작된 논쟁의 불길은 무상버스로, 그리고 시민들의 교통편의 확대를 넘어 자유로운 이동권이라는 교통복지로 그 지평이 계속 확대되고 있다.[1] 왜 지금 시기에 버스 문제가 중요한 화두로 떠오른 것일까? 이 궁금증을 풀기 위해, 수많은 교통수단 중에서 왜 버스의 공공성이 중요한지, 버스의 공공성 확보를 위해서 현 단계에서 우리가 어떤 노력을 기울여야 하는지를 다각적으로 살펴보자.

전 세계 지방자치단체들의 버스 시스템은 민간이 운영하는 것과 공공이 운영하는 것, 그리고 두 가지를 조합한 것이 있다. 민영제는 현재 우리나라의 서울과 광역시를 제외한 대부분의 지자체에서 민간 사업자가 노선을 소유하고 독립채산제로 운영하는 형태이고 후자의 완전공영제는 공공기관이 직접 전담운영기관을 설립하여 운영하는 방식으로, 미국과 프랑스 등이 이 방식을 채택하고 있다. 그리고 최근에는 다양한 방식으로 민간 운영과 공공 운영을 조합한 준공영제 사례도 적지 않게 발견된다. 그 가운데 대표적인 준공영제 모델은 공공기관이 관리권을 갖고 시설과 버스를 제공하면서 운영만을 위탁하는 형태이다. 이러한 교과서적인 준공영제는 버스 회사의 노선권이 인정되고, 버스와 차고지 등이 사유화된 현실을 전제로 출발한 우리나라의 준공영제와는 다소 차이가 있다.

남미의 일부 선진 대중교통 모범도시에서 개발된 이 창조적인 준공영제 시스템을 우리는 흔히 '남미형 모델'이라 부른다. 브라질 꾸리찌바의 도시공사(URBS)나 콜롬비아 보고타의 트랜스밀레니오 S.A.(TransMilenio S.A.)에서 운영하는 준공영제는 공공과 민간 부문이 적절히 조화를 이룬 대표적인 예인데, 그들이 운영하는 시스템은 가장 성공적인 사례로 국제사회에 널리 알려져 있다. 2010년 4월 15일 꾸리찌바에서 창립한 '통합교통 시스템 및 BRT의 라틴아메리카 협회(SIBRT: Latin American Association of Integrated Transport System(ITS) and Bus Rapid Transit)[2]에 속한 멕시코시티의 '메트로버스(Metrobus), 산티아고의 '트랜산티아고(Transantiago), 과달라하라의 '마크로버스(Macrobus) 등이 운영하는 준공영제 역시 대부분 비슷하다.

버스교통체계 개편의 일환으로 2004년 7월 1일부터 서울에서 시작한 준공영제는 지방정부가 수입금을 관리하고 노선별로 운송실적과 원가를 정산해 적자 노선에 대해서 원가만큼 보상을 해주는 '수입금관리형' 구조로 만들어져 있다. 이것은 운송원가가 아닌 운행한 거리에 따라 정산해주거나 노선입찰제를 채택하는 등 세부적인 내용에 있어서는 다소 차이가 있지만, 운영체계 자체는 앞서 소개한 도시와 크게 다르지 않다. 그것은 서울의 주 모델 도시가 바로 꾸리찌바와 보고타였기 때문이다. 이러한 준공영제는 2005년 7월 초 전격 도입한 대전을 필두로 연말을 전후하여, 부산, 인천, 대구, 광주, 울산 등 광역자치단체와 일부 기초자치단체(예, 마산시[3])에서도 도입했다. 이렇게 서울에서 시작한 준공영제가 재정을 포함한 도시 여건이 각기 다른 광역시 단위로 급속하게 들불처럼 번진 이유는 무엇일까?

그것은 서울시에서 추진한 준공영제를 버스 개혁의 대표적인 성공사례로 판단한 건설교통부(현재 국토교통부)가 신중한 검토 없이 광역시급으로 확대한다는 내부방침을 정함과 동시에 사업추진 의지를 서둘러서 밝힌 영향이 크게 작용했다.[4] 또한 지방자치단체들이 당시 직면하고 있던 노사협상 과정에서 사전준비와 진지한 검토 없이 준공영제를 협상카드로 내놓거나, 노조의 준공영제 승인 요구를 수용한 경우도 있었다. 지금 많은 전문가와 시민들은 이렇게 준비 없이 도입된 준공영제에 대해 심각한 우려를 표명하고 있다.

공영제와 민영제,
그리고 제3의 길

공영제는 자치단체가 버스 회사의 소유와 운영을 담당하는 형태이고, 민영제는 민간업체가 그것을 전담하는 제도이다. 미국, 영국, 프랑스 등 주요 선진국의 대도시들은 대부분 전면적 또는 부분적인 공영제 방식을 채택하고 있지만, 우리나라는 서울시와 광역시, 신안군[5] 등 아주 극소수의 지역을 제외하고는 거의 모든 지역에서 버스 사업을 민간업체가 경영하는 순수한 민영제 방식으로 운영하고 있다. 이 두 가지 버스운영체제는 국내외의 경험과 사례를 토대로 볼 때, 나름대로 각각 고유한 특성과 장단점을 지니고 있다.

먼저 공영제는 시 당국이 버스운영 주체로서, 도시교통체계 효율화 차원에서 대중교통 연계시스템 구축이 용이하다. 또한 버스 서비스의 안정적 공급을 통해 중추적 대중교통수단으로서 버스의 공공성 확보에 유리하다는 장점이 있다. 반면 공공 부문의 소유와 운영에 따른 관료제의 비효율성과 막대한 운영비 부담이 커다란 걸림돌로 작용한다. 서울시, 고양시의 과거 사례와 최근 과천시의 일부 공영버스 운영사례를 보면 민간업체가 운영하는 것보다 운영비 부담이 적지 않게 증가하여 운행을 중단 또는 감축한 사례가 상당히 많다.

이에 반해 민영제는 공영제와 비교할 때, 경쟁원리 도입에 따른 운영비 절감을 통해 최소한의 정부 보조만으로도 양질의 서비스를 제공할 수 있다는 장점이 있다. 그러나 이 같은 민영제의 장점은 버스 시장에서 수익성이 어느 정도 보장될 때에만 가능한 얘기일 뿐, 승객이 계속 줄어 수익을 보장하기 어려운 경우에는 상당한 부작용을 초래한다. 민영제의 가장 심각한 문제점은 버스 운행에서 시민 편의보다는 업체 이익이 우선되어, 비수익 노선의 운행이나 시민이 원하는 수준의 양질의 서비스 보장 등 버스의 공공성 확보에 한계가 있다는 점이다.

이처럼 공영제와 민영제는 모두 장단점이 있어서 어느 것이 더 좋은 운영방식인가를 분명히 말하기가 상당히 어렵다. 게다가 미국, 영국, 프랑스, 일본 등 서구 선진국의 경험을 보더라도 일반적으로 버스교통의 공영화는 정부 보조가 점점 늘어나 지방재정 여건을 악화시키고 대중교통산업의 경쟁력 저하를 가져온다. 한편 자동차 이용이 보편화되고 다양한 고급 교통수단이 등장하면서 버스 시장의 급속한 침체가 거듭되는 최근의 흐름은 순수한 민영제 또한 생존 자체가 매우 어렵다는 것을 보여준다.

이 같은 버스운영체계의 양대 축이 안고 있는 태생적 문제를 해소하기 위해 선진 외국의 버스교통정책은 최근 들어 상당한 변화를 겪고 있다. 이러한 변화의 중심에는 해당 지역의 여건에 맞게 두 제도를 적절히 조합하거나 혼합하는 보완적 접근이 자리 잡고 있다. 이를 좀 더 쉽게 말하면 공영제를 근간으로 하는 도시들은 민영제 요소를, 민영제를 근간으로 하는 도시들은 공영제 요소를 정책에 반영하는 제3의 길을 모색하고 있는 것이다. 이러한 방식의 버스운영체계인 준공영제는 공영제의 공공성과 민영제의 효율성을 모두 살려, 사양화되어가는 버스교통 산업에 새롭게 활력을 불어넣는 유효한 제도적 장치가 되고 있다.

준공영제 방식을 아주 단순화시켜 분류하면 크게 세 가지로 나눌 수 있다. 첫째는 정부 또는 지자체가 버스노선을 소유·관리하고 운영은 '총비용

입찰제'든 '최저보조금입찰제'든[6] 노선입찰을 통해 일정기간 민간버스회사에 맡기는 '노선관리형'이고, 둘째는 정부 관여 아래 일정 지역 또는 노선의 수입금을 공동관리하고 운행실적에 따라 일정한 수익을 보장하는 '수입금 공동관리형'이다. 그리고 마지막으로는 정부의 노선관리와 소유 아래 차량 구입비 지원, 손실 보상 등을 조건으로 특정한 노선의 운영을 '법인이나 민간업체에 위탁하는 방식(위탁관리형)'이 있다. 이 세 가지 방식은 지역에 따라 하나만을 채택한 도시와 두 가지 또는 세 가지를 모두 채택하고 있는 도시 등 그 형태는 매우 다양하다.

예를 들면, 공영제를 근간으로 하는 서구 선진국의 도시들은 일반적으로 노선입찰제 등을 통한 노선관리형이나 위탁관리형을 주로 활용하고 있다. 이와는 조금 달리 우리나라 서울과 광역시에 도입된 준공영제 모델은 수입금 공동관리형이 핵심을 이루면서도 부분적으로는 위탁관리형도 조금씩 가미된 아주 독특한 형태의 준공영제이다. 이는 최근 남미에서 보편적으로 발견되는, 자치단체가 직접 버스운영전담기관인 공기업을 설립해 운영하는 방식과 큰 차이가 있다. 또 운행한 거리에 따라 요금수입을 정산해주거나 노선입찰제에 토대를 둔 준공영제와도 다소 차이가 있는 방식이다.

버스 준공영제는
왜 필요한가?

버스 준공영제는 우리의 지방재정 여건과 현실에 비추어 봤을 때 과연 바

도시의
로빈후드

람직한 것일까? 그것은 보는 사람에 따라 다소 논쟁의 여지는 있겠지만 2004년 7월에 서울시의 대대적인 버스교통체계 개편에 근간을 이룬 것이 바로 준공영제였고, 이를 당시 건설교통부에서 광역시급으로 확대했다는 사실만 보더라도 그 필요성은 어느 정도 인정된 것으로 보인다.

우리나라 도시들이 공통으로 지니고 있는 고질적인 버스 문제의 핵심은 승객 감소로 인한 운영 적자의 심화, 서비스 질 저하를 들 수 있다. 그리고 노선 운영의 독점적 사유화나 경쟁의 미흡 등으로 도시교통체계가 근본적으로 개선되기 어려운 점, 버스노선이 이용자 편의보다는 업체의 이해나 민원에 따라 원칙 없이 비합리적으로 운영되고 있다는 점 역시 해결이 시급한 문제들이다. 게다가 최근에는 중앙정부와 지자체의 버스 회사에 대한 보조금이 매년 기하급수적으로 증가하고 있음에도 버스업계가 현재 안고 있는 적자를 보전하기 위해서는 그 규모가 턱없이 부족하고, 늘어나는 재정부담에 비해 서비스 개선효과도 거의 미미해 세금 납세자인 일반 시민들로부터도 거센 비판에 직면하고 있는 것이 현실이다.

이렇게 버스산업이 중병을 앓으면서 내부에서 서서히 곪고 있는 상황에 처해 있기는 하지만, 버스교통에 대한 사회적 요구는 날로 커지고 있다. 그 이유는 그동안 도시교통 문제의 해법이 지하철이나 경전철 건설에 있다고 철석같이 믿었던 대부분의 지역 엘리트와 시민들이 떠받들고 있던 신념이 기초부터 서서히 붕괴되고 있기 때문이다. 장기간에 걸친 공사로 인해 시민 불편이 가중되고 있고, 막대한 예산을 쏟아부었음에도 기대한 만큼 도시교통 문제가 개선되지 않고 있는 것이다. 그 결과, 지역 구성원들부터 이들 사업에 대한 정치사회적 지원과 정당성을 얻기가 매우 어려운 상황에 직면하게 되었다. 자가용 자동차의 보급이 급속히 증가하고 도시철도 건설 등 다양한 대중교통수단이 발달하고는 있지만 버스는 여전히 '통행수요에 탄력적으로 대응할 수 있고 저비용으로 대량수송이 가능한 중요한 교통수 단이다. 게다가 버스교통은 교통혼잡 완화, 대기오염 감축, 에너지 절감 등 사회적 비용을 최소화하기 위한 중요한 영역이자, 지속 가능한 도시교통 시스템의 구축을 위한 주요한 정책도구의 하나로 역점을 기울여 다루어져 야 하는 것이다.

따라서 우리는 갈 길을 잃고 헤매고 있는 버스산업과 버스교통의 제자리 를 찾아주기 위해, 현재 우리나라에서 시행하고 있는 민영제에 토대를 둔 버스 운영체계를 근본적으로 바꾸는 개혁적 조치를 적극 추진해갈 필요 가 있다. 그런 점에서 약 10년 전에 서울을 포함해 광역시에 도입된 '수입 금 공동관리제'에 토대를 둔 준공영제의 문제점을 진단해보고, 이를 극복 할 수 있는 구체적인 방안을 찾아보고자 한다.

준공영제의 문제점과
성공을 위한 전제조건

준공영제란 시내버스 운영은 민간 부문이 하되, 노선배분은 물론 운영수입 금과 표준원가를 공공 부문이 관리하여 회사의 경영 자체를 투명화하면서 민간 부문에 대한 적정이윤을 보장하고, 그에 상응하는 책임성과 효율성을 확보하는 혁신적인 제도이다. 이것은 궁극적으로 시민에 대한 서비스 제고

도시의
로빈후드

와 업계의 안정된 경영환경 마련, 미래지향적인 대중교통 기반 형성, 공적 부담의 점진적 완화를 목표로 하는 것으로 버스산업을 둘러싼 이해 당사자 모두가 승자가 되도록 만드는 주요한 정책적 도구이다.

이와 같이 모두에게 이득이 되도록 기획·설계된 준공영제이지만, 한 가지 우려되는 문제가 있다. 그것은 지금처럼 버스 승객이 계속 줄어 운송 수입금이 떨어지는 것을 그대로 내버려둘 경우, 버스 회사에 지급할 보조금이 추후에 눈덩이처럼 불어나 지자체의 재정능력으로는 감당하기가 매우 어렵다는 사실이다. 이 문제를 방지하기 위해서 최근에 국토교통부를 비롯해 대다수 광역시가 깊은 관심을 보이고 있는 전략이 바로 간선급행버스 시스템의 도입이다.

미국 연방대중교통청(FTA)의 정의에 따르면, 간선급행버스는 "철도 대중교통 서비스의 질과 버스의 유연성을 결합한 형태의 고급 대중교통수단"을 뜻한다. 여기서 말하는 철도의 장점은 정시성, 신속성, 쾌적성을 의미하고 버스의 융통성은 노선의 유연성, 접근성, 경제성 등을 의미한다. 이 두 가지 교통수단의 장점을 적절히 모으고 조립해 창조적으로 만든 것이 바로 간선급행버스 시스템이다. 이 시스템의 주요 구성요소는 고유의 교통수단(대용량 굴절버스, 친환경 천연가스 및 바이오 디젤 버스, 노약자와 장애인의 신속한 승하차를 위한 저상버스 등), 전용통행권(전용차로 및 전용도로), 환승시설(독특한 디자인의 정류장, 수평 승하차, 환승센터 등), 버스 우선처리 시스템, 환승요금체계(버스에 승차하기 전에 요금을 지불하는 선지불 시스템과 다른 대중교통수단으로 환승 시 할인해주는 시스템), 간선·지선·순환 노선을 완전히 연계시킨 버스노선체계, 중앙관제 및 운영센터(버스 운영 및 교통정보 제공), 지원 서비스 등이 있고 이들은 하나의 통합적인 패키지로 운영

된다.

하지만 앞서 언급한 구성요소가 모든 도시의 간선급행버스 시스템에 모두 적용되고 있는 것은 물론 아니다. 도시의 여건에 따라 적지 않은 차이가 있다. 간선급행버스 시스템을 운영하고 있는 북미, 중남미, 유럽, 아시아, 오스트레일리아, 아프리카, 인도 등에 있는 36개 도시의 사례연구 결과를 보면, 남미의 6개 도시(보고타, 꾸리찌바, 리우데자네이루, 리마, 과달라하라, 메데인)와 중국의 광저우 시는 간선급행버스 시스템 구성요소의 100%를 갖추고 있는 금메달급 도시다. 이에 반해 오스트레일리아의 브리즈번, 멕시코의 멕시코시티, 에콰도르의 키토, 남아프리카공화국의 요하네스버그, 프랑스의 후앙, 미국의 클리블랜드 등은 은메달급 간선급행버스 도시고, 아르헨티나의 부에노스아이레스, 미국의 로스앤젤레스와 유진, 피츠버그, 캐나다의 오타와, 프랑스의 낭트, 중국의 베이징 등은 동메달급 간선급행버스 도시다. 우리나라 서울의 경우는 연구 대상 도시가 아니었으므로 명확히 알 수 없지만, 국제교통개발정책연구원(ITDP)을 포함해 5개 기관이 공동으로 발표한 평가기준에 따라 거칠게 분석해보면 동메달급에서도 가장 낮은 수준이다.[7] 이 외에도 대전 도안 신도시의 도안동로(만년교~가수원네거리 5.1km)와 도안대로(유성네거리~용계동 3km)의 2개 노선 8.1km 구간과 광역BRT 노선(유성~세종~오송)에 중앙버스전용차로가 건설되어 있지만, 그 수준 또한 외국의 간선급행버스 선진도시와 비교하기도 어려울 만큼 아주 낮은 수준에 머물러 있다.

가장 이상적인 간선급행버스 시스템이라 볼 수 있는 것은 최근 브라질의 꾸리찌바(Linha Verde)와 리우데자네이루(TransOeste), 콜롬비아 보고타(TransMilenio), 중국 광저우(GBRT) 등의 도시에 구축되어 있는 남미형 모델이

도시의
로빈후드

바이오 디젤로 운행하는 꾸리
찌바의 이중굴절버스

꾸리찌바교통공사가 운영하는
버스통제센터

미국 유진 시의 중앙버스전용
차로

종점지와 인접해 입지한 보고
타의 버스 차고지

지만, 그것을 우리가 지역 여건을 전혀 고려하지 않은 채 완전히 복제하는 것은 물리적으로 무리가 따른다. 이를 염두에 두고 우리는 한국 지역 실정에 가장 적합한 모델이 어떤 것인지를 지금부터라도 신중히 연구·검토해 최소한 은메달급 이상의 간선급행버스 도시 건설에 역점을 기울여야 할 것이다.

무상버스 도입보다 우선되야 할 것들

모두가 주지하는 바와 같이 2004년 서울시에서 추진한 준공영제를 포함한 버스체계 개편사업은 2002년 8월부터 약 2년 동안 수많은 공무원과 전문가, 그리고 이해 당사자들이 참여해 시행한 본격적인 연구와 검토 작업의 산물이다. 그것은 버스노선을 간선과 지선으로 개편, 신교통카드 시스템의 구축, 중앙버스전용차로제 확대 운영, 대중교통 요금체계 개편과 함께 준공영 개념의 버스운영체계를 도입한 아주 방대한 프로젝트였다. 이 내용을 좀 더 구체적으로 살펴보면 우리는 서울시가 사업 초기에 적지 않은 시행착오를 겪기는 했지만 준공영제를 도입하는 데 필요한 전제조건을 충족시키기 위해 얼마나 다양한 노력을 기울여왔는가를 알 수 있다.

그렇다고 서울시가 세계적으로 유명한 꾸리찌바, 보고타, 과달라하라, 리마와 같이 남미를 대표하는 수준의 완벽한 간선급행버스 시스템을 도입한 것도 아니고, 오타와, 클리블랜드, 브리즈번과 후앙의 사례와 같이 선진

교통체증이 심한 서울 남산 1호터널 앞의 중앙버스전용차로와 정류장 모습

국에서 우리가 마주칠 수 있는 세련된 최상의 간선급행버스 시스템을 안
착시킨 것도 아니다. 서울시의 간선급행버스 시스템은 우리나라에서 대중
교통 혁명을 주도한 아주 의미 있는 사례인 것은 분명하지만, 아직 국제사
회에 내놓고 자랑할 만한 수준에 이른 것은 결코 아니다. 특히 최근에 남
산 1호터널 앞과 강남대로 등의 중앙버스전용차로에서 보여지는 교통체증
현상을 비롯해 많은 정류장에서 발견되는 심각한 교통혼잡은 서울시민들
의 교통복지를 현저히 떨어뜨리고 있는 것으로 보인다. 이에 대한 진지한
고민과 대책 마련이 얼마나 시급한 과제 중 하나인가를 진지하게 생각해봐
야 한다.

어쨌든 서울시의 경험은 준공영제 도입 이전에 완벽하지는 않더라도 버

스체계를 근본적으로 개혁할 수 있는 선행조건들을 갖추고 있어 어느 정도 시간이 지나면 버스 승객은 물론 운임수입도 증가시키고, 공적인 보조금 부담을 줄일 가능성도 상당히 큰 것이 사실이었다. 하지만 서울시에서 2004년 대중교통체계 개편 초기에 보여준 바와 같이 버스와 지하철의 이용객이 늘어 운송수입금이 증가세로 돌아서고, 대중교통 운영적자가 줄어들던 추세는 그리 오래가지 않았다. 그 이유는 지난 10년 동안 간선급행버스 시스템의 운영과정에서 발견된 문제점을 제대로 개선치 않고, 지속적인 확대 노력도 거의 기울이지 않았다는 점에서 찾을 수 있을 것이다.

지금까지 언급한 서울의 사례와는 달리 2005년 7월 초나 2006년 상반기에 공식적으로 준공영제를 도입한 대전, 대구, 광주를 포함한 6개 광역시의 경우는 사업의 우선순위가 대부분 뒤바뀐 채 진행되어 시행과정에 적지 않은 진통과 혼선이 노출되었다. 도시에 따라 사정은 조금씩 다르겠지만 대부분의 경우 버스교통과 버스산업 자체에 새롭게 생명의 기운을 불어넣을 구체적인 청사진 제시는 물론 간선급행버스 시스템 도입을 포함한 종합적인 버스체계 개편사업도 전혀 추진되지 않은 상황에서 준공영제를 도입해 그 효과가 기대한 만큼 크지 않았다. 구체적으로 버스 준공영제의 도입 시기를 적절히 조절하지 못하거나, 앞서 언급한 선행조건을 충족시키지 않고 추진되어 적자 운영의 보상에 따른 지자체의 재정부담만 가중시키는 결과를 초래했다. 한마디로 버스교통을 둘러싼 이해 당사자들 모두에게 이득이 되도록 설계된 준공영제를 도입했음에도 일반 시민과 지자체는 수혜를 입지 못하고 버스 회사나 종업원들에게만 그 혜택이 돌아가는 결과를 가져온 것이다.

현재 서울을 포함해 광역시에 도입된 '수입금 공동관리제'에 토대를 둔 준공영제는 적지 않은 문제를 안고 있는 것으로 많은 전문가들은 지적하고 있다. 수입금만 공동관리할 뿐 운영적자의 보전과 적정 이윤을 보장하도록

버스 요금이 무료인 시애틀 도심 지하 터널에 조성된 대중교통 전용지구

설계되어 있어서, 지자체가 버스 회사의 적자보전에 무한책임을 지는 반면에 버스 회사의 서비스 수준 향상과 비용절감 노력을 유도할 수단이 거의 없다. 또 버스노선 폐지와 감차를 탄력적으로 하지 못하는 상태에서 적자보전을 감수해야 하고, 유가와 인건비 등의 지속적인 인상으로 인해 버스 재정 지원금이 매년 급증하고 있다. 그리고 기사 채용 비리는 물론 임직원에게 인건비를 중복 지급하는 사례가 빈발하고 있고, 보조금에서 광고 수입과 이자 수입 등을 차감하지 않는 등 구조적 비리와 도덕적 해이가 만연되어 있다.

이와 같은 현실적 비판을 인정한다면, 늦었지만 지금이라도 새롭게 시작해야 한다. 버스 서비스를 직접 공급할 수 있도록, '대중교통공사' 같은 공기업을 설립·운영해 버스교통을 점진적으로 공영화하는 방안을 우선 모색해야 한다. 그리고 천문학적인 재원조달의 어려움 때문에 개별 회사의 버스 구매와 차고지 등 토지와 시설 구매를 통한 완전 공영제를 실현할 수 없다는 현실적인 여건을 감안하면서 공공성과 효율성 모두를 제고시킬 수 있는 준공영제 보완대책을 새롭게 찾아야 한다. 그 방안의 하나로 노선입찰제를 토대로 한 '노선관리형' 준공영제로의 전환을 생각해볼 수 있다. 영국의 런던 시가 민영제에서 완전공영제를 시행하다 과도한 재정부담으로 1986년 노선입찰제로 전환했다는 사실을 염두에 둘 때, 이 방식이 현시점에서 아주 유효한 대책임에 틀림이 없다.

이 밖에도 특히 중요한 것은 앞으로 준공영제의 시행효과가 제대로 나타날 수 있도록 간선과 지선·순환노선으로 버스노선을 개편하고 체계적이고 효율적인 환승시스템을 시급히 구축하는 것이다. 또한 버스운영체계의 개편과 함께 버스 운행의 정시성과 이용의 편의성을 확보하기 위해 중앙버스 전용차로를 비롯한 인프라의 정비 및 구축, 연계교통카드 시스템 마련, 무료 환승이나 환승 할인 또는 정기권 제도의 도입, 버스 우선신호 시스템과 안내정보 체계의 완벽한 구축 등 다양한 노력을 병행해 적극 추진해나가야 한다.

이러한 기본적인 사업들이 아무것도 실현되지 않은 상태에서 무상버스만을 도입할 경우 시민들이 요구하는 교통복지는 결코 실현되지 않는다. 또한 근본적인 버스교통 개혁에 대한 노력 없이 지금처럼 준공영제만을 무리하게 추진한다면 버스산업의 경쟁력도, 시민들이 피부로 직접 느낄 수 있는 서비스 개선효과도 미미한 채 지자체의 재정부담만 가중시키는 결과를 가져올 수도 있다. 이를 예방하고 실패를 미리 방지하기 위해서는 우리 모두가 준공영제의 성공을 위한 기초 다지기에 더 많은 역량을 기울여야 한다. 그것이 바로 현시점에서 우리가 해야 할 가장 중요한 과제 가운데 하나가 아닌가 생각된다.

02

위기를 준비하는 사람들

민중의 도시
벨루오리존치

작은 정책에서 찾은 희망

2012년 6월, 세계의 눈과 귀가 브라질에 쏠렸다. 리우회의 20주년을 기념해 리우데자네이루에서 열린 유엔지속가능발전정상회의(UNCSD 2012)와 그 부대행사인 글로벌타운홀 행사, C40리더십그룹회의가 열렸고, 벨루오리존치에서는 국제환경자치단체협의회(ICLEI) 총회가 개최됐기 때문이다. 이들 행사에 참석하기 위해 57개국의 국가원수와 정부 수반을 비롯해 전 세계 191개국에서 3만여 명의 정부, 기업, NGO 인사들이 브라질에 모였다.

1992년 회의에서는 지속 가능한 지구를 만들기 위한 행동강령인 '의제 21'을 비롯해 기후변화협약, 생물다양성협약, 사막화방지협약 등 3대 협약의 체결과 유엔지속가능발전위원회 창설 등의 성과를 거두었다. 그리고 지난 2002년 남아프리카공화국 요하네스버그에서 열린 제2차 유엔지속가능발전정상회의(Rio+10)에서는 지속 가능한 발전을 달성하기 위한 빈곤, 물, 위생 등 분야별 세부 이행계획을 마련한 바 있다. 여기서 한 걸음 더 나아가 2012년에 열린 유엔지속가능발전정상회의, 일명 '리우+20' 회의에서는 정치적 선언문으로 '우리가 원하는 미래(The Future We Want)'를 채택했다. 이 문서는 '녹색경제'를 지속 가능한 발전을 위한 중요한 도구로 천명하고, 지속 가능한 발전목표 설정, 고위급 정치포럼 신설, 유엔환경계획(UNEP) 강화 방안 등을 제시하고 있다.

이렇게 리우회의가 처음 브라질에서 열린 후 약 20년 동안 시계열별로 적지 않은 변화도 있었고, 크고 작은 성과들이 있었던 것으로 보고되고 있다. 하지만 10년 전에 요하네스버그에서 개최된 지구정상회의를 참관한 후, 나는 세계적 규모로 열리는 국제환경회의에 전처럼 큰 기대는 갖지 않고 있었다. 그 이유는 당시 참관기를 끝내면서 인용했던 미국의 저명한 시인이자 농부인 웬델 베리(Wendell Berry)의 다음 글에서 찾을 수 있다.[1]

우리가 답해야 할 질문은 어떻게 지구를 돌볼 것인가 하는 것이 아니라, 어떻게 지구상에 있는 수백만의 인간 및 자연 군락들과 그 속에 있는 수백만 개의 서로 다르고, 그렇기에 더욱 소중한 작은 땅들을 하나하나 돌볼 것인가 하는 질문이다. 지구를 보존하고자 하는 우리의 희망은 이해할 수 있지만, 이러한 희망은 어떤 방식으로든 우리 능력에 걸맞게 좁혀야 한다. 즉, 소박한 모든 가정들과 모든 마을들을 보존하고자 하는 바람으로 좁혀야 하는 것이다.

나는 2012년 브라질 여정도 웬델 베리가 지적한 것처럼 세계적 차원에서 진행되는 지구 돌보기 노력보다는 도시 단위에서 추진되는 작은 정책들을 탐구하는 데 초점을 맞추기로 했다. 보름이 넘는 기간 동안 박원순 서울시장과 목민관 클럽에 소속된 다소 진보적이고 혁신적인 16명의 시장 및 군수와 함께 벨루오리존치, 꾸리찌바, 리우데자네이루 등의 도시를 탐방하며 주요 정책 현장을 안내하는 행운을 누렸다. 다양한 도시들의 다양한 정책들을 보았지만 그중에서도 시민의 식량권을 지키기 위해 지난 20여 년 동안 창의적인 방식으로 식량위기의 해법을 제시해온 벨루오리존치 시의 경험이 대단히 인상 깊었다.

벨루오리존치, 세계 최초 식량권 인정 도시

벨루오리존치(Belo Horizonte)는 '아름다운 지평선'이라는 뜻의 이름을 가진 도시로, 산으로 둘러싸인 여러 개의 언덕 위에 건설되어 특이한 지형 구조를 가지고 있다. 이 도시는 2000만 명에 가까운 사람들이 모여 사는 브라질 남동부 지역 미나스제라이스의 주도(州都)이다. 면적은 330.9㎢이고, 인구는 241만 명(IBGE, 2007)으로 브라질에서 다섯 번째로 인구가 밀집되어 있는 곳이다. 지역총생산은 브라질 대도시 중 4위인 194억 헤알(IBGE, 2006), 1인당 GDP는 8095헤알이고, 빈곤율(1인당 수입이 최저임금 수준의 절반에 못 미치는 비율. 255헤알=150미국달러)이 14.17%나 되는 것으로 나타나 경제적 취약계층이 상당히 많다. 또 브라질의 대다수 도시들과 마찬가지로 소득 불평등도 심하고, 그로 인한 사회문제도 심각한 수준이다.

오랫동안 철광을 비롯한 광산업이 경제의 주축이었던 벨루오리존치는 1990년대 이후에는 서비스 부문, 특히 컴퓨터 과학, 비즈니스, 관광, 패션,

오스카르 니에메예르가 설계한 미나스제라이스 주 정부 청사

보석가공 등의 분야에서 괄목할 만한 발전을 이루었다. 또 미나스제라이스 주 금융·상업의 허브 역할을 맡고 있는 벨루오리존치에는 브라질에서 두 번째로 중요한 산업단지가 자리 잡고 있다.

이런 경제적 위상 탓인지 벨루오리존치는 워싱턴 D.C.를 모델로 한 도시계획을 1897년에 수립해 비교적 역사도 깊고 도시계획의 흔적이 비교적 잘 남아 있다. 또한 1940년대에 벨루오리존치 시장을 지내고 1950년대 후반에는 대통령으로서 브라질리아를 건설한 주셀리노 쿠비체크가 건축가 오스카르 니에메예르와 함께 근대 도시를 만든 탓에 빰뿔랴 호수 근처에 있는 상프란시스쿠데아시스 성당, 빰뿔랴 미술관 등을 포함해 상당히 많은

도시의
로빈후드

현대건축 유산을 보유하고 있다. 이 밖에도 이 도시는 도시재생은 물론 식
량보장과 관련된 탁월한 프로그램 덕에 국제적으로도 유명한 상을 꽤 많이
받았다.

벨루오리존치는 제툴리우 바르가스(Getúlio Dornelles Vargas, 전 브라질 대통령)와
포드재단이 수여한 '공공행정과 시민권상'을 1999년에 수상했고, 2002년
에는 대안 노벨상을 받은 프란시스 무어 라페(Frances Moore Lappé)로부터 "세계
최초로 식량권을 인정한 도시"라는 찬사를 받았다.[3] 그리고 유네스코와 유
엔인간정주회의(UN Habitat)로부터 '인간 정주를 위한 최고의 실천 사례' 중
하나를 가진 도시로 선정되었고, 2006년 4월 1일에는 유엔의 밀레니엄 발

전 목표를 초과달성한 진보적인 모델 도시로 선언되기도 했다. 또 2009년
에는 독일의 함부르크에 본부를 두고 있는 세계미래회의(World Future Council)
로부터 식량위기의 해법을 가장 성공적으로 추진한 도시라는 평가를 받아
첫 번째 '미래정책상(Future Policy Award 2009)'을 받기도 했다.[4] 이런 일련의 높
은 인지도 때문에 벨루오리존치는 룰라 대통령(2003~2010)의 핵심정책 가운
데 하나인 '기아 제로' 프로젝트에도 큰 영향을 끼친 것으로 전해지고 있다.

식량공급 불안정은
시장 실패의 결과

세계의 많은 도시들은 빈곤층의 기아와 영양실조 문제를 기아퇴치 프로그
램 방식으로 해결하고 있다. 이런 접근방식은 일반적으로 사후처방을 강조
하고 사회복지 차원에서 기아를 다루고 있어 주로 가난한 사람들에게 수혜
를 제공하는 데 초점을 맞춘다. 그래서 기아퇴치 프로그램은 대부분 단기
적으로 추진된다. 기아와 영양실조가 가져오는 사회적 비용의 감축을 목표
로, 전달체계도 구호식량·국가식량 프로그램의 일환으로 진행된다. 그 결
과 값싼 농수산물에 기초한 먹거리 정책이 실시되어 이들 도시들은 대부분
취약계층에게 양질의 먹거리를 충분히 제공하지도 못하고, 농민들에게는
정당한 가격을 보장해줄 수 없어 지역농업을 지원하지도 못한다.

　벨루오리존치는 이런 도시들과는 근본적으로 다르다.[5] 기아와 영양실조
가 식량부족보다는 빈곤과 결부된 식량 접근의 결여 때문이라고 보고, 식

량을 시장에서 거래되는 상품이 아니라 인간이 마땅히 누려야 할 필요재로 인식한다. 그리고 농산물 유통에서도 중간상을 원칙적으로 배제하고, 생산자와 소비자를 직접 연결하여 생산자에게는 더 나은 수입을 보장해주는 한편 소비자에게는 저렴하면서도 질이 좋은 먹거리를 제공한다.

무엇보다 중요한 점은, 세실리아 로차(Cecillia Rocha) 교수가 날카롭게 지적했듯이 벨루오리존치의 식량보장 프로그램이 시민들의 기아와 영양실조를 시장(市場)의 실패로 파악하고 있다는 사실이다.[6] 시민들은 생존과 직결되는 식량에 대해 권리를 가지며, 건강이나 교육, 복지 등 시장이 실패한 다른 영역들과 마찬가지로 기아와 영양실조에 대해서도 적극적인 개입과 관여를 하는 것이 시의 주요한 의무라고 파악하는 것이다. 이는 초기부터 벨루오리존치의 식량보장 프로젝트에 참여한 것으로 알려진 아드리아나 아라나(Adriana Aranha)가 "사람들이 가난으로 인해 시장에서 소비자가 될 수 없더라도 그들은 여전히 시민이다. 이에 대비하여 시장 실패를 바로잡는 것은 시정부의 의무다"라고 말한 것에도 잘 드러나고 있다.[7]

벨루오리존치는 앞서 말했듯이 세계 자본주의 진영의 도시 가운데 처음으로 시민식량권(citizens' right to food)을 공개적으로 인정한 도시다.[8] 유엔의 경제적·사회적·문화적 권리에 관한 국제규약(1976년 발효) 11조에는 "국가는 모든 사람에게 기아에서 벗어날 기본권이 있음을 인정하고, 개별적·국제적 협력을 통해 필요한 특정한 프로그램을 포함한 조치를 취하여야 한다"고 명시되어 있지만, 지구촌 전역에서 지자체가 시민들의 식량권을 인정하고 지속적으로 이를 보장하는 정책을 펼친 사례는 거의 없다. 이런 상황에서 노동자당(PT) 소속으로 시장에 처음 당선된 파투루스 아나니아스 데 소자(Patrus Ananias de Souza)가 1993년에 시민식량권을 공식적으로 인정하고, 시 조달국(SMAB)을[9] 설치하여 취약계층을 대상으로 지금까지 20여 년 동안 영양과 식량보장 정책을 지속적으로 펴왔다는 것은 우리에게 시사하는 바가 매우 크다.

다음은 벨루오리존치를 직접 방문해 보고 들은 이야기와 거기서 얻은 자료 등을 토대로 현재 추진 중인 벨루오리존치 시의 '영양과 식량보장 정책'에 대해 정리한 것이다.[10]

식량권 보장을 위한
세부정책

1. 보조금을 준 먹거리 판매 : 민중식당과 기초식량바구니

'민중식당(Restaurante Popular)'은 벨루오리존치 시의 직영식당으로 시민들에게 시중가격의 절반 이하에 식사를 제공하고 있다. 이 식당은 시 소유 건물(면적 1100㎡)에 카페테리아 형태로 만들었는데, 변두리에서 도심으로 출퇴근하는 서민들이 이용하기 쉽도록 시내 중심가에 자리 잡았다. 그 후 2004년에 추가로 건설되기 시작해 교외 파벨라 지역에 입지해 있는 것을 포함하면, 현재까지 총 6개의 식당이 운영되고 있다.

월요일부터 금요일까지 주 5일(점심은 11시에서 오후 2시, 저녁은 오후 5시에서 8시까지) 문을 여는 민중식당은, 브라질에서 전통적으로 가장 푸짐하게 먹는 식사인 점심을 주로 제공한다. 2012년 6월 현재, 음식을 만드는 시설 3곳과 대형식당 3곳을 통해 하루에 약 1만4000명에게 식사를 제공하고 있다(하루에 조리가 가능한 최대 용량은 약 2만2000인분에 이르는데, 대략 1만5000인분의 음식을 매일 만들어내는 것으로 보고되고 있다). 식사는 영양·식량보장국 소속의 영양사와 훈련된 직원들이 준비한다.

돔모로바스토스 민중식당 앞에서 저자

시는 예산조달의 어려움에도 불구하고, 점심에는 쌀·콩·채소·샐러드·고기·과일 주스·우유·후식이 포함된 식사를 2헤알(약 1달러)에, 저녁에는 콩·채소·마니옥(카사바)과 닭고기 또는 돼지고기로 된 수프를 1헤알에, 그리고 아주 간단한 먹거리를 제공하는 아침은 0.5헤알에 제공한다. 이처럼 저렴한 가격에 식사를 제공할 수 있는 것은 연방정부와 시 정부의 지원이 있어서이기도 하지만, 벨루오리존치 시가 가격규제를 하고 있는 지역 농산물을 식자재로 사용하고, 식당 임대료와 이윤 등에 대한 부담이 적기 때문이다.

민중식당은 이용객의 제한이 없으며 개인 은퇴자, 가족, 은행원, 노점상, 대학생, 거리의 아이들 모두에게 동일한 가격에 균형 잡힌 식사를 제공하고 있다. 단, 브라질에서 교육과 연계된 조건부 소득보조정책으로 시행되고 있는 '보우사 파밀리아' 수혜 대상자의 경우에는 50% 할인이 되고, 노숙자들에겐 무료로 제공된다.

직접 방문한 벨루오리존치 시 교외 아폰소파즈데메이요 가(街) 근처의

민중식당 내부

돔모로바스토스 민중식당의 경우는 다른 민중식당과는 달리 비교적 최근에 조성된 탓인지 매우 쾌적하고 깨끗해 보였다. 도심의 버스 정류장 근처의 민중식당은 흔히 볼 수 있던 노숙자들도 거의 눈에 띄지 않아 일반 서민식당과 큰 차이가 없어 보였다. 민중식당의 입지에 따라 이용하는 사람들도 상당한 차이가 있다는 사실을 알 수 있었다.

'기초식량바구니 프로그램'은 1개월분의 22개 기본적인 가구소비품목(식품, 화장용품, 가구청소용품)으로 구성된 바구니를 매주 또는 격주 간격으로 특별 방문하는 버스나 트럭을 통해 저소득 가족들에게 판매하는 사업이다. 이 프로그램의 이용자격은 가난한 지역에 거주하는 2급 최저임금 소득자로서 지역기관이나 자선기구를 통해 벨루오리존치 시의 영양·식량보장국에 등록한 사람에 한정된다. 판매가격은 시의 보조금 덕에 시장가격의 40~50% 수준에서 이루어지는 것으로 알려져 있다. 1990년대 말 이후 꾸

도시의
로빈후드

준히 지속되어온 이 사업으로 인해 경제적 취약계층에 속한 시민들도 건강하고 안전한 음식을 제공받게 된 것으로 평가된다.

2. 먹거리와 영양 지원 : 영양실조 예방·퇴치 / 학교급식 / 푸드뱅크

'영양실조 예방·퇴치 프로그램'은 취약계층에게 영양강화가루를 무료로 배급하는 사업이다. 영양강화가루는 밀가루, 옥수수가루, 밀기울, 계란, 비타민과 미네랄이 풍부한 마니옥 잎가루 등을 혼합하여 만든 것으로, 주로 공중보건소를 통해서 자녀를 둔 어머니, 임산부, 간병인에게 1달에 2kg을 공급한다. 또 영양실조에 걸린 자녀의 어머니들에게는 매달 3kg의 특별한 영양강화가루(영양강화가루+분유)를 제공하는데, 공중보건소를 통해 영양부족 위험에 처했거나 영양실조에 걸린 아동들에게 혜택이 돌아가도록 하면서 동시에 이 아동들을 지속적으로 의료 관심 대상이 되게 했다.

또 이와 병행해 시에 별도로 등록한 데이케어센터, 간병기관 및 병원 등에도 학교급식 프로그램의 일부로 영양강화가루를 제공했다. 연방정부는 학교급식 프로그램에서 사용하는 소맥분과 특별 영양강화가루에 추가된 분유 예산을 지원했고, 시 정부는 영양강화가루의 생산 및 분배와 관련된 재정을 부담했다. 이 같은 합리적인 역할 분담을 통해 벨루오리존치의 영양실조 예방 및 퇴치 프로그램은 예산을 적게 쓰면서도 효율적으로 영양실조 문제를 해결한 것으로 국제사회에서 널리 평가받고 있다.

'학교급식 프로그램'은 공립학교에 다니는 6~14세 어린이에게 1일 1회 영양 급식을 제공하는 것을 말한다. 연방정부가 지원하는 학교급식 프로그램은 브라질의 음식 제공 프로그램들 중에서 가장 오래되고 포괄적인 사업

학교급식을 먹는 아이들

으로, 수혜자 규모도 지구 상에서 가장 크다. 1955년 에 시작된 학교급식은 교육부 산하의 국가교육발전기금(FNDE)이라 불리는 연방정부 자금이 시 정부 자금으로 이관되면서 1994 년부터 시의 영양·식량보장국이 담당하게 되었다.

학교급식 프로그램은 공립학교 학생들을 대상으로 하는데, 그 이유는 공립학교 재학생 대부분이 빈곤층 자녀들이기 때문이다. 극빈 지역에서는 방학 기간도 포함하는 학교급식으로 확대했다. 벨루오리존치의 학교급식 프로그램은 지출한 예산에 비해 효율성이 매우 높은 것으로 알려졌다.

초등학교를 포함해 402개 시설에서 이루어지는 학교급식은 시법 11,947호에 의거해 식량의 최소 30%는 가족농이 생산한 농산물에서 제공받는다. 이는 시 당국이 먹거리와 영양지원사업을 체계적으로 추진하면서도, 가족농의 붕괴를 방지하고 아울러 로컬푸드 생산기반 구축을 위해 노력하고 있음을 단적으로 보여주는 사례라 할 수 있다.

1967년 미국에서 '제2의 수확(Second Harvest)'이라는 이름으로 처음 시작된 푸드뱅크는 주로 사회복지 선진국들을 중심으로 발전하여, 우리나라에서도 국제통화기금(IMF) 구제금융을 받은 1998년부터 본격적으로 도입되기 시작했다. 브라질의 푸드뱅크도 지역에 따라 다소 차이가 있지만 1990

도시의
로빈후드

년대부터 도입되었다. 푸드뱅크는 식품의 생산·유통·판매·소비의 각 단계에서 발생하는 남은 먹거리들을 식품제조업체나 개인 등 기탁자들로부터 제공받아 이를 필요로 하는 복지시설이나 개인에게 무상으로 제공하는 식품지원 복지서비스 단체다. 결식아동·독거노인·재가장애인·무료급식소·노숙자 쉼터·사회복지시설 등의 소외계층을 돕고, 동시에 먹거리 자원을 사회적으로 활용할 목적으로 설립되었다.

벨루오리존치의 푸드뱅크는 식량권을 공식적으로 인정한 도시답게 그 성과 또한 매우 큰 것으로 알려져 있다. 2011년 10월 기준, 수집된 양은 총 42만335kg이었고 분배된 양은 81%인 34만4100kg이었던 반면, 퇴비로 사용된 양은 7만6235kg인 것으로 나타났다. 또 기부한 사업체 수는 43개로, 이들이 제공한 남은 먹거리를 1달 동안 4만2000명의 수혜자와 52개의 수혜기관에 제공할 만큼 괄목할 만한 성과를 보이고 있다.

3. 먹거리 시장의 공급 및 규제 : 민간상업판매시설과 이동식 판매대 / 농산물 직거래와 수확캠페인 / 유기농 시장과 길거리 시장 / 그린푸드바스켓 / 월별 기초 가구소비품목 가격 공시제

1983년 시작한 민간상업판매시설(Abastecer) 프로그램은 영양·식량보장국이 인가하고 감독한다. 이 판매시설은 도시의 모든 소비자들에게 신선한 채소와 과일, 시리얼, 커피, 육류와 생선 등 기본적인 필수품에 대한 접근성을 높여주기 위해 마련되었다. 주로 저소득층이 많이 사는 지역에 설치되었고, 시중보다 싼 가격으로 기본 필수품을 판매한다. 영양·식량보장국은 도시 빈민가에 위치한 19개 고정 판매시설을 운영할 민간 운영자들을 투명하고 공개적인 절차를 통해 선정하고, 영양·식량보장국과 민간 사이에 정기적인 모임을 통한 혁신적인 파트너십으로 22개 기본 품목의 가격을 정하기 때문에 민간상업판매시설의 이윤은 일반 가게보다 낮다.

시는 기본 품목 외의 상품에 대한 가격규제를 하지 않으며, 민간상업판매시설에서 판매되는 제품의 품질검사, 상품의 진열, 보관, 취급 등에 관한 기술지원 업무만을 담당한다. 하지만 주로 식료품을 파는 민간상업판매시설의 건물은 공개입찰을 통해 선정된 회사가 영양·식량보장국이 만든 규칙에 따라 건설하도록 규정하고 있고, 또 가격이 0.79헤알/kg이 넘지 않는 품목을 최소한 20가지 이상 제공한다는 방침을 정해놓고 있다.

이동식 판매대(Worker's Convoy)는 앞서 언급한 민간상업판매시설을 운영하는 사람들 가운데 중심지역, 즉 이윤이 많이 남는 지역에서 시설을 운영하는 판매자들에게 주말 변두리 지역 판매를 의무화시키면서 생겨난 사업이다. 이 판매대에서 파는 품목의 가격은 보통 점포보다 약 20~30% 저렴했고, 특히 상당수의 기본 품목은 가격을 규제받지 않는 일반 점포에 비해 50% 이상 저렴하기도 했다. 이 사업으로 혜택을 받는 대상이 어림잡아 3~5만 가구에 이르는 것으로 알려져 있다.

농산물 직거래 시스템(Straight from the Country)은 농촌에서 농산물을 직송해와 농촌의 소규모 생산자와 도시 소비자들 간에 직접적인 상호작용을 촉진하도록 마련되었다. 농촌의 소생산자의 농산물을 헐값에 구입해 도시 시장의 소비자들에게 독점적으로 공급하는 민간 중개인을 없앰으로써 소농의 소득은 늘리고 소비자들은 낮은 가격에 고품질의 먹거리를 구입할 수 있게 제도화한 것이다.

도시의
로빈후드

공개 과정을 통해 선정된 소농들에게 시가 판매장소를 무료로 제공(종종 이동식 판매대와 결합하기도 함)하는 대신, 이 농민 장터에 참가하는 농민 판매자들은 시에 의해 제품의 가격과 품질을 규제받는다. 농민들이 근거리에서 제철에 재배한 다양한 신선 채소와 구근류, 과일 등을 다른 농산물 판매 점포보다 싼 가격에 도시 소비자들에게 판매하도록 유도하고 있는 것이다.

2011년 현재 농산물 직거래에는 30개 서비스 센터(농민 장터)와 25개 생산자, 7개 지방자치단체가 참여하고 있으며, 562t의 농산물을 판매하는 실적을 올리기도 했다.

이 밖에도 공급과잉으로 판매에 어려움을 겪고 있는 농산물의 거래를 지원하는 프로젝트도 운영하고 있다. 수확 캠페인(Harvest Campaign)이라 불리는 이 프로젝트는 생산자가 소비자에게 직접 판매하는 방식을 택하고 있다. 많은 시민들이 쉽게 접근하게 되면 판매가격을 낮출 수 있고, 따라서 생산자의 소득증대가 가능한 전략적 지역에서 시행되고 있다.

시는 유기농 재배 원칙을 준수하는 농가에서 재배한 과일, 원예, 농산물, 수제품의 상업화를 위한 유기농 시장도 운영하고 있다. 2010년에 8개의 유기농 시장에서 5개 생산자들과 3개 지방자치단체가 참가해 134t의 유기농산물을 판매했고, 2011년에는 전년도보다 다소 준 97t을 판매했다. 그리고 유기농 시장과는 별개로 두 가지 형태의 길거리 시장을 운영하고 있다. 하나는 모든 종류의 먹거리(음식)를 부스형으로 만든 59개 길거리 시장에서 판매하는 오픈마켓(Open Markets)이 있고, 다른 하나는 레크리에이션 활동과 함께 야시장으로 열리는 거래시장(Trade Markets)이 서비스 센터 2곳에서 계속 열리고 있다.

그린푸드바스켓은 대규모 농산물 구매자인 다양한 기관들의 기관 구매를 촉진하기 위해 2000년대 중반부터 시작한 프로그램이다. 영양·식량보장국은 소규모 농산물 생산자들과, 이들로부터 과일이나 채소를 직접 구매하기를 원하는 병원, 식당, 기타 기관들 사이에서 직접 거래를 매개해주는 역할을 담당한다. 허가증을 받은 27명의 판매자, 2곳의 농업생산자협회, 44명의 생산자, 1곳의 우유협동조합 등이 참여하는 그린푸드바스켓을 통해 현재 5000t 내외의 농산물을 거래하고 있다.

영양·식량보장국에서 실시하는 월별 기초가구소비품목 가격공시제(Basic Monthly Ration)는 1993년 9월에 제정되어 1996년 8월에 개정된 벨루오리존치 시법 7164호로 제도화되었다. 소비자들이 정확한 정보가 있어야 가격을 비교·검토할 수 있고, 먹거리를 제공하는 민간 공급자들 간에도 경쟁을 유도할 수 있다고 보았기 때문이다. 1990년대에는 필요한 정보가 부족해 시민들이 어려움을 겪고 있었으므로 시에서는 기본식량품목의 가격 등을 조사하여 시민들에게 공시했다. 벨루오리존치 시는 꾸리찌바 등과 함께 브라질에서 기초가격정보공시제를 도입한 선진적인 자치단체 가운데 하나이다.

영양·식량보장국은 일주일에 두 번, 시의 60개 슈퍼마켓에서 가정 필수품 중 45종 기초소비품목(식품 36종, 개인위생용품 5종, 가구용 세탁 및 청소용품 4종)의 가격을 수집하여 미나스제라이스 연방대학교 연구원들이 작성한 가격명세서를 신문과 버스 정류장에 공지함으로써 도시 전 지역의 시민들에게 알린다. 전화나 인터넷, 스마트폰 등으로도 가격정보에 대한 접속이 가능하다. 이 가격공시제 사업을 지속적으로 안정되게 추진하면서 소비자들은 기초

생활필수품을 저렴하게 살 수 있는 곳을 알게 되고, 상업적 판매시설 간에는 가격경쟁이 유발되는 뛰어난 성과를 거두고 있다.

4. 도시농업 지원 : 학교·공동체 텃밭과 프로오차드 / 농업생태체험센터와 시 공급센터 / 대안 공간에 대한 식재 워크숍

학교·공동체 텃밭은 시에서 학교급식 및 지역사회의 식품 질 향상과 교육적 효과를 목적으로 도시 전역에 텃밭 설치를 장려하면서 본격적으로 생겨나기 시작했다. 영양·식량보장국은 학교 텃밭과 지역 공동체 텃밭의 개설을 지원하고, 씨앗과 모판을 제공, 기술 및 교육을 지원했다. 이 텃밭들은 학교와 지역사회의 급식 식재를 보충하는 데 기여하고, 과학·환경 공부를 위한 생생한 실험실이자 영농 체험의 주요한 현장이 되고 있다. 특히 시의 공립학교와 지역사회 공간(보건소, 병원, 지역문화센터, 탁아소 등)들로부터 채소 재배와 치유의 정원으로 각광을 받고 있다.

2009년 45개의 학교 텃밭에 수혜자가 8만4744명이었던 것이 2011년에는 108개의 학교 텃밭에 9만5633명이 수혜를 받은 것으로 나타났다. 그리고 지역사회 텃밭도 21개에서 44개로 급증했다. 2010년에는 소득창출에 초점을 맞춘 4개의 지역사회 텃밭이 만들어져 39명의 도시농부가 수혜를 봤고, 6곳의 학교와 4곳의 보육시설에 판매하는 성과를 보이기도 했다. 이곳에서 도시농부 1인이 얻는 월 소득은 약 150헤알(88달러) 정도 된다고 한다.

이런 학교 및 지역사회 텃밭 외에도 프로오차드(Pro Orchard)라 불리는 아주 흥미로운 사업이 1994년부터 시작돼 현재까지 이어지고 있다. 울타리

채소를 심은 공동체 텃밭

없는 공유 공간과 학교 등에 과일작물 재배를 촉진시켜 도시 녹지의 보존과 확대를 도모하는 이 사업은 과수원을 집, 학교, 지역사회 공간 등에도 만들 수 있도록 장려하여 빈 공간을 활용하고 자급자족을 도모하며 최종적으로는 도시의 식생 지역을 확대하는 데 궁극적인 목적이 있다.

이렇게 과수원을 조성하고 과실수 묘목을 분배하는 프로오차드 사업은 벨루오리존치 시 사회개발부(MDS), 미나스제라이스 주 농촌기술지원·지도회사(EMATER—MG) 등과의 파트너십을 통해 저소득층이 사는 지역에 과실수를 심는 것을 적극 지원하고 있다. 2009년에 5개의 과수원에 437개의 묘목이 제공되었고 1828명이 수혜를 입었으며, 2010년 상반기(1~6월) 중에는 12개 과수원에 341개의 묘목을 제공하여 수혜자가 4653명으로 늘어났다.

도시의
로빈후드

농업생태체험센터는 1995년에 영양·식량보장국의 다양한 프로젝트에 필요한 모판과 종자를 공급하기 위해 만들어졌으며, 벨루오리존치 시 환경국과 비정부기구인 대안기술교환네트워크가 파트너십을 맺어 운영하고 있다. 첫해에 4개의 센터가 출범했는데, 이들 센터들은 이용 가능한 자원을 합리적으로 사용하고 환경을 보전하는 농업기술의 확산을 목표로 하는 농업교육센터로 점진적으로 발전되었다. 이 농업교육센터는 모판 및 종자를 공급하는 사업은 물론 텃밭 조성 지원과 물리적 환경개선 프로그램을 시행하고, 나아가 약초·기초영양·쓰레기 감소와 재활용 등을 주제로 한 다양한 워크숍과 단기 강좌 등을 진행하고 있다.

그리고 1만㎡의 고정 시설로 만들어진 시 공급센터에서는 농산물 생산자들이 도·소매를 통해 매년 수만 t에 이르는 원예 제품을 판매할 수 있게 함으로써 도시농업을 적극 지원하고 있기도 하다.

대안 공간에서 식물 재배가 가능하도록 학습하는 워크숍은 2004년부터 시작되었다. 워크숍을 통해 플라스틱 병, 나무상자 등과 같은 대안 공간에 채소, 향신료, 약초 등을 재배하는 기술을 촉진, 장려하고 있다. 이 프로젝트는 허브와 채소 재배에 쓰레기(타이어, 나무상자, PVC튜브, 플라스틱 병 등)를 활용할 수 있도록 체계적으로 가르치는 데 궁극적인 목적이 있다. 이 사업의 직접적인 수혜자는 빌라, 보건소, 정신병원과 일반 대중 등인데 그 수는 2011년에만 2033명이었고, 묘목만 1만 본이 배포되는 성과를 올렸다.

5. 먹거리 교육 및 직업 교육

벨루오리존치에서는 영양과 먹거리에 대한 기초적인 이론을 배우고, 어린

이를 포함한 시민들이 직접 참여해 조리실습까지 체험하는 방식의 먹거리 관련 교육 사업을 1993년부터 시작해 오늘날까지 20여 년 동안 계속해오고 있다. 참여자들은 워크숍, 매뉴얼, 포스터와 인터넷 등을 통해 먹거리에 대한 안전한 취급과 저장, 요리에 관해 학습하는 일반적인 교육을 받기도 하고, 시의 공적 네트워크에 소속된 356명의 전문가들이 함께하는 먹거리 가공과정에 직접 참여하여 조리실습을 해보기도 한다. 그리고 혁신적이고 창의적인 방식으로 먹거리 교육을 실행할 수 있도록 하는 '교육극장(劇場)'도 운영하고 있다. 2009년에만 62회의 워크숍을 진행하여 수혜를 받은 사람의 수가 2756명에 이르렀고, 교육극장에서 상영되거나 공연된 작품 수는 13개, 청년 참가자 수는 1548명이나 되는 것으로 보고되고 있다.

이렇게 실시하는 다양한 먹거리 교육과는 별개로 시에서는 니콜라칼리치오와 조세피나크스타 학교에서 일반 시민과 학생들을 대상으로 기초적인 빵, 과자류, 피자 등을 만드는 전문적인 기술훈련을 시켜 소득창출로 이어지게 하고 있다. 그리고 빵과 과자를 만드는 최신 직업과정을 다양하게 마련해 일자리창출에도 이바지할 수 있게 했다. 청년교육 프로젝트의 일환으로 '학교 빵'이라는 프로그램을 만들어 2010년 한 해 동안 2개 과정에서 244명의 학생들을 가르쳤고, 또 바비큐와 전채 요리 등을 포함, 15개의 최신 직업과정을 통해 742명에게 다양한 취업 기회를 제공하기도 했다.

6. 시민사회의 참여

벨루오리존치에서는 지금까지 언급한 영양·식량보장국의 주요 사업들을 추진하는 모든 과정에 시민들의 목소리를 반영하기 위해 2개의 거버넌스 기구를 설치·운영하고 있다. 2000년 7월 26일 시법 10,306호에 의해 설치된 벨루오리존치 시 '학교식량위원회(CAE)', 2003년 5월 30일에 설치된 '영양·식량보장위원회(COMUSAN)'가 그것이다.

학교식량위원회는 벨루오리존치 시 차원에서 연방정부의 학교식량 프로그램의 실행을 도우면서 재정지원을 심의하는 기구이다. 벨루오리존치 시 공립학교의 먹거리 구매부터 분배까지 전 과정에서 식량의 품질을 관리하는 이 위원회는 모두 7명의 위원으로 구성되어 있다. 2명은 학부모 대표, 2명은 교사와 교육청 직원, 2명은 시민사회 관계자, 나머지 1명은 집행부 대표로 학교급식을 둘러싼 다양한 이해 당사자들을 모두 참가시키고 있다.

다음으로 시민들의 식량권을 지키는 데 가장 중요한 역할을 담당하는 시의 '영양·식량보장위원회'는 연방정부의 '사회개발 및 기아 완화부'가 지향하는 바를 직접 지자체 단위에서 실행에 옮기는 기구이다. 이 위원회의 설립 목적은 기본적으로 인간의 영양 및 식량보장에 대한 헌법상 권리를 지키는 데 있는데, 주로 시와 시민사회 간의 협력을 통해 푸드뱅크, 도시농업에 대한 인센티브, 민중식당 설치·운영, 식량공급장비의 현대화 등과 같은 다양한 정책개발을 추진하고 있다. 벨루오리존치 시민이면 누구나 충분한 양과 양질의 식량을 공급받을 수 있도록 도움을 주는, 정치적으로도 아주 중요한 역할을 담당하는 거버넌스 기구의 하나로 정평이 나 있다.

21세기형 인간 도시의
참모습

지금까지 우리는 세계 최초로 식량권이 인권의 하나라는 사실을 선포하고 시민들의 지속 가능하고 건강한 먹거리를 제공하기 위해 도시와 농촌공간을 유기적으로 연계시키는 데 성공한 브라질 벨루오리존치의 사례를 살펴보았다. 벨루오리존치는 필자가 아는 한 양적, 질적으로 좋은 먹거리를 제공하면서 지역사회 먹거리 보장(community food security)을 완전히 실현한 캐나다의 토론토 시와 함께 전 세계에서 가장 선도적으로 먹거리 정책을 실천해온 도시 가운데 하나다.

도시와 농촌, 생산자와 소비자 사이의 먹거리 연결을 증진시키는 것을 기본 목표로 설정하고, 먹거리의 생산, 가공, 유통, 판매, 소비 등의 전 단계에 걸쳐 시민과 자치단체가 협치(協治) 시스템을 구축·운영하고 있는 벨루오리존치 시는 우리가 흔히 접하는 개발도상국의 대도시가 아니다. 이 도시는 먹거리와 영양을 매개로 만드는 생태도시이자, 건강한 먹거리를 함께 공유하는 건강도시, 그리고 자치·협력·참여를 핵심 원칙으로 하여 공동체 구성원 모두의 노력으로 만든 먹거리복지 도시이다. 이제는 우리나라의 도시들도 파편화된 먹거리 정책에서 벗어나 도시농업, 로컬푸드, 학교·기관급식, 식품안전, 영양보장, 먹거리 교육 및 실습 등에 대해 통합적으로 접근하고, 시민들의 삶에 있어서 가장 중요한 먹거리를 책임지는 자세를 보여야 한다. 이것이야말로 시민들을 존경하고 안락한 삶을 보장하는 21세기형 인간도시의 참 모습일 것이다.

습지에서 꽃핀
공동체
파우마스 은행

빈민들이 만든
은행의 기적

브라질은 면적(약 8500㎢)과 인구(약 2억200만 명)면에서 세계에서 다섯 번째 큰 나라이면서 남미에서 가장 큰 경제규모를 가진 나라이기도 하다. 이 나라는 우리가 생각하는 것보다 빈부격차가 훨씬 심하다. 지역적 수준에서 분석한 경제·사회적 지표를 보면 남과 북 사이에 심각한 불균형이 있음을 알 수 있다. 남부와 남동부 지역은 브라질 국내총생산(GDP)의 70% 이상을 차지하는 반면, 북동부 지역은 겨우 14% 정도만 차지하고 있다. 이런 불평등은 국가별·지역별 인간개발지수(HDI)를 비교해보면 더 분명해진다.

유엔개발계획(UNDP)이 발표한 2013년도 인간개발보고서를 보면 브라질의 2012년 인간개발지수는 187개 조사 대상국가 가운데 85위(0.730)였다. 12위(0.909)인 우리나라와 비교해도 상당히 낮은 수준으로 경제·사회적 불평등이 매우 큰 것으로 나타난다.[1] 각국의 삶의 질을 평가하기 위해 물질적 지표 외에 평균수명, 건강, 지식 접근성, 생활수준 등 여러 지표를 종합적으로 평가, 계량화한 인간개발지수는 나라에 따라서는 지역의 삶의 질을 비교 분석하는 데도 종종 활용된다. 2007년 브라질 중앙은행이 발표한 추정에 따르면 남부 지역은 그 수치가 0.850인 반면에 북동부 지역은 전국 평균인 0.749를 넘지 못했다.[2] 브라질의 응용경제연구소(the Instituto de Pesquisa Economica Aplicada)에 따르면, 2011년 1월 브라질 인구의 39.5%가 은행계좌를 개설해 자본을 마련해본 적이 없지만, 파우마스 은행이 있는 북동부 지역에서는 그 비율이 52.6%에 이른다.[3] 아마존 강을 끼고 있는 북부 지역은 물론 북동부 지역의 삶의 질 수준이 브라질 내에서도 상대적으로 열악한 형편에 머물러 있다는 사실을 알 수 있다.

그렇다고 북동부 지역이 다른 지역에 비해 대중의 참여 수준이 낮고, 그곳에서 연대경제 구축을 위한 실험조차 없던 것은 아니다. 상대적으로 가난하고 삶의 질 수준이 낮긴 하지만 이 지역 역시 상파울루, 리우데자네이루, 벨루오리존치, 꾸리찌바 등이 자리한 남부-남동부 지역과 마찬가지로 대중참여가 활성화되어 있는 편이다. 공공정책을 수립하고 모니터링하는 과정에서 운영되는 대중참여 수단도 많고 그 질도 좋은데, 여기에는 심의위원회, 주제 회의, 공공정책 감시소, 참여예산제 등 여러 제도들이 포함되어 있다.

포르탈레자(Fortaleza) 시는 브라질 북동부 세아라(Ceara) 주의 주도이다. 면적 313.8㎢에 인구는 약 250만 명으로 브라질에서 다섯 번째로 큰 도시다. 34㎞의 해변을 거느린 연안도시 포르탈레자의 가장 중요한 소득 원천은 무역과 서비스인데, 최근에는 관광산업의 비중이 점차 커지고 있는 것으로 알려졌다. 연간 200만 명의 관광객이 방문하는 이 도시는 하얀 모래가 빛나는 해변,

도시의
로빈후드

포르탈레자 도심지 전경

푸른 바다, 온화한 기후와 밤 시간대의 활기찬 유흥지 등으로 유명한 관광도시다. 이제 사람들은 포르탈레자 연안의 부유한 지역에서 느긋하게 시간을 보낼 수 있는 현대적인 관광 인프라를 쉽게 만날 수 있다. 하지만 우리나라의 해운대를 연상하면 좋을 것 같은 포르탈레자의 이 지구가 언제나 관광객과 부자들의 천국이었던 것은 아니다.

1973년 이전까지 이곳은 어부들과 빈민들이 점거하여 살던 가난한 파벨라촌이었다. 관광 잠재력이 높다고 판단한 시 당국이 이 지역의 파벨라도스(슬럼 주민을 지칭하는 경멸적인 용어)를 강제로 이주시키는 도시개발 정책을 1970년대 초에 집행했다. '포르탈레자 사회서비스 재단(Fundacao para o Servico Social de Fortaleza)'이 실행한 이 도시정책은 포르탈레자의 중심지구에서 도시의 교외 저개발 지역으로 파벨라 주민들을 강제로 추방시키는 것이 핵심이었다.

해변에 자신들의 집을 남겨둔 채 추방된 주민들은 바다에서 약 22㎞ 떨어진 포르탈레자 교외의 습지와 공터의 땅을 할당받았다. 시에서는 관광과 도시개발에만 초점을 맞추었을 뿐, 강제로 추방된 파벨라 주민들에 대한 구조적이고 사회적인 문제들을 고려하지 않은 상태에서 무리하게 이주사업을 벌였다. 추방된 주민들이 받은 습지는 학교는 물론 일자리와도 멀리 떨어져 있었고, 대중교통·상수도·위생시설·전기 같은 기본적인 기간시설이 전혀 없던 지역이었다. 하지만 아름다운 해변에서 추방되어 비참한 환경으로 내몰린 1500가구의 저소득층 주민들은 하나의 공동체를 탄생시켰다. 바로 1973년에 만들어진, '야자수 마을'이라 불리는 콘훈토 파우메이라스(Conjunto Palmeiras)다.

1973년과 1981년 사이 브라질 내륙지방의 농촌 지역에서 추가로 이주해온 많은 사람들 때문에 마을 인구는 빠른 속도로 늘어났다. 콘훈토 파우메이라스는 3만2000명이 사는 도시 교외의 슬럼으로 변해갔고, 브라질에 있는 대다수 파벨라처럼 기본적인 사회간접자본이나 사회서비스 시설이 거의 갖추어지지 않은 상태에서 빠르게 팽창한 대표적인 마을이라고 볼 수 있다. 내세울 것 없는 이 마을에 최근 들어 국제사회의 이목이 집중되고 있다. 콘훈토 파우메이라스에 처음 탄생한 공동체 은행 파우마스 은행(Banco Palmas) 때문이다.

이 은행을 시작으로 하여 2013년 3월 현재 브라질 전역에만 동일한 철학과 운영원칙을 따르는 103개의 공동체 은행이 만들어져 있다. 또 베네수

도시의
로빈후드

엘라를 비롯해 남미의 많은 나라에서 공동체 은행을 창립하는 데 가장 중요한 모델이 되었다.

빈민들을 위한 파우마스 은행은 2005년 브라질은행재단(Bank of Brazil Foundation)으로부터 '사회적 기술상(Award of Social Technology)'을 받았고, 창립자인 조아킴 데 멜로(Joao Joaquim de Melo)는 브라질을 대표하는 혁신적인 사회적 기업가로 인정되어 미국의 아쇼카(Ashoka)재단의 펠로우로 선정되기도 했다. 그리고 2008년에는 일간지 《폴라 데 상파울루(Folhha de Sao Paulo)》와 슈왑재단(Schwab Foundation)으로부터 '미래의 사회적 기업가상(Social Entrepreneur of the Future Award)'을, 브라질 과학기술부로부터는 '브라질 혁신기관상(FINEP Award)'을 받았다. 게다가 같은 해에 유엔개발계획(UNEP)으로부터 '새천년 개발목표상(Millenium Development Goals Award)'을 받기도 했다. 이렇게 파우마스 은행은 국내외에서 높은 평가를 받고 있다.[4]

이제 파우마스 은행이 탄생되게 된 배경, 그리고 브라질의 주요한 연대 경제 패러다임의 하나로 이 공동체 은행을 창조한 중심인물에 대해 살펴보기로 한다.

파우마스 은행의 산파
조아킴 데 멜로

아직 권위주의 정부 시대였던 1980년대 초, 브라질 사회는 시민단체와 지역사회 활동가들의 운동이 싹트며 점진적으로 민주화되기 시작했다. 이런 변화의 물결 속에서 포르탈레자 시 정부의 무시를 받던 콘훈토 파우메이라스 주민들은 1981년에 '콘훈토 파우메이라스 주민연합(ASMOCONP; Associacao dos Moradores do Conjunto Palmeiras)'이라는 마을 단위의 주민회를 조직했다. 지역 공동체 지도자들이 이끌고 진보적인 가톨릭 교회와 지역·국제 비정부기구(NGOs)들이 지원한 '콘훈토 파우메이라스 주민연합'의 일차적인 목적은 물, 전력, 교육 등에 접근할 수 있는 기본적인 사회간접시설을 건설할 수 있도록 지역사회를 돕는 것이었다.[5]

주민연합의 조직적 행동이 금세 성과를 가져온 것은 아니지만 점차 괄목할 만한 결과를 만들어냈다. 마을에 공공용수를 공급하는 데는 장장 7년이라는 세월이 걸렸는데, 이 성과는 주민연합 역사에서 가장 어려운 일 가운데 하나였다. 그 후에도 지방정부에 계속 압력을 가해 마을 거리에 야외 조명시설을 설치했고, 지역사회에 있는 주택들에 전력을 공급하는 데도 핵심적인 역할을 담당했다. 1990년대까지 없던 아스팔트 도로와 위생시설은 나중에 국제원조를 받아 건설했다. 지속 가능한 개발 프로젝트에 특화된 독일 정부 소유 단체인 GTZ와 제휴 관계를 맺고, 하수 시스템과 보도 및 오수 시스템 같은 기타 도시 인프라의 건설을 위한 자금과 기술을 제공받았다. 주민연합이 20여 년간 노력을 기울인 끝에 1990년대 말에 이르러 이전의 파벨라 모습은 완전히 사라지게 되었다.

콘훈토 파우메이라스의 물리적 환경이 획기적으로 개선되긴 했지만, 지역사회의 사회·경제적 조건까지도 크게 나아진 것은 아니었다. 1997년 주민연합이 수행한 비공식 조사를 보면 대부분의 마을 주민들은 실업 상태에 있거나 불안정한 일자리를 유지하고 있었다. 가처분 소득을 조사한 연구에

도시의
로빈후드

따르면, 마을 주민들은 매월 평균 120만 헤알을 소비했는데, 이 금액의 대부분을 콘훈토 파우메이라스 바깥에서 소비했다.[6] 그리고 90%의 가구들은 매월 2분위의 최소임금 이하로 사는 것으로 나타났다.[7] 또 성인 인구의 75%는 문맹이었고, 취학연령에 있는 1200명의 어린이들이 학교를 다니지 못하고 있었다. 이런 상황에서 "우리는 왜 가난한가?" 하고 묻자 모든 주민들은 한마디로 간단히 대답했다. "우리들은 돈이 없고, 돈의 대부분을 파벨라 바깥에서 소비하기 때문이야!"라고. 이런 열악한 사회·경제적 배경은 생산과 소비 모두를 지역 내에서 이뤄지도록 촉매제 역할을 하는 파우마스 은행을 탄생시켰다.

앞서 언급한 '콘훈토 파우메이라스 주민연합'과 파우마스 은행의 설립에 산파 역할을 담당한 인물이 바로 브라질에서 파우마스 은행을 필두로 하여 공동체 은행(Community Bank)을 주요한 연대경제 패러다임의 하나로 정착시킨 조아킴 데 멜로다.

1980년대와 1990년대 지역사회 지도자의 한 사람이자 '콘훈토 파우메이라스 주민연합'의 매니저였던 그는 이 마을에서 핵심적인 역할을 수행

코후토 파우메이라스 주민연합과
나란히 입지한 파우마스 은행

하면서 기본적인 인프라 시설을 건설하는 투쟁에 적극 참여했다. 매우 가난한 어린 시절을 보낸 조아킴 데 멜로는 파라(Para) 주 벨렝(Belem)의 시다데 노바(Cidade Nova)라 불리는 한 주택 프로젝트에서 성장한 아주 특출한 인물이었다. 1978년에 그는 사제가 되겠다는 원대한 희망을 안고 사제 학교에 들어갔지만, 6년이라는 긴 기간 동안 진행된 학교 생활은 아주 불만족스러웠다고 한다. 이때 포르탈레자의 대주교 알루시우 로르샤이더(Aloisio Lorscheider) 추기경이 멜로와 다른 사제 학교 학생들에게 파벨라로 이사해 빈민들을 도와달라는 요청을 했다. 멜로는 이 요청을 받아들여 쓰레기 투기지였던 '람파 두 잔그루수(Rampa do Jangurrusu)'로 이주했다. 잔그루수에서 5개월 동안, 쓰레기 줍는 사람들의 소름끼치는 생활을 직접 체험한 후, 본격적으로 활동가가 되어 빈민가의 사회복지를 개선하는 데 일조하기로 결정했다고 한다.[8] 잔그루수에서의 임무에 뒤이어 1984년, 대주교로부터 콘훈토 파우메이라스를 도우라는 명령을 받았다. 이후 멜로의 과업은 교회와 동떨어져 전개되었고, 1989년부터는 사제직을 놓아두고 공동체 프로젝트에 본격적으로 자신을 바치기 시작했다.

멜로는 콘훈토 파우메이라스 주민들을 위한 오랜 권리 투쟁으로 지역사회에서 상당한 신망과 존경을 받고 있었다. 그 덕분에 파우마스 은행의 설립과 지역화폐 시스템 도입이 큰 어려움 없이 진행되었다. 멜로 이외에도 주요한 인물로는 지역사업가인 프란시스코 베제라(Francisco Bezerra)[9]가 있다. 그는 다른 지역 비즈니스 종사자들에게 2년 동안 사회통화에 대한 아이디어를 정력적으로 전파하는 데 이바지한 아주 흥미로운 사업가다. 베제라는 처음에 대규모 식품점과 주유소, 다음에는 봉제 및 의류점, 빵집 등 소규모

사업체들을 설득하는 데 적극 앞장섰다고 한다. 대규모 사업체의 소유주이자 소매상연합의 회장이었던 그의 이름이 핵심 참여자로 알려지면서 파우마스 은행의 다양한 프로젝트들은 아주 큰 신뢰를 얻었던 것으로 알려졌다. 이 밖에도 파우마스 은행의 창립 초기에 기여한 사람들로는 해방신학을 공부한 진보적인 가톨릭계 인사들과 협동조합 운동에 깊은 애정과 관심을 가진 사람들이 있었다.

2013 AICESIS상을 수상하고 기뻐하는 조아킴 데 멜로(우측)

파우마스 은행의
세 가지 운영원리

콘훈토 파우메이라스 주민연합은 1990년대 말에 이르러 지역사회의 사회·경제적 조건을 획기적으로 개선하기 위해 정책의 우선순위를 새로 규정하고, 소득창출을 위한 전략도 새로 만들기 시작했다. 그 산물로 1998년 1월에 지역경제를 활성화시킬 수 있는 파우마스 은행을 설립했다. 지역의 한 비정부기구(Cearah Periferia)가 기증한 2000헤알(미화 1500달러)의 기부금을 초기자본으로 시작한 이 공동체 은행은 소액신용대출(microcredit) 사업을 본격적으로 추진했다. 콘훈토 파우메이라스에서 그들 자신의 파벨라 은행을 시작했다는 보도가 텔레비전 뉴스에 나간 다음 날, 수백 명의 사람들이 소액신용대출을 받기 위해 길게 장사진을 치고 있었다. 파우마스 은행은 5명의 소매상과 생산자, 그리고 20가구에게 소비를 위한 소액대출을 실시한 뒤, 이틀 만에 대출자금을 모두 써버리고 말았다.[10] 그 후 6개월 동안 다른 지역과 국제적인 비정부기구로부터 추가적인 운영자금을 계속 확보해나간 끝에 총 3만 헤알(미화 2만7000달러)의 기금을 소액신용대출을 위한 대부금으로 확보해 빈민들에게 빌려주는 사업을 본격적으로 시작했다.

이 같은 소액신용대출 사업을 적극 시작한 파우마스 은행은 당시에 두 가지 다른 목적을 더 갖고 있었다. 하나는 지역사회 안에서 금융 배제(financial exclusion)를 줄이는 것이었다. 오늘날에도 브라질 인구의 39%는 1개의 은행계좌도 갖고 있지 않지만, 이들 인구 중 41.2%는 은행계좌를 갖기 원하고 있다.[11] 그러나 전통적인 은행 시스템 아래서 콘훈토 파우메이라스 사람들에게 금융 포섭(financial inclusion)을 가능하게 하는 건 매우 어려운 일이었다. 더구나 전통적인 은행들은 모두 지역사회 바깥에 자리 잡고 있었다. 따라서 주민연합은 가까운 곳에 은행을 설립하고, 지역사회의 현실에 적합

파우마스 은행에서 용무를 보는 여성

도시의
로빈후드

한 은행의 융자조건(banking conditionality)을 갖추는 데 역점을 기울이게 되었다. 그리고 다른 하나의 목적은 지역사회 내에서 생산과 소비주기를 최대한 단축시켜 회전율을 높이는 것이었다.

파우마스 은행은 이상의 두 가지 목적을 결합시키기 위하여 은행에서 제공한 소액신용대출과 연계해 이곳만이 가질 수 있는 아주 창의적인 방법론을 설계했다. 이 방법에는 지역발전을 위한 세 가지 도구가 포함되어 있는데, 사회통화(Social Currency), 전문적인 직업훈련, '지역생산 및 소비 지도(Map of Local Production and Consumption)'가 바로 그것이다. 이 같은 독창적인 방법론 때문에 예전에 벨기에 중앙은행 이사를 지냈던 세계적인 보완통화 이론가 베르나르 리에테르(Bernard Lietaer)로부터 "1934년에 설립된 스위스의 비어(Wir) 은행과 비슷한 파우마스 은행은 2006년에 노벨평화상을 받은 무함마드 유누스(Muhammad Yunus)의 방글라데시 그라민 은행(Grameen Bank)보다 더 선진적"이라는 평가를 받기도 했다.[12]

파우마스 은행은 다른 공동체 은행들과는 달리 지역 내 생산과 소비를 촉진하기 위해 지역에서만 유통되는 대안화폐를 만들었다. '콘훈토 파우메이라스 주민연합'이 만든 지역화폐 '파우마'는 아주 새로운 것이었지만, 지역화폐의 독자적 인쇄를 불법이라 판단한 브라질 정부 당국은 강력하게 반발했다. 파우마스 은행이 사회통화 실험을 준비하고 있던 1998년, 브라질 중앙은행은 파우마스 은행을 고소했고, 뒤이어 경

파우마스 은행에서 사용하는 지역화폐 파우마

찰이 파우마스 은행의 작은 사무실을 급습했다. 지역화폐 파우마스는 당시에 인쇄되지 않았던 상태라 큰 문제가 되지는 않았지만, 경찰은 수기 거래원장과 1000헤알을 압수해 갔다.[13] 사건이 있는 후 조아킴 데 멜로는 파우마가 국가화폐인 헤알에 위협이 되지 않고, 상품권처럼 정상적으로 유통될수 있다는 사실을 정부에 입증해야만 했다. 그는 이 일을 STRO(Social Trade Organization), 옥스팜 등과 같은 국제기구의 도움을 받아 큰 무리 없이 추진했고, 완벽한 법률적 틀을 갖춘 건 아니지만, 어느 정도 사회통화의 유통이 가능하게 되었다.

2003년 유통을 시작한 파우마는 위조를 방지하기 위해 보안 코드를 내장하고 특별한 종이에 인쇄를 했다. 1파우마는 등가의 원칙을 적용해 1헤알과 동등한 가치를 지니는 것으로 정했고, 1파우마를 유통시킬 때 1헤알을 '콘훈토 파우메이라스 주민연합'이 지불준비금으로 유지하도록 했다.

소액신용대출을 받을 때 차용자들은 파우마스 은행으로부터 헤알 대신파우마 지폐를 받는다. 파우마 통화는 단지 마을 경계 안에서만 통용되고, 차용자들은 주로 지역 상품과 서비스를 구매할 때 파우마 화폐를 사용한다. 파우마를 헤알로 교환하는 것은 '콘훈토 파우메이라스 주민연합'에서언제든 가능하지만, 2%의 관리비용을 공제한다. 현재 파우마는 공식적으로 브라질의 법정화폐인 헤알과 함께 나란히 유통되고, 지역 상인들은 이지역화폐를 자연스럽게 받고 있다.

앞에서 언급한 사회적 통화 파우마의 목표는 지역사회 안에서 생산과 소비주기를 촉진시키고, 소액신용대출의 소득창출 효과가 지역경제에서 이뤄지게 하는 데 있다. 파우마 화폐는 상인과 지역 소비자 모두에게 융자를

도시의
로빈후드

해준다. 이 마이크로크레디트를 빌릴 때 차용자들은 어떤 문서, 혹은 공식 신용기관으로부터 발급받은 보증서나 담보도 제출하지 않는다. 파우마스 시스템에서는 간단히 차용자들의 지역 평판에 기초해 돈을 빌려주고, 사회적 통화로 제공된 대출금은 어떤 이자도 없다. 이렇듯 파우마스 은행의 융자조건은 전통적인 은행과는 현저한 차이가 있다.

또 현재 콘훈토 파우메이라스 주민들은 파우마 통화와 함께 파우마 카드(PalmaCard)를 이용할 수 있다. 파우마스 은행이 개발한 파우마 카드는 지역 상점에서 상품을 구매할 때 신용카드처럼 사용할 수 있다. 이렇게 구매한 카드의 대금은 이자 없이 다음 달에 파우마 카드 보유자가 지역화폐로 지불할 수 있도록 제도화했다. 이로 인해 파우마 카드는 가족들이 당장 소득이 없어도 재화를 구입하는 것을 허용하면서 지역사회의 생산과 서비스를 진작시키는 데도 크게 이바지한다.

파우마스 시스템이 두 번째로 개발한 지역발전을 위한 도구는 전문적인 직업훈련이다. 파우마스 은행의 기본 철학은 지역의 부 대부분을 지역사회에서 순환시키는 것으로서, 지역 생산자와 소비자를 통합시키는 '연대망(solidarity network)'의 개발에 토대를 두고 있다. 소득과 고용을 다른 곳에서 창출하기보다 지역사회 안에서 유지하려는 이들의 전략이 실현되려면 무엇보다 전문적인 자격이 부족한 공동체 구성원들을 체계적으로 교육시키는 일이 필요하다. 이를 위해 파우

파우마 카드

마스 은행에서는 여러 가지 직업훈련 과정과 워크숍을 시행해 특수한 직업 및 비즈니스 기술을 공동체 구성원들에게 가르쳐준다. 그리고 '콘훈토 파우메이라스 주민연합'이 설립하고 파우마스 은행의 분신처럼 운영되는 소규모 생산단위를 연결해주면서 많은 연대사업체(empreendimentos solidarios)를 만들었다.

파우마스 은행의 연대사업체들은 방글라데시의 그라민 은행 산하에 있는 연대기업과 유사하지만 규모가 상대적으로 크지 않다. 이런 연대사업체 가운데 중요한 것들로는 소규모 봉제공장인 파우마 패션(Palma Fashion), 청소용품을 생산하는 파우마 림페(Palma Limpe), 천연비누를 생산하는 파우마 나투스(Palma Natus), 수공예품을 생산하는 팜 아르테(Palm Arte) 등이 있다. 이들 연대기업들은 독립적이고 재정적으로도 지속 가능한 사업체로 모두 운영비를 줄이기 위해 '콘훈토 파우메이라스 주민연합' 건물 안에 위치하고 있다.[14] 이들의 주된 목적은 일시적으로 지역 노동자를 고용하고, 특수한 직업 및 비즈니스 기술을 훈련시키는 데 있다.

주민연합은 이 밖에도 다양한 훈련 프로젝트를 시행하고 있는데, 이는 개발기관, 비정부기구, 대학교 등과의 파트너십을 통해 유지되고 있다. 그 대표적인 사례 가운데 하나인 마을학교(the Bairro-Escola)는 16~24세 사이의 지역사회 청년들을 대상으로 진행하는 훈련 프로그램으로서 지역의 공식 또는 비공식 사업체에서 3개월의 인턴 과정을 통해 새로운 기술을 학습하는 곳이다. 훈련받는 사람들이나 사업주는 모두 교육 기간 동안 소규모 보조금을 받고, 인턴 과정이 끝난 후에는 영구적인 일자리를 얻는 경우가 많다. 인터아메리칸재단(Inter-American Foundation)이 자금을 지원하는 이 사업은

도시의
로빈후드

초기 3년 동안 1000명의 청년들을 훈련시키는 것을 목표로 2005년에 시작되었다.

그리고 또 다른 프로젝트인 '패션 아카데미(Academia de Moda)'는 포르탈레자에 있는 2개의 인가된 패션대학 재학생과 졸업생들이 주로 젊은 여성들을 가르치는데, 여기서는 봉제·양복 제조 기술·패션 디자인·마케팅 등을 배운다. 과정이 끝나면 참가 학생들은 파우마스 은행으로부터 소액신용대출금을 받아 자신의 사업을 시작하기도 한다.[15]

파우마스 은행의 지역발전을 위한 세 번째 방법은 브라질을 포함한 세계 어느 마이크로크레디트 운동 단체에도 없는 것으로서, 1년 단위의 특유한 '지역 소비 및 생산 지도(Local Consumption and Production Map)'다. 지역사회의 청년들이 수행한 광범위한 호별조사를 통해 수집되는 이 정보는 지역사회 안에서 전형적으로 생산·소비된 상품과 서비스의 양에 대한 최신 정보를 제공한다. 이 지도는 파우마스 은행에서 실시한 상세 연구를 토대로 그려지고 작성된다. 이를 통해 파우마스 은행은 능률적으로 소액신용대출사업과 전문적인 훈련 프로젝트를 수행할 수 있는 기초자료를 얻을 수 있다. 이것은 지역 시장의 특정한 상품이나 서비스 부문이 포화상태가 되는 것을 예방하는 데도 커다란 도움을 준다.

이런 훈련 프로젝트들은 주민연합이 주체가 되어 매주 수요일 저녁에 여는 지역사회경제포럼(FECOL: Local Socioeconomic Forum, 보통 청년, 성인, 생산자, 상인과 소비자 등을 포함해 평균적으로 약 60명 정도가 참가함)에 의해 더 효율적으로 지원되는데, 이 모임에서는 영세사업가와 지역 주민들이 자연스럽게 만나 마을사업을 어떻게 촉진시킬 것인지 구체적으로 논의한다. 그리고 콘훈토 파우메이라스와 주변 지역의 사회경제적·문화적 문제와 관련된 계획 등에 대해서도 신중히 토의하고, 또 경우에 따라서는 파우마스 은행이 마을 안에 컴퓨터 학교를 설립하는 것을 지원하도록 결정·요청하기도 한다. 이렇게 '지역사회경제포럼'은 파우마스 은행을 감독하고, 사회적으로 통제하며, 통합적인 지역사회 개발계획(PDCI: Plano de Desenvolvimento Comunitario Integrado)을 정교하게 만들고 모니터하는 역할을 담당한다. 또 연대경제의 원칙과 가치를 고려하면서 주민들에 대한 금융교육을 추진하며, 마을의 인프라 시설은 물론 보건, 교육, 공공안전 등과 같은 공동체의 공공정책을 제안하고 감시하는 것을 주요 목표로 하고 있다.[16]

이와 같이 콘훈토 파우메이라스에서는 지속 가능한 지역발전이 높은 수준의 자주관리와 풍부한 논의를 통한 협력을 통해서만 성취될 수 있다고 굳게 믿고 있다. 이 모든 사실은 교육수준이나 경제적 여건에 관계없이 공동체 구성원들 모두의 능동적 참여가 지역 문제를 해결하는 가장 중요한 열쇠라는 사실을 여실히 보여준다.

지역 공동체 은행의
확산

2003년 3월에 조아킴 데 멜로가 주축이 되어 주민연합이 설립한 파우마스 연구소(Instituto Palmas)는 파우마스 은행의 역사에서 빼놓을 수 없는 아주 중요한 비영리 시민사회조직이다. 미소금융(마이크로 크레디트)만으로 빈곤을 극복할 수 없다는 사실을 인지한 멜로는 여러 가지 사업들을 동시에 계획·집행할 수 있는 중간지원기관과, 파우마스 은행 같은 공동체 은행을 브라질은 물론 인접 국가에까지 확산시키기 위한 전초기지가 필요하다고 생각했다. 그리고 이를 위해 파우마스 연구소를 설립했다. 아쇼카재단의 글로벌 마케팅 부사장이며, 사회혁신가를 연구하는 베벨리 슈왈츠(Beverly Schwartz)가 자신의 저서 《체인지 메이커 혁명(Rippling)》에서 소개한 글에 따르면,[17] 파우마스 연구소는 지역 공동체 은행들을 지속적으로 연구하며, 다양한 사례와 문제 해결 방안 등이 실린 소식지를 발간하여[18] 은행들과 은행을 준비 중인 공동체에게 큰 도움을 준다. 또한 주민들을 대상으로 교육 프로그램을 진행하고 이를 새로운 금융상품과 서비스 개발에 이용하기도 한다. 최근에는 국외 기업이나 기관과 손을 잡고 새로운 상품이나 소프트웨어 시스템 개발에 힘쓰고 있으며, 대학과의 공동 사업을 추진하기도 한다.

이러한 보편적 업무와 앞에서도 소개한 '마을학교' '패션 아카데미' 이외에도 파우마스 연구소가 진행하는 흥미롭고 실효성이 큰 핵심사업들이 많다.[19] 멜로가 발표한 논문에 소개된 바와 같이 여성 인큐베이터(Female incubator) 사업, 파우마스 인민협동조합 학교(The People's Cooperative School of Palmas) 운영, 공동체 컨설턴트(Community Consultants) 육성사업 등이 그것들이다. 또한 브라질의 노스이스트 은행(Banco do Nordeste do Brasil)이 기부한 자금으로 '문화 및 연대경제 지원기금(FACES Culture and Solidarity Economics Support Fund)'을 운영하고 있으며, 매주 오후 파우마스 은행 앞에서 지역 생산물 연대시장을 열고, 파우마스 연구소의 본관 건물에 붙어 있는 30㎡ 공간에 연대상점(Solidarity Store)을 운영하고 있다. 이 상점을 이용하는 생산자들은 판매량에 비례해 사용료를 지불하는데 상점 운영비용을 충당할 수 있는, 2%의 수수료를 내도록 하고 있다. 이 밖에도 콘훈토 파우메이라스의 청년 음악 밴드가 중심이 되어 만든 베이트 파우마스 사(Bate Palmas Company)는 지역사회의 문화와 역사를 음악으로 가르치며 마을의 정체성을 제고시키는 데 크게 이바지하고 있다.

파우마스 연구소는 파우마스 은행의 핵에 해당하는 중간지원기관의 역할에 머물지 않는다. 작게는 브라질 전역에 산재해 있는 공동체 은행을 매개해주는 거점으로, 크게는 국제적인 활동의 중심이 되는 대외창구로의 기능도 수행하고 있다. 창립한 지 2년 후인 2005년, 연구소는 브라질 고용노동부(Ministry of Labour and Empolyment)의 '연대경제 전국사무국(National Secretariat of Solidarity Economics)', 브라질 은행(Banco do Brasil)과 파트너 관계를 확립했다. 이 협약은 파우마스 은행뿐 아니라 다른 공동체 은행들에게도 신용에 더 많은 접근성을 허용해주고, 브라질 민중은행(Banco Popular do Brasil, 브라질 은행의 자회사 성격을 가진 금융기관으로 빈곤퇴치나 지속가능한 지역개발 운동 등 브라질 정부가 주도하는 주요 사업을 주관하기도 한다)의 대리 은행으로서의 역할을 수행할 수 있는 길도 열어주었다.[20] 이렇게 브라질의 민중은행이 신용한도를 보증 서주는 시스템이 구축된 덕분에, 파우마스 은행은 이제 미소금융을 위한 자금조달은 물론, 연금수당을 지불하고 지불받는 것부터 계좌를 확인하고 저축하는 것, 그 밖의 다양한 은행 서비스를 제공할 수 있게 되었다.

또 브라질 은행과의 파트너 관계를 통해 파우마스 연구소는 신용기금을 조직하고 운영하는데, 신규로 설립된 각 공동체 은행에 초기자금으로 3만 헤알을 양도해준다. 이에 더하여, 파우마스 연구소는 브라질 은행 때문에 사용하게 된 소프트웨어를 통해 파우마스 시스템을 이용하는 공동체 은행의 일상적인 활동도 감독할 수 있게 되었다. 2013년 3월 현재 브라질에 있는 103개 공동체 은행 가운데 상당수가 파우마스 시스템을 이용하는 것으로 알려져 있다.[21]

파우마스 연구소는 여기서 한걸음 더 나아가 2008년 3월에 베네수엘라 정부와 '사회·경제적 협력을 위한 양해각서'에 서명했다. 이 협약에 기초해 30명의 베네수엘라 정부 전문가들을 대상으로 공동체 은행 방법론을 훈련시켰고, 베네수엘라를 직접 방문해 공동체 은행을 창립하기 위한 지원 업무도 수행한 바 있다. 동시에 베네수엘라 정부는 200가구 단위로 공동체 기업을 설립하는 코뮌위원회(Communal Council)를 시작할 수 있도록 '공동체 은행 법안(Communal Bank Bill)'을 통과시켰다.[22] 이런 일련의 활동에 힘입어 베네수엘라는 지금 많은 공동체 은행이 설립되는 성과를 거두기도 했다.

파우마스 은행의 끝없는 도전

파우마스 연구소는 앞에서 언급한 것처럼 브라질에 공동체 은행의 경험을 널리 복제할 목적으로 창립됐다. 그 결과 2004년에 포르탈레자와 가까운 파라쿠르 시(Paracuru)에 두 번째 공동체 은행인 파르 은행(Banco Par)을 개장한 이래 2013년까지 20개 주에 걸쳐 103개의 공동체 은행을 설립했다.[23] 2013년 3월에는 포르탈레자에서 파우마스 은행 15주년 기념행사와 함께 '제3차 공동체 은행 전국 네트워크 회의'를 개최했을 만큼 외형적으로도 엄청난 성장을 이루었다. 이 덕분에 현재 국내외의 유명 인사와 공동체 은행 연구 및 실무자들의 방문이 끊임없이 이어지고 있는 것으로 알려졌다. 실제로 2013년 1월 말에는 브라질의 축구황제라 불렸던 호나우두(Ronaldo Luiz Nazario De Lima)와 국제축구연맹(FIFA) 사무총장 제롬 발케(Jerome Valcke)가 파우마스 은행과 사회사업을 가르치는 교육기관 등을 방문하고 적극 지원할 것을 약속하기도 했다.[24]

현재 파우마스 은행에서 전업으로 일하는 직원은 6명이다. 경영, 회계와 소매업에 대해 800시간의 훈련을 받은 이들은 봉급의 20%를 지역화폐로 받는다. 은행의 운영비는 은행계좌를 개설할 때의 수수료, 거래비용, 보조금 등으로 충당하고 있다. 콘훈토 파우메이라스 마을에 가면 녹색과 흰색으로 그려진 야자수 로고와 함께 "우리는 파우마스를 받는다"고 출입구에 표시해둔 크고 작은 270개의 가맹점을 만날 수 있다. 전체 지역 상점의 약 1/3에 해당하는 이 가맹점들은 지역화폐를 이용해 구매하는 이들에게 소

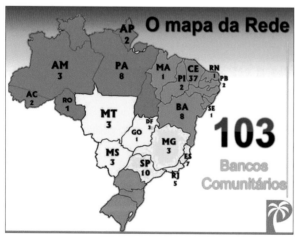

브라질의 공동체은행 분포

도시의
로빈후드

매상의 규모에 따라 다소 차이가 있기는 하지만 보통 2% 내지 15%의 할인율을 적용해준다.

그리고 이 마을의 어린이들은 지역화폐를 어떻게 이용할 수 있는지 그들의 부모에게 말한다. 아이들은 노래, 패션, 연극, 사진, 이야기, 라디오 등을 통해 지역화폐인 파우마스에 대해 배우고, 심지어 학교의 지역 역사 수업 시간에도 파우마스에 대해 배울 수 있다. 2011년 현재 이 마을에서 유통되는 회전액은 약 4만6000파우마스(2만 유로)에 이른다.[25]

파우마스 은행은 브라질은 물론 세계적으로도 가장 성공한 공동체 은행으로 꼽힌다. 그 밖에도 상 주앙 두 어라이얼(Sao Joao do Arraial) 시에서는 공무원들 봉급의 일부를 공동체 은행 방코 두스 코카이스(Banco dos Cocais)를 통해 사회통화로 지불하고, 리우데자네이루에서 북쪽으로 60km 떨어진 실바 자르징(Silva Jardim) 시에서는 연대경제법을 통과시킨 후 5만 카피바리스(Capivaris)의 지역화폐를 유통시키기 위한 초기자금을 지역의 공동체 은행에 지원하기도 했다.[26] 이렇게 최근 들어서는 지방자치단체까지 적극 나서 공동체 은행을 지원하는 사례가 많이 나타나고 있다.

그렇다고 파우마스 은행 등 브라질의 공동체 은행이 중심이 되어 추진하는 연대경제 운동이 전혀 문제가 없는 것은 아니다. 브라질 은행과 맺은 파트너십으로 지역 주민들에게 빌려줄 수 있는 초기 미소금융 자금이 파우마스 연구소에 27만 헤알(16만 달러)이 배분되자, 파우마스 은행이 소액신용대출을 해줄 때 쓸 수 있는 자금 규모는 3만 헤알에서 30만 헤알로 약 10배 증가했다. 하지만 브라질 은행의 운영방침에 따라 소액신용 대출금은 헤알로 줘야만 하고, 브라질 은행이 파우마스 은행에 부과한 이자는 월 2%였

파우마스를 받는 주유소

다. 아직 파우마스 은행의 대출방법이 변하지 않은 채 남아 있다 하더라도 이 두 가지 요구조건은 파우마스 시스템의 원래 원칙과 무이자로 대부해준다는 철학, 사회통화의 이용 등에 상당한 변화를 초래할 것으로 전망되고 있다.[27]

파우마스 은행을 비롯한 브라질의 공동체 은행들이 통합된 법률체계 아래서 운영되고 있지 않다는 것 또한 무시할 수 없는 문제다. 이 때문에 지역에 따라 NGO, 지역조합, 지역협회, 공공의 이익을 위한 시민사회단체(OSCIP) 등 다양한 형태로 활동하고 있다. 이 외에도 연방정부나 지방정부 수준에서 발견되는 관료주의, 공동체 은행을 창립하기 위한 불충분한 기금, (일부 지역사회에서 일어나는) 공동체의 저항 등이 하루 빨리 해결해야 할 문제라고 볼 수 있다.[28]

브라질 공동체 은행의 산파 역할을 해온 조아킴 데 멜로와 파우마스 연구소는 당면한 도전과제와 애로점을 극복하기 위해, 새로운 목표를 설정하고 마지막 한 방울의 땀과 에너지를 쏟고 있다.[29] 상파울루 시장을 지낸 연방의원 루이자 에룬디나(Luiza Erundina)가 입안한 공동체 은행법을 통과시키기 위해 노력하고 있고, 공동체 은행 전문가들에게 자격을 부여하여 훈련을 시키기 위한 '파우마스 신용증명센터(Palmas Reference Centre)' 건설에 심혈을 기울이고 있다. 그리고 낮은 이자율과 장기 분할상환이 가능한 공동체 은

행 기금을 1000만 헤알 규모로 모금한다는 원대한 계획 아래 지금도 부단

히 뛰고 있다.

모든 이에게 햇볕을,
세계의 사회적 기업

먼 길을 떠난 사람들

이 연약한 지구라는 행성이 더 이상 기후변화 때문에 상처받지 않도록 할수는 없을까? 세계 곳곳에 퍼진 기아와 빈곤을 창의적인 방법으로 해결할길은 정말 없을까? 악마의 얼굴을 한 돈 때문에 신음하는 사람들의 고통을덜어줄 아이디어는 진정 없는 것일까? 치료비가 없다고 문전박대 당하지않으면서도 소외계층에게 의료혜택을 돌아가게 할 수는 있을까? 영양실조에 시달리는 이들에게, 오염된 물을 마시지 않게 해달라고 외치는 사람들에게 대책을 마련해줄 수 없을까?

꿈같기도 하고 허황된 말장난처럼 보이기도 하지만 이에 대한 해답을 이미 찾았거나, 찾기 위해 먼 길을 떠난 사람들이 의외로 많다. 우리는 이들을사회적 기업가라고 부른다. 그들은 지금도 우리 사회 도처에서 세상을 바꾸고 모든 사람들의 삶의 질을 높이기 위해 묵묵히 활동하고 있다.

이번 장에서는 이런 활동가들이 둥지를 틀고 있는 사회적 기업의 현실이우리나라에서는 어떤지 살펴보고, 향후 과제를 모색해보고자 한다. 이를 위해 우선 국제사회와 우리나라에서 제시하고 있는 사회적 기업의 기준과 정의를 고찰해보고, 환경·먹거리·의료·음용수·유기농 생산 분야의 국내외 사회적 기업 사례를 몇 가지 소개해보기로 한다. 그리고 우리나라의 사회적 기업의 현실과 육성 정책의 문제점을 개괄적으로 진단하고, 이를 해결하기 위한 대안을 모색해보기로 한다.

사회적 기업의 기준과 정의

최근 사회적 기업은 국가 또는 특정 지역의 사회적·경제적·문화적 상황에 따라 여러 가지 양상으로 발전하고 있어 아직 국제적으로 통용되는 보편적 정의나 기준은 없다고 볼 수 있다. 현재까지 사회적 기업에 대한 이해를 돕기 위해 자주 소개되는 개념으로는 EMES(The Emergency of Social Enterprise in Europe)[1]가 소개한 정의가 있는데, 그들은 사회적 기업에 대한 9가지 기준을 〈표2〉와 같이 제시하고 있다.[2]

이러한 기준을 토대로 OECD(1999)는 사회적 기업(Social Enterprises)을 공익을 위한 모험 사업가적인 전략으로 조직화하여, 수익의 극대화가 아닌 경제적·사회적 목표 실현에 목적을 두고, 사회적 소외와 실업 문제에 대한 혁신적인 해결책을 제시하는 역량 있는 민간기업으로 정의한다. 이러한 정의는 사회적 기업이 주주의 가치를 극대화하기보다는 사회적 요구의 충족과 사회적 문제 해결에 좀 더 큰 가치를 두는 비즈니스를 의미한다는 것을

경제적 기준 4가지	사회적 기준 5가지
• 사회적 기업은 전통적인 비영리조직과 달리 지속적으로 직접 재화나 서비스를 생산·판매함 • 시민들이 자발적으로 설립하며, 지원을 받더라도 정부나 기업으로부터 높은 수준의 운영 자율성을 가짐 • 공공기관과 달리 상당한 수준의 경제적 위험을 감수하며, 조직의 재정 안정성은 구성원의 노력에 달려 있음 • 자원봉사자를 활용할 수 있으나 최소한의 유급 근로자 필요	• 사회적 기업은 지역사회나 특정 집단을 위한 목표를 추구하므로 지역사회에 대한 책임감, 공동체 의식을 가져야 함 • 공동의 이해나 목표를 추구하는 지역사회와 시민활동의 산물이므로 시민 주도의 참여적 특성을 어떤 형식으로든 보존 • 의사결정 권한이 자본 소유에 기초하지 않고, 일반적으로 1인 1표에 의함 • 이윤 극대화를 추구하지 않으며, 제한된 범위 내에서 이익 분배 • 서비스 이용자들이 기업 활동에 참여하여 사회적 기업의 활동에 영향을 미침

말해준다.[3]

무함마드 유누스는 2011년 국내에도 번역·출간된《사회적 기업 만들기 (Building Social Business)》라는 책에서 사회적 기업을 인간 본성의 하나인 이타심에 근거한 기업, 다른 사람의 이득을 위하고, 기업주가 얻는 것은 인류에 봉사한다는 즐거움 외에 아무것도 없는 기업을 지칭한다고 말했다.[4]

이렇게 국제사회에서는 사회적 기업의 원칙을 명확히 하면서 폭넓게 정의하고 있는 데 반해 우리나라의 사정은 조금 다르다. 국내에서는 사회적 기업에 대한 법적 정의가 주로 취약계층의 고용창출에 맞추어져 있고, 고용노동부가 고용정책심의회의 심의를 거쳐 인증해준 사회적 기업이나 광역·기초자치단체에서 선정한 예비 사회적 기업만이 공식적으로 인정받고 있다.

사회적기업육성법 제2조(정의) 1항에 의하면, "'사회적 기업'이란 취약계층에게 사회서비스 또는 일자리를 제공하거나 지역사회에 공헌함으로써 지역 주민의 삶의 질을 높이는 등의 사회적 목적을 추구하면서 재화 및 서비스의 생산·판매 등 영업활동을 하는 기업으로서 인증받은 자를 말한다"고 규정되어 있다.

예비 사회적 기업은 사회적기업육성법에 의해 법적으로 규정된 실체는 아니다. 고용노동부는 사회적 기업으로 인증받지 않았지만 사회적 일자리 사업에 선정된 사업체를 예비 사회적 기업으로 부르고 있고, 지방자치단체에서는 사회적기업육성조례를 통해 예비 사회적 기업을 별도로 규정해놓고 있다.

'서울특별시 사회적 기업 육성에 관한 조례'에서는 예비 사회적 기업을 '사회적기업육성법에 의해 인증받지는 않았으나, 사회 서비스의 제공, 취약계층에게 일자리 제공 등 사회적 기업으로서의 실체를 갖춘 곳 가운데 서울시가 사회적 기업으로 전환 육성하기 위하여 선정한 기업'으로 규정하고 있다. 또 예비 사회적 기업 지정 요건으로는 '사회적기업육성법' 제8조의 지정요건을 완화한 기준을 따로 정하고 1-3항의 조직형태, 영업활동, 사회적 목적 조항을 준용하고 있다.

이와 같이 사회적 기업의 법적 개념이 취약계층 고용창출에 주로 초점이 맞추어진 결정적인 이유는 공공근로사업 및 자활지원사업에서 사회적 일자리 사업으로, 그리고 다시 사회적 기업 등으로 이어진 일련의 정책 변화에서 기인한 것으로 보인다. 이렇게 우리나라에서 채택된 사회적 기업의 개념은 협의의 정의를 따르고 있는 가운데, 융통성이 전혀 없이 고용노동

도시의
로빈후드

부나 지자체가 사회적 기업으로 인증했거나 예비 사회적 기업으로 선정하지 않은 곳은 공식적으로 인정하지 않는다. 이는 국제사회의 흐름에 비추어 볼 때 적지 않은 문제가 있다. 향후에는 현행 사회적 기업의 법적 정의를 넘어서 크게는 지구촌, 좁게는 지역사회 문제를 해결하면서도 취약계층의 고용창출을 도모할 수 있도록 광의의 개념으로 다시 접근해야 할 것으로 보인다.

국내외의 사회적 기업들

1. 국내 사례[5]

농업회사법인 친환경급식맞두레(주)

2008년 2월 설립한 친환경급식맞두레(주)(사회적기업 인증 2010년 12월; 2013년 2월 말에 원주푸드사회적협동조합으로 재창립)는 지속 가능한 지역농업을 지원하고 농식품 생산자와 시민 사이의 사회적 신뢰에 기반한 지역식량체계를 구축하여 도농상생에 기초한 식량주권을 확보하는 것을 목적으로 하고 있다. 이 농업회사법인은 (유)원주생명농업, 원주가농영농조합법인, 원주한살림소비자생활협동조합, 현계산영농조합법인 등의 연계기업과 원주시가 긴밀한 관계를 맺고 운영하는데, 주요 사업은 아래와 같다.

• 원주푸드 정책제안

친환경급식 맞두레(주)에서 운영하는 로컬푸드 식당

- 원주푸드 지원조례에 따른 원주푸드 종합계획 및 종합 지원센터 건립에 대한 정책제안 및 실천사업 추진

• 친환경급식 지원

- 원주 지역 친환경 쌀 공동브랜드 '해울미'를 공공급식(2010년 기준, 초등 22개, 중학교 7개, 어린이집 45개)에 공급

• 결식아동 반찬 서비스

- 원주 지역 약 700명의 결식아동들에게 친환경 로컬푸드를 이용해 반찬을 조리·배송함

- SK행복나눔재단의 후원으로 2009년 행복도시락센터를 설립·운영(위해요소중점관리기준(HACCP: Hazard Analysis and Critical Control Point)[6]에 준하는 조리/포장시설을 갖춤)

• 로컬푸드 식당 운영

- 원주에서 생산된 농산물을 이용한 식당운영 및 도시락 사업, 지역아동센터와 지역의 사회적 기업, 원주YMCA고등학교의 위탁급식 담당

(주)이장

생태가치를 실현하는 (주)이장(www.e-jang.net)은 2001년 8월에 설립했고, 2007년 12월에 고용노동부로부터 인증을 받은 1세대 사회적 기업이다. 강원도 춘천시에 소재하고 있는 이 회사는 교육과 컨설팅, 그리고 생태마을 조성 같은 사업을 주로 추진한다.

도시의
로빈후드

- 컨설팅 사업

- 지역활성화 교육 : 생태적이고 풀뿌리적인 지역개발을 위한 공무원 · 지역주민 교육 지원, 현장중심의 그룹 작업, 워크숍 중심의 교육으로 바로 실행할 수 있는 대안 마련

- 생태농장 컨설팅 : 기존의 농장을 개조하거나 귀농, 귀촌을 위해 농장을 설립하는 경우 퍼머컬처를 활용하여 보다 생태적이고 자립적인 사업계획 및 운영계획, 토지이용계획, 시설 및 건축계획 제공

- 생태마을 컨설팅 : 친환경농업과 도농교류 사업을 중심으로 주민 공동체 육성을 통해 소득증대와 삶의 질 향상을 도모할 수 있는 마을사업계획과 운영계획 제공

- 지역 활성화 컨설팅 : 지역 활성화를 위한 다양한 사업계획, 시설물 계획 지원

- 지역사회관광 컨설팅 : 지역 안의 다양한 물적 · 인적 자원을 네트워크화하여 지역사회의 부정적인 영향을 최소화하고 경제적인 파급효과를 증대할 수 있는 책임관광 · 윤리 관광 개발 지원

- 신활력사업 지역협력단 운영지원 : 신활력 사업을 추진하는 지방정부의 지역협력단 운영지원

- 주민운동 지원 : 지역 활성화를 위한 다양한 방식의 주민운동 지원, 지산지소운동, 생협운동, 지역화폐운동과 같은 일종의 커뮤니티 비즈니스 지원

- 푸른새미7사업

- 자연환경과 조화되고 환경친화적인 시스템을 사용하여 자연과 인간이 공생하는 생태마을 조성 ⋯ 생태마을 입주자들 간의 공동체 문화 함양을 위한 체계적인 프로그램 실행

- 공간 계획, 수자원 관리, 에너지 관리, 경관 관리의 친환경적 조성 및 관리 시스템을 활용하여 주거환경을 최적화할 뿐 아니라 입주자들 간의 공동체 문화 함양을 위한 관리계획 지원

• 입주자 모집·교육·관리

귀농귀촌 관심자 상담부터 귀농귀촌 교육, 일자리·농촌창업과 같은 정착지원 프로그램까지 귀농귀촌과 안정적인 정착을 위한 체계적인 프로그램 실행

• 친환경건축 시공

조화로운 삶의 터전을 위하여 생태적 삶의 가치를 담은 생태건축, 농촌건축 시행

안성 의료소비자생활협동조합

2001년 4월에 설립한 안성의료소비자생활협동조합은 2008년에 고용노동부의 인증을 받은 사회적 기업이다. 세계협동조합연맹에서 제정한 협동조합의 일곱 가지 원칙과 '협동, 참여, 사회적 책임, 정직, 배려, 신뢰' 여섯 가지 가치를 운영 원칙으로 삼고 있는 이 조합은 주로 소외계층 진료와 가사간병 서비스 제공 등에 역점을 두고 있는데, 현재 추진하고 있는 주요 사업들은 다음과 같은 것들이 있다.

• 건강교육

- 보건학교: 가족과 이웃의 건강을 돌보는 건강 도우미 양성

- 무지개 강좌: 건강 강좌, 보건의료정책 강좌

• 건강체크

- 건강도우미와 의료인이 함께 마을 노인정, 지역행사 참여, 건강 상태를 손쉽게

도시의
로빈후드

점검하여 만성질환을 조기발견, 상담

• 건강생활습관 보급운동

많이 웃기, 적당한 운동 꾸준히 하기, 하루에 한 번 명상시간 갖기, 술 권하지 않기, 하루 30분 좋은 책 읽기, 술과 담배 안하기, 하루 3번 식후 3분 이내 3분 동안 칫솔질 하기, 걷기, 표준체중 유지하기

• 살기 좋은 마을 만들기

건강하고 안전한 지역 만들기, 이웃과 함께하는 살맛 나는 공동체, 건강한 지역 네트워크 구축

• 건강 소모임

당뇨 걷기 모임, 관절염 타이치 교실, 각종 취미 동아리 운영

• 의료기관 운영

가족주치의 기능 강화, 양방 · 한방 · 치과 협력진료, 거동 불편자 방문진료

2. 외국 사례

파비오 호사가 설립한 '모든 이에게 햇볕을(The Sun Shines for All)'

'모든 이에게 햇볕을'이란 뜻을 가진 '선샤인즈포올'이란 기업은 사회적 기업가인 파비오 호사(Fabio Rosa)[8]가 설립한 회사로 브라질의 시골 사람들에게 태양전기를 공급하고 있다. 호사는 전기를 사용하는 사람이 거의 없는 브라질 최남단의 히우그랑데두술(Rio Grande do Sul) 주에 있는 마을 사람들을 조사했다.

그는 거의 70%의 가정이 등유, 양초, 전지, 액화석유가스 같은 에너지원에 매달 적어도 11달러를 들이고 있음을 알았다. 이는 전선, 전등, 플러그

및 콘센트를 포함하여 기본적인 가정용 태양전기 시스템을 임대해 쓸 수 있는 금액이다. 게다가 이 태양전기 시스템은 환경이나 건강 면에서 또 다목적으로 이용할 수 있어서 더욱 좋다.

호사의 회사 '선샤인즈포올'은 현재 브라질 남부 전체 마을에 이 같은 태양에너지 시스템을 설치하고 있다. 그는 현재 전기를 쓰지 못하는 100만 가정 가운데 3/4을 넘는 가정에 전기를 공급할 수 있으리라 기대하고 있다.[9] 호사는 '선샤인즈포올' 이외에도 빈곤층 7000여 가구의 수입을 향상시켜주기 위해 '키론(Quiron) 프로젝트'라고 이름 붙인 비영리 사업을 구상해 실천에 옮기고 있다.

그라민 그룹의 사회적 기업들

벵골어로 '마을'을 뜻하는 '그라민 은행'은 2006년 노벨평화상을 받은 세계적인 사업가 무함마드 유누스가 창립했다. 최근 몇 년 동안 소액신용 금융 모델 자체가 딜레마에 빠지고 유누스가 방글라데시에서 정치적 논란의 중심에 서면서 지구촌에 커다란 파란을 일으키기는 했지만, 그라민 은행은 여전히 사회적 기업의 얼굴로 국제사회에 널리 알려져 있다.[10]

그라민 은행을 모기업으로 탄생한 사회적 기업도 상당히 많이 있는데, 그 대표적인 예가 '그라민 샥티(Grameen Shakti)'다.[11] 2007년 '대안 노벨상'이라 불리는 '바른생활상'을 수상한 디팔 바루아(Dipal Barua)가 대표로 있는 '그라민 샥티(에너지)'는 방글라데시에서 새롭게 가정용 태양광 발전 시스템을 도입했다. 그라민 샥티의 독창적인 대출 제도[12]와 연계해 방글라데시의 농촌 마을에 매달 1만4000개의 가정용 태양광 시스템을 판매하고 있

고, 2010년 말 현재 총 50만 개의 가
정용 태양광 시스템을 가동시키고 있
다. 또한 50만 개의 개량된 조리용 난
로와 5만 개의 바이오가스플랜트(가
축 분뇨를 이용해 전기를 만드는 발전소)를 가
동시키는 성과를 거두었다.[13] 이렇게
'그라민 샥티'는 태양광 발전 시스템
을 설치·보급하면서 방글라데시 농

그라민 샥티의 엔지니어가 태양광 패널에 대해 교
육하는 장면

촌 마을에 재생에너지 이용을 확산시킴과 동시에 농촌의 빈곤퇴치와 고용
창출, 생활수준 향상 등을 적극 도모했다.

이 밖에도 그라민 그룹 산하에는 다양한 종류의 사회적 기업이 있다. 그
라민 다농(Grameen Danone)은 어린이들을 위해 요구르트를 만들어 가난한 사
람들이 사 먹을 수 있는 가격에 판매한다. 이 요구르트는 방글라데시 아이
들이 일상 식사에서 빠져 있는 철분, 아연, 요오드 등의 모든 미량 영양소를
함유하고 있어 어린이들의 건강 회복에 크게 이바지한다. 프랑스의 다국적
기업 다농과 합작해 만든 그라민 다농은 자립해야 한다는 원칙을 철저히
준수하면서 투자원금의 회수를 넘어서는 어떤 배당금도 기업주가 받지 않
는다는 사회적 기업의 원칙을 따르고 있는 것으로 알려져 있다.

또 프랑스의 베올리아(Veolia)와 합작하여 세운 사회적 기업 그라민 베올
리아워터(Grameen Veolia Water)는 비소 오염이 큰 문제가 된 방글라데시의 마
을에 안전한 식수를 공급하기 위해 만들었다. 그리고 인텔(intel Corporation)과
만든 합작회사인 그라민 인텔(Grameen Intel)은 정보와 통신기술을 이용하여

가난한 시골 사람들의 어려움을 해결하기 위해 설립했다. 예를 들면 의사와 간호사가 부족하고 의료 진료소도 드문 낙후지역 마을에 진료를 제공하는 것이다. 이 외에도 그라민 그룹 안에는 세계적인 다국적 기업들이 기업 이미지를 제고하면서 사회적 공헌을 하기 위해 그라민 은행과 합작해 만든 사회적 기업이 많이 존재한다. 모기장을 생산·보급하면서 말라리아 퇴치에 앞장서는 바스프 그라민(BASF Grameen) 합작회사, 극빈층 사람들도 구입할 수 있는 저렴한 신발을 생산 판매하기 위해 설립한 그라민 아디다스(Grameen Adidas), 편모와 장애인을 포함하여 경제적으로 소외된 사람들을 고용하는 데 중점을 둔 의류공장을 설립할 계획을 세우고 있는 오토 그라민(Otto Grameen) 등이 있다.[14]

지속 가능한 모범 기업 그룹, 세켐(SEKEM)

이집트의 저명한 사회적 기업가 이브라힘 아볼레시(Ibrahim Abouleish)가 경영하는 그룹 '세켐'은 이미 세계적으로 널리 인정을 받고 있다. 매년 다보스 경제포럼을 주최하는 슈밥 재단은 세켐을 '지속 가능한 모범 기업'으로 선정했고, '대안 노벨상'을 수여하는 바른생활재단은 '세켐'의 프로젝트가 경제적 성공과 환경존중, 인도적이고 윤리적인 경영원칙이 잘 조화됐다는 점을 들어 2003년 아볼레시에게 '바른생활상'을 수여했다.

세켐 그룹의 활동은 카이로 북쪽으로 60㎞ 떨어진 외딴 사막 한가운데에 생물역학 농법을 사용하는 세켐 농장을 세우는 것으로부터 시작되었다. 아볼레시는 처음에는 곡물을 경작했지만 얼마 뒤 약용식물, 면화 등으로 재배 작물을 넓혀갔다. 1994년 세켐이 개발한 유기농 면화 재배법은 이집트의 주요 특산물인 면화 생산에 일대혁신을 일으켰다. 그때까지 매년 3만5000톤에 달하는 살충제가 살포되는 바람에 환경파괴를 심각하게 앓았던 이집트는, 세켐이 1990년대 초반에 카이로에서 최초의 국제 유기농 면화 대회를 개최한 것이 직접적인 계기가 되어 농약 사용을 전면 중단했다. 현재 세켐은 유기농 먹거리,

SEKEM농장에서 일하는 농부들

약초, 천연약품, 천연화장품뿐 아니라 면섬유와 유기농 의류를 생산해서 판매하는데, 생산물량 가운데 적어도 50% 이상을 국내 시장에 공급하고, 2차적으로 가능한 선에서만 수출 물량을 소화하는 것을 원칙으로 하고 있다. 이들은 2009년에 이집트 정부의 인가를 받아 공학, 자연과학, 예술 등을 아우르는 광범위한 분야의 전공학과를 개설한 '헬리오폴리스대학교(Heliopolis University)'를 열기도 했다.[15]

사회적 기업의 현실과
육성정책의 문제점[16]

최근 들어 우리 사회에는 사회적 가치 추구와 영리활동을 동시에 도모할 수 있다는 이유로 사회적 기업에 대한 관심과 열풍이 지나치게 과열된 상

태이다. 그로 인해 2007년 사회적기업육성법이 제정된 이후 정부는 적극적으로 사회적 기업을 지원해왔다. 주무부처인 고용노동부 차원을 넘어 이제는 각 지방자치단체까지 사회적 기업 지원 열기가 뜨겁다. 지자체가 지원하는 사회적 기업은 예비 사회적 기업이다. 사회적 기업의 요건을 어느 정도 갖추고는 있지만 수익구조나 법률상 인증요건의 일부를 충족하지 못한 사회적 기업들을 지원, 육성한다. 향후 요건을 충족시켜 고용노동부에서 인증하는 사회적 기업으로 전환시키는 것이 목적이다.

언론 보도에 따르면, 2011년 2월 새로 설립된 한국사회적기업진흥원은 같은 해 총 112억 원을 투자하여 320개의 청년 사회적 기업팀, 1600명의 사회적 기업가들을 육성하겠다고 발표했고, 서울시는 2010년도 309개에 이어 2011년에도 300여 개의 서울형 사회적 기업을 신규 육성하겠다는 포부를 밝힌 바 있다. 그리고 여기서 한걸음 더 나아가 2012년에는 그 수를 1000개로 확대하고, 이를 통해 2만8000개의 일자리를 창출할 계획이라고 발표했다. 대전의 경우도 2011년 총 31억 원의 예산을 투입해 청년 사회적 기업인 (주)아이엠 궁, 장애인들이 운영하는 인쇄·디자인 기업인 (주)하이브 등 13개 대전형 예비 사회적 기업을 선정했고, 하반기에도 20개의 사회적 기업을 추가 선발·지원해 대전을 사회적 기업 육성 1번지로 만들겠다는 야심찬 계획을 발표한 바 있다. 이렇게 기초자치단체를 포함해 각 지방자치단체들이 추진 중인 계획까지 모두 합할 경우, 2011년 한 해만 줄잡아 최소 1000개가 넘는 (예비) 사회적 기업이 탄생했고 그 후에도 매년 급증했다.

2013년 말까지 고용노동부로부터 인증서를 교부받은 사회적 기업은

도시의
로빈후드

1012개(2013년 말 현재)이며, 여기에다 아직 인증 절차를 밟지 않은 예비 사회적 기업까지 합한다면 현재 전국적으로 약 2000개가 훨씬 넘는 사회적 기업이 존재하고 있는 것으로 추정된다. 앞서 언급한 추세까지 감안한다면 그 숫자는 앞으로 기하급수적으로 늘어날 전망이다.

이렇게 숫자 늘리기식으로 사회적 기업 육성에 목을 매는 정부와 일부 자치단체 정책이 과연 바람직한 것일까? 필자는 사회적 기업의 육성에 진지하게 고민하는 현장 활동가 및 연구자들과 마찬가지로 여기에 대해 아주 부정적인 의견을 갖고 있다. 한국사회적금융연구원의 문진수 원장의 다음과 같은 지적은 우리 모두 귀담아 들을 만하다.

> 아직 뿌리를 내리지도 못한 어린 묘목들에게 화학비료와 성장촉진제를 과도하게 뿌려대고 있다. 나무가 잘 성장하려면 먼저 땅속 깊이 뿌리를 내려야 하는 법. 아무리 많은 나무를 심는다 해도 제대로 뿌리를 내리지 못하거나 땅이 죽어버리면 지금 몇 개의 묘목을 심었는가는 아무런 의미도, 소용도 없다. 그러므로 사회적 기업 육성 정책은 단순히 숫자를 늘리는 게임이 아니라 일정한 규모 안에서 개별 사회적 기업의 경쟁력과 질을 높이는 방향으로 전환되어야 한다.

숫자 늘리기식 사회적 기업 육성 못지않게 심각한 문제는 기업이나 재단의 행정·재정 지원보다는 정부나 지자체 주도로 재정·경영·인력 분야에 대한 지원이 이루어져 재원이 부족한 사회적 기업의 경우 정부 의존도가 심화될 수 있다는 점이다. 서울형 예비 사회적 기업으로 선정될 경우를 예로 들면, 사회적 기업은 서울시로부터 최장 2년간 재정·경영·인력 분야에 대한 지원을 받는다. 즉, 기업당 평균 10명의 직원에 대해 1인당 93만 원 가량의 임금을 지원받고, 기업이 채용한 전문가 1인에 대해서는 직원 임금과는 별도로 150만 원을 추가로 받을 수 있다. 또 1대1 그룹 컨설팅도 무료로 받는 혜택을 누릴 수 있다. 이와 같이 안정적으로 인건비 위주의 지원이 이루어진다고 할 때 사회적 기업 생태계에는 어떤 부작용이 발생할까?

말할 필요도 없이 사회적 기업 생태계에는 눈먼 돈을 찾는 '짝퉁' 사회적 기업들이 도처에서 등장하고 그 숫자도 늘어나게 된다. 이는 겉으로는 사회적 기업의 외피를 띠고 있으나 안으로는 딴생각을 하고 있는, 진정성이 결여된 기업과 단체들이 정부 지원을 얻기 위한 통로로 사회적 기업 관련 제도를 악용할 가능성이 매우 높다는 것을 뜻한다. 많은 사회적 기업 전문가와 활동가들이 지적하고 있듯이 현재 우리 사회에서 고용노동부와 지자체의 인증을 받았거나 받기 위해 준비 중인 사회적 기업들 중 상당수가 이런 범주에 속한다는 것은 공공연히 알려져 있는 사실이기도 하다.[17]

이 밖에도 정부나 지자체의 인증과 지원만으로 사회적 기업을 육성시키면서 파생된 문제점이 적지 않다. 현재 고용노동부의 사회적기업육성법에 명시된 사회적 기업의 정의에 나와 있는 '사회적 목적'의 기준이 다소 추상적이다 보니 아주 웃지 못할 사례까지 나타나고 있는 실정이다. 그 좋은 예로 들 수 있는 것은 북한 전문 인터넷 뉴스 《데일리NK》와 사단법인 '열린북한' 같은 일부 서울형 사회적 기업들처럼 이념적인 활동을 하는 단체까지 사회적 기업으로 인정받고 있다. 이렇게 모호한 기준 때문에 파생되는 문제점까지 감안한다면 우리나라의 사회적 기업이 국제적 기준과 얼마나 동떨어져 있는가 알 수 있는 것이다.

도시의
로빈후드

또 법 제정 초기부터 제기되었던 문제로 우리가 지적하지 않을 수 없는 것으로는 다음과 같은 것이 있다. 즉, "우리나라 사회적기업육성법이 영업 활동을 수행하는 기관들에게만 인증을 한정함으로써 비영리형 사회적 기업을 원천적으로 배제시키고 있다는 비판을 받고 있다. 영업적 수익 여부를 인증의 기준으로 삼는 정부의 획일적 정책과 법적 강제성이 사회적 기업 생태계의 창의성과 다양성을 해치고 있음은 말할 나위가 없다. '인증이 곧 지원'인 현실에서 본래의 목적은 사라지고 정부 지원을 받기 위해 억지로 인증조건을 맞추는 왜곡이 발생되기 때문이다." 최근 들어서는 인증 절차를 원활하게 통과할 수 있도록 자문해주는 전문적인 기관이나 브로커까지 등장하고 있다는 얘기도 전해지고 있는 형편이다.

마지막으로 우리가 지적하지 않을 수 없는 것은 국가가 책임져야 할 영역을 사회적 기업으로 대체하면서 국가가 책임을 방기할 위험이 매우 크고, 그동안 시민단체의 고유 활동 영역으로 인식돼왔던 것까지 사회적 기업의 영역 안에 들어가면서 시민단체들이 정체성 혼란을 가져올 가능성도 있다는 점이다. 한국사회적기업진흥원이 2013년 12월 발간한 《사회적 기업 개요집 950》에 제시된 전국의 사회적 기업 목록을 보면 재가사회복지, 장애인복지, 노인인력은행, 보육서비스, 방과후학교 등이 유달리 많고, 심지어는 환경운동과 내셔널 트러스트 같은 국민신탁운동을 하는 기관과 단체들도 적지 않게 눈에 띈다. 이런 사정은 광역이나 기초지방자치단체에서 선정·지원하는 예비 사회적 기업의 목록에서도 동일하게 발견되고 있다. 이로 인해 정부나 지자체에서 선의로 시작한 사회적 기업 육성정책이 최근 들어 심한 비판에 봉착하고 있는 것이다.

진보적인 시각에서 사회적 기업 육성책을 평가하고자 하는 상당수의 사람들은 현재의 흐름을 두고 "국가가 책임지거나 공공 영역으로 가야 할 부분, 복지 영역에서 품고 가야 할 부분을 시장으로 밀어내려는 정책적 함의가 깔려 있다"며 정부를 비판하고 있다. 또 이런 사회적 기업들의 대다수는 정부나 지자체의 지원이 중단되거나 2~3년의 지원 기간이 경과하고 난 후 시장에 나가게 되면, 일부 경쟁력이 부족한 기업들은 자연도태될 수도 있다. 또한 사회적 기업의 피고용자들 상당수가 취약계층인 관계로 사회적 기업은 또 하나의 분절 노동시장이 될 가능성이 매우 큰데[18] 이에 대한 배려나 대책이 거의 없다는 사실 또한 언급하지 않을 수 없다.

사회적 기업이 넘어야 할 고개

지금까지 국내 사회적 기업의 현주소를 거칠게나마 살펴보면서 제기되는 여러 문제점들을 검토해보았다. 하지만 사회적 기업은 충돌할 수밖에 없는 서로 다른 2개의 가치를 함께 추구한다는 점에서 이제까지 우리가 경험하지 못했던 새로운 실험이자 도전이다. 공공성과 수익성이라는 상호 모순되는 가치를 물리적으로 융합시키는 것이 어떻게 쉬울 수 있겠는가. 사회적 기업의 활동이 반석 위에 오를 때까지 우리는 다수가 수긍할 수 있는 해답을 지속적으로 찾아야 한다. 그때까지는 적지 않은 시간이 걸릴 것이고 시행착오를 경험할 수밖에 없을 것이다.

도시의
로빈후드

이제 고용노동부에서 사회적기업육성법을 발효한 2007년부터 현재까지 이룩한 성과와 시행착오를 토대로, 그간의 공과를 냉정하게 점검하여 향후에 우리가 어떻게 할 것인가에 대한 로드맵을 새롭게 작성해야 할 것이다. 그것은 앞서 언급한 바와 같이 전 세계 어디에서도 그 유례를 찾을 수 없는 왜곡된 사회적 목적의 기준에 대한 제자리 찾기부터 시작해 인증제도의 타당성까지 신중히 재검토해야 한다. 그리고 사회적 기업과 관련해 중앙 및 지방정부의 역할을 어떻게 분담할 것인지 진지하게 고민하고, 현재까지 발견된 세부적인 지원체계의 각론에 대한 수정·보완 작업도 병행해 서둘러야 한다.

그 출발은 정부, 지자체, 기업, 연구기관, 시민사회 영역의 모든 이해 당사자들이 머리를 맞대고 새롭게 사회적 기업과 관련된 거버넌스 시스템을 구축하는 것이다. 그리고 제대로 된 사회적 기업가를 찾아내고, 이를 육성·지원할 수 있도록, 미국의 대표적 사회적 기업가 육성기관인 아쇼카재단 같은 기관을 만들어 정부와는 별도로 독립적으로 운영하는 길도 신중히 모색해나가야 한다. 또 우리 실정에 맞는 아주 창의적인 프로그램 개발과 지원체계를 새롭게 구상하고, 그것을 구체적으로 실현해내야 한다. 이와 병행해 그라민 그룹 산하의 다양한 사회적 기업들처럼 대기업과 연계된 사회적 기업 육성을 진지하게 검토해 추진하는 것도 필요할 것이다. 이런 노력들이 바로 현시점에서 우리가 역점을 기울여 추진해야 할 과제다.

옳은 발전,
가나자와 · 볼로냐 ·
몬드라곤

'우주선 지구호'의
위기

'우주선 지구호'에 살고 있는 우리가 지속 가능한 삶을 영위하기 위해서는 인식의 대전환이 필요한 때이다. 대량생산을 통해 많은 이윤을 얻으려는 민간기업이나 이것을 묵인 혹은 보호하려는 정부, 그리고 지금껏 소비가 미덕이라는 생각으로 살고 있는 우리 자신의 욕망구조에 혁명적 변화가 필요한 시대라는 뜻이다. 하지만 우리가 현재의 자본주의 질서를 버리지 않는다면 시대가 요구하는 적절한 대안은 현실적으로 만들어내기 힘들다. 그렇다고 난파 직전에 신음하는 '우주선 지구호'를 내버려둔 채 무작정 방황하기에는 우리에게 주어진 시간이 너무나 짧다. 지금부터라도 '범세계적으로 생각하고, 지역적으로 행동하는(Think Globally, Act Locally)' 실천전략을 찾아야 한다.

오늘날 지구상에 존재하는 모든 자본주의 국가의 근대화는 영국, 미국 등의 서구 선진공업국을 모델로 한 공업화·도시화였다. 이를테면 각 나라의 토착문화에 기인하는 기술이나 산업 등의 경제구조를 무시하고, 선진공업국의 산업구조와 비슷하게 만들거나 훨씬 더 고도화하려고 한 것이다. 이러한 외부의 기술이나 경제조직을 도입한다는 것을 전제로 한 외래형 개발의 사고는 한 국가의 지역개발에도 수용되어, 일반적으로 후진 지역에 거대한 외래자본(국가의 보조금도 포함)이나 국가의 공공사업을 유치하고, 그 파급효과를 통해 관련 산업의 성장은 물론 소득이나 고용을 높이면서 지역의 주민복지를 향상시키는 것으로 이해되고 있었다. 그러나 실제로 개발로 인한 주민복지의 향상은 이뤄지지 않았고, 오히려 지역의 운명 자체를 외부에 맡기는 결과를 초래했다. 그리고 우리나라도 이와 같은 방식을 취해왔음은 두말할 나위도 없다.

오사카시립대학 교수였던 미야모토 겐이치(宮本憲一)는 외래형 개발을 추진하고 있는 국내외의 개발 당국자에게 다음과 같은 문제점을 들어 그 방식이 우리가 인간답게 사는 것은 물론 생태학적 위기를 극복하는 데도 커다란 걸림돌이 되고 있음을 경고한다.[1]

외래형 개발은 첫째, 진출하는 기업의 자원 이용이 모든 것에 우선하기 때문에 지역 주민을 주체로 한 환경보전이나 공해방지 계획은 뒷전이 된다. 둘째, 다량의 자원 소비와 환경오염 같은 절대적 사회적 손실이 큰 데 반해 지역에 기여하는 사회적 편익이 매우 작다. 셋째, 이 개발방식이 국가나 시·도를 중심으로 추진되지만 주역은 국내외 입지전략 아래 자사의 이익을 극대화하려는 민간기업이기 때문에 지역과의 분업 관련성이 미약하다. 마지막으로 개발은 지역의 경제성장만 가져왔을 뿐 정치의 민주화, 사회의 근대화, 문화의 진전, 넓게는 지역복지의 향상을 가져오는 데 실패했다.

도시의
로빈후드

이러한 외래형 개발의 한계에 대해, 대안적 발전방식으로의 전환을 모색할 것을 요구하는 목소리가 국내에서도 커지고 있다. 그렇다면 인간을 부단히 소외시키는 중앙집권적 권력을 강화하고 편의주의적 생활을 보장해주는 과학기술문명에 기초하고 있는 외래형 개발의 대안은 어디에서 찾아야 할까? 우리는 이에 대한 해답을 생태적 위기를 극복하면서 분권적 산업을 발전시키는 방식, 곧 지속 가능한 대안적(내생적) 발전에서 찾고 있다. 실제로 대안적 실험을 진행 중인 몇몇 국가의 일부 지역 사례를 통해 '범세계적인 경험을 토대로 우리 실정에 맞는 실천전략'을 재구성할 수 있는 방법을 모색해볼 수 있을 것이다.

주민 참여로 만든 일본의 내생적 발전

일본에는 '외래형 개발'과 대치되는 개념인 '내생적 발전'을 추진하는 지역이 있다. 그들이 말하는 내생적 발전이란 지역의 기업·조합 등의 단체나 개인이 자발적인 학습을 통해 계획을 세운 뒤, 자주적으로 개발한 기술로 지역의 환경을 보존하면서 자원을 합리적으로 이용하고, 그 문화에 기반을 둔 경제발전을 통해 지방자치단체의 손으로 주민복지를 향상시켜가는 지역개발을 의미한다. 비록 이 대안적 개발방식이 다국적 기업이 지배하는 세계경제구조 속에서도 실현될 수 있다고 생각하는 것은 유토피아적인 발상이지만, 현재로서는 그것을 확대해가는 노력이 지역의 생태적 위기를 극복할 수 있는 하나의 방법으로 인정받고 있다.

일본의 경우, 내생적 발전의 역사는 제2차 세계대전 이전으로 거슬러 올라갈 수 있지만, 그것이 정착된 시기는 대체로 세계경제가 오일쇼크에 의해 위기 국면에 빠진 1970년대이다. 고도성장기에 낙후되었거나 그 실패에 영향을 받은 일부 지역에서는 이 시기부터 중앙정부나 대기업의 지원을 받지 않고 힘든 투쟁을 하면서 자생적으로 내생적 발전의 원칙을 수립해나갔다. 그 원칙은 다음과 같다.

첫째는 지역개발을 대기업이나 정부의 사업으로 진행하지 않고, 지역의 기술·산업·문화를 토대로 지역 내의 시장에 기반해서 주민 스스로 직접 학습·계획하고 경영한다는 것이다. 예를 들면, 미조구치 굼페이(溝口薫平)나 나카타니 겐타로(中谷健太郎)가 중심이 되어 발전시킨 오이타현 유후인정의 온천사업을 들 수 있다. 그곳은 원래 오이타 쓰루사키 지구의 철강·석유화학 콤비나트가 조성된 후 일본 내에서 가장 과소화된 농촌 지대였다. 하지만 지역 자체의 힘으로 그전까지 탕치장(湯治場, 목욕하여 상처나 병을 고치는 장소)이었던 농촌을 농업과 연결해 주변 산줄기의 자연환경을 살리고, 자연식품

유후인에 조성된 온천

에 의한 요리를 관광객에게 제공함과 아울러 '일본 영화제'를 개최해 도쿄의 영화인들이 즐겨 찾는 축제로 만들었다. 이는 지역의 개성을 살려낸 아주 흥미로운 사례에 속한다. 한편 오야마정은 정부의 획일적인 농업정책에 반대하면서 쌀 생

산을 중단하고, 복숭아·밤·감 등을 재배하는 산촌농업으로 전환해 1.5차 산업을 육성하고 농산물을 가공하며 부가가치를 높이고 있다.

둘째는, 환경보전의 틀 안에서 지역개발을 생각해 자연보전이나 아름다운 거리 조성 등을 실현하고, 주민복지나 지역문화 향상, 지역 주민의 인권을 확립하는 것을 대전제로 한다. 이에 따라 내생적 발전은 공해반대운동이나 환경보전을 위한 주민운동을 출발점으로 하고 있는 경우가 아주 많다. 고베 시 마노 지구의 경우는 마치코바(마을의 작은 공장)의 공해에 대한 반대운동에서 출발해 내생적 발전을 실현한 곳으로 유명하다. 공해 방지를 위해 공장이 이전하면 마을 전체가 쇠퇴하고 중소기업과 그 종업원에게 불이익이 된다는 사실을 인식한 주민들은 마을의 작은 공장들과 함께 공해를 제거하고 환경보전과 경관 개선에 힘쓰면서 서로가 윈윈(win-win)하는 공생의 길을 새롭게 찾았다.

이러한 예는 앞에서 언급한 유후인정과 오야마정의 경우도 비슷하다. 특히 농민의 소득향상과 기본적 인권 확립이 주목적이었던 오야마정에서는 환경보전의 틀 안에서 지역발전을 도모하기 위해 이스라엘 키부츠에서 배우고 돌아온 한 청년이 테니스 코트와 풀장을 가진 동네로 재편성하면서 건전한 지역 공동체로 발전시켜나갔다.

셋째는, 산업발전을 특정 업종에 한정하지 않고 복잡한 산업 부문까지 이르게 해서 부가가치가 모든 단계에서 귀속할 수 있도록 지역산업 연관을 도모하는 데 초점을 맞추는 것이다. 그 좋은 예는 유후인정의 온천에 있는 여관의 토산품 매장에서 볼 수 있다. 그곳에서는 대도시가 생산하는 과자나 공예품은 볼 수 없고, 농민의 손으로 만드는 잼, 심지, 폭세품, 국세품 등을 팔고 있다. 또 여관에서 제공하는 요리의 원료도 농민이 부업으로 사육하는 나고야 코칭(나고야 특산 닭), 자연감자, 튀김두부 등을 이용하고 있다. 이렇게 내생적 발전은 일촌일품(一村一品)이 아니라 일촌다품(一村多品) 생산을 특징으로 하는 것이다.

이러한 방식은 농촌에서뿐만 아니라 호쿠리쿠 지방의 내륙공업도시 가나자와 시에서도 발견된다. 섬유공업에서 출발한 가나자와 시는 자동직기를 발명해 기계산업을 발전시키고, 양자를 축으로 금속, 봉재, 인쇄 등의 복잡한 도시형 공업을 중앙의 대기업이 아닌 지역 중소기업의 손으로 발전시켰다. 최근에는 첨단기술을 이용한 자동 병조립 기계나 공작기계 등이 일본 시장은 물론이고 국제시장에서도 유명할 만큼 지역의 산업기반이 매우 건실하다. 그래서 가나자와 시의 2차산업 종사자는 인구가 2배나 되는 센다이 시와 비슷하다. 또한 상업이나 서비스업도 지역자본이 중심이 되기 때문에 모든 부가가치가 지역에 귀속되는 경향이 강하다. 게다가 전쟁의 화마를 모면해 역사적 유산이 많이 남아 있고, 교육이나 문화시설도 풍부하며 공해가 거의 없어 최근에는 국제·국내적인 관광지 혹은 컨벤션 시티로도 발돋움하고 있다.

이 가나자와 시의 경험은 산업이 도시를 만드는 것이 아니고, 도시가 산업을 만든다는 중요한 교훈을 우리에게 일깨워준다. 예컨대, 가나자와 시같이 오랜 문화적 전통과 역사를 가진 나가사키(長崎) 시의 경우 미쓰비시 자본이 지배하기 때문에 미쓰비시 중공업의 조선업이 불황에 직면하게 되자 지역 전체의 경제가 쇠퇴하는 운명에 놓이게 되었다. 이는 미쓰비시라는 엄마 거북이 위에 나가사키 시라는 새끼 거북이가 올라타고 있는 것과

도시의
로빈후드

같아, 거북이가 구르면 새끼 거북이가 뒤집히듯이 나가사키 시 경제는 미쓰비시의 손아귀에서 놀아나는 모양을 하고 있다. 이와 같은 대조적인 예를 볼 때, 가나자와 시의 내생적 발전방식은 우리에게 여러 모로 시사하는 바가 크다고 할 수 있다.

그러나 가나자와 시의 도전이 탄탄대로인 것만은 아니었다. 오래전에 있었던 가나자와 북쪽의 노도(能登) 반도에 위치한 원자력 발전소 건설, 도쿄 자본의 가나자와 시 토지 매점, 대기업의 상업·서비스업 진출, 외래 자본에 의한 도시재개발 등이 이뤄지면서 거리나 경관이 파괴되고, 새롭게 만들어 가는 가나자와 시의 체질을 바꾸는 움직임이 계속 진행되고 있다. 하지만 생태적 위기를 극복하면서 지역을 꾸준히 지켜온 가나자와 시가 내생적 발전을 쉽게 포기할 것으로 보이지는 않는다.

넷째는, 자치단체가 주민 참여의 제도화를 통해 요구된 계획에 능동적으로 대응할 수 있으려면, 무엇보다도 자본이나 토지 이용을 규제할 수 있는 자치권을 갖는 게 필요하다. 후쿠오카 야나가와 시의 수로 재생 역사는 주민의 봉사로 환경을 개선하고, 그것이 지역경제 발전을 유도한 대표적인 사례다.

야나가와 시는 일본 제일의 '물의 도시' 도쿄나 오사카에 버금가는 수향(水郷)으로 중심 시가지 사방 2㎞에 60㎞에 달하는 수로가 있는 수도(水都)이다. 그런데 전후 고도성장으로 팽창한 사업체나 가정의 폐수가 무작정 방류된 결과, 수로는 악취가 나고 위생적으로도 불결한 개골창이 되고 말았다. 이를 해결하기 위해 시청에서는 수로를 콘크리트로 복개하는 하수도 계획을 수립·추진하기에 이르렀다.

하지만 다행히도 담당계장이었던 히로마츠 츠다(廣松傳)가 이 계획에 의문을 품고 연구·조사를 한 결과, 지반 침하가 일어나기 쉬운 지질을 가진 야나가와 시가 수로를 잃으면 커다란 재해에 휩쓸릴 가능성이 있다는 사실을 밝혀냈다. 그는 시장의 동의를 얻어 하수도 보조금을 돌려 수로 정화를 실시하기로 했으나, 중심부만도 60㎞에 달하는 방대한 수로를 시 예산만으로 정화하는 것은 현실적으로 불가능했다. 그래서 그는 100회 이상의 집회를 열어 주민들에게 수로 재생의 필요성을 호소했고, 옛날의 아름다운 수로를 기억하고 있던 노인들의 찬성을 얻어내 시민 전체의 동의를 이끌어냈다. 그로 인해 1년에 한 번씩 수문을 닫고 시민들이 진흙투성이가 되어 철야로 바닥을 긁어내고, 해변을 청소하거나 수초를 제거하는 등 일상적인 시민의 무상봉사가 이루어졌다. 이러한 공동 정화작업을 통해 시민 간에

주민들의 노력으로 다시 태어난 야나가와 수로

도시의
로빈후드

긴밀한 유대감이 생겼고, 수로를 이용한 축제가 부활하는 등 야나가와 시는 다시 태어나게 된 것이다.

이 밖에 성공한 예가 많이 있다고는 하나, 일본에서 내생적 발전은 환경보전보다도 경제발전 측면에서 생각되고 있는 것이 현실이고, 아직 주민을 참여시키기 위한 제도나 자치단체의 힘이 미약해 지역의 생태적 위기를 극복하는 데는 한계를 가지고 있는 것으로 보인다.

보존하면서 개발한다
– 볼로냐와 라벤나

중세에 만들어진 아름다운 도시가 많은 이탈리아에서 문화적 가치를 인정하면서 역사적 흔적을 보존하기 위한 정책은 19세기 후반부터 시작되었다. 당시에는 보존이 건축물 단위에 그쳤지만, 1950년대 후반 경제발전기에 이르러서는 인간의 환경을 유지하는 도시정책으로 확대·전환되었다. 이 시기는 이탈리아 건국 이후 환경파괴가 가장 많이 진행된 시기이면서 이탈리아 최대의 환경보호단체인 '이탈리아 노스트라(Italia Nostra)'가 탄생한 시기이기도 하다.

그전까지 역사적 거리의 보존은 주로 문화적 관점에서 추진되었거나 3차산업의 발전과 함께 관광산업적인 차원에서 전개되었다. 그리하여 일부 도시는 관광객의 거리로 변해버리고, 시민 부재의 위기에 직면하기도 했다. 그 대표적인 경우가 베네치아다.

이와는 달리 역사적 거리의 보존 목적을 문화재·관광재 보존뿐만이 아니라, 시민의 생활환경까지 포함하는 도시의 재생으로까지 발전시킨 곳이 바로 볼로냐(Bologna)다. 오늘날 세계경제의 전반적인 불황에도 상당한 성공을 거두고 있는 것으로 평가되는 '제3의 이탈리아(Third Italy, 섬유산업 발달 지역인 이탈리아 중북부의 에밀리아와 베네토-투스카니 지역)'의 중심부에 위치한 볼로냐는, MIT의 정치경제학 교수인 마이클 피오르(Michael J. Piore)와 콜럼비아대학교 교수인 찰스 세이블(Charles Sabel)이 지적한 바와 같이 이른바 '유연적 전문화'[2] 생산방식을 도입해 대안적 지역개발을 진행하고 있는 지역으로도 널리 알려져 있다.[3]

이렇듯 이탈리아를 대표하는 장인들 중심의 중소기업들이 모인 상공업 도시이자 주변 지역의 농산물 집산지인 볼로냐 시의 인구는 2012년 말 현재 약 38만4000명 정도이다. 이곳은 제2차 세계대전 이전부터 공산당과 사회당에 의한 혁신 자치체가 구성되어 있었고, 나치 점령하에는 레지스탕스가 격렬하게 활동한 역사가 있다. 전후의 급성장기에 볼로냐는 일본인 도시계획가에 의뢰해 교외에 신도시를 만들고, 시의 기능 분산을 도모하려고 했으나, 당시 유럽이 인구 정체기에 들어가는 중인 데다 교외개발이 재정적으로 부담이 너무 크다고 판단, 1969년 그 방침을 전환해 역사적 거리의 보존·재생이라는 획기적인 원칙을 수립하기에 이르렀다. 여기에서 우리가 볼로냐 방식이라고 부르는 것은 공공의 재산이어야 하는 역사 지구를 자본가로부터 주민에게 되돌려주는 혁명적인 방식으로서 역사적 거리를 보존하면서 현대 시민생활을 재생시키는 지역개발 방식을 의미한다.

이 방식을 고안하고 실행한 볼로냐공과대학 교수(전 볼로냐 도시계획국장) P.

도시의
로빈후드

보존하면서 개발하는 방식으로
재구성된 볼로냐

L. 체르베라티(P. L. Cervellati)는 10년간의 연구·조사를 통해 역사적 거리를 점검하고 경관을 보존하는 데 힘을 쓰는 한편, 문화적 가치가 낮고 개조해도 좋은 건물에 대해서는 내부를 과감하게 개조했다. 또한 이와 병행하여, 사용하지 않는 수도원 등을 복지시설이나 집회시설 등으로 바꾸어 현대생활에 필요한 문화적·사회적 공공서비스 시설로 적극적으로 탈바꿈시켜나갔다. 그 결과 시의 방침에 따라 역사적 거리를 보존하면서 내부를 재개조한 공공주택 2만여 호, 민간주택 4000여 호가 생기게 되어 교외의 주민이 도심으로 회귀하는 역도시화 현상이 일어나기에 이르렀다.

일반적인 도심재개발 사업은 뉴욕, 런던 등 선진 대도시에서 보여주는 바와 같이 계층차별화 현상을 일으킨다. 이를 막기 위해 볼로냐 시 당국은 전체 상면적(床面積, 건물의 바닥 면적)의 30%에 해당하는 공간에서는 재개발 이전의 집세와 같은 수준으로 주민에게 임대해준다는 내규를 만들어 도심이 중간계급 이상의 부자에게 점유되는 것을 제도적으로 봉쇄하고 있다. 물론

이 같은 혁신적인 도시개발 사업은 시 당국이 직접 진행했지만, 그 사업이 성공할 수 있었던 것은 주민자치단체인 볼로냐 시 지구주민평의회가 계획을 심의하고 시민의 합의를 도출했기 때문이었다. 이를 볼 때 볼로냐 방식은 체르베라티 교수의 말대로 공업화 시대에서 탈공업화 시대로 이행하는 과도기에 미래 도시 거주의 이상적 방향을 실험하는 대표적인 사례로 손꼽을 수 있을 것이다.

이상과 같이 보존하면서 혁신한다고 하는 개발 사고에 기초한 볼로냐 방식은 산업정책에도 그대로 반영되고 있다. 볼로냐 시는 '미래의 공장 볼로냐'라는 슬로건을 내걸고 금속공업, 섬유공업 등에 존재하는 장인기업(匠人企業)과 첨단기술을 연결시켜 발전하고 있는 대표적인 도시이다. 볼로냐는 산업정책의 핵심을 장인기업의 진흥에 두고, 이를 위해 도시계획에 의해 교외에 농지 가격으로 구입한 2개의 공업단지를 만들어 싼 가격에 임대해주고 있다. 이렇게 해서 성립된 장인기업들은 자주적으로 관리하는 장인공동체를 만들어 단지의 사회자본을 운영하고 있다.

이 장인기업에서는 역사적으로 전통이 있는 장인 기능을 살리고, 합리화할 수 있는 부분을 찾아 공장자동화를 도입하고 있다. 예를 들면, 용수철과 펌프를 만들고 있는 공장의 경우, 일본에서도 최고를 자랑하는 모리세이키의 기계 등을 이용해 사무자동화를 이루어가고 있다. 또한 장인기업은 각 부문에 협동조합을 만들고, 그것을 연합하여 국민장인연합(CNA)를 조직해 판매, 수출입, 금융, 기술개발을 공동으로 진행하고 있다. 이러한 산업개발 방식은 이탈리아의 섬유산업을 대표하는 기업 베네통에서 보여지듯이 다품종, 고품질, 소량생산·판매에 적합한 미래의 개발방식으로 꼽히고 있는 것이다.

이렇듯 볼로냐에서 추진되고 있는 내생적 발전은 이 지역 특유의 정치적 혁신성이 만든 지구주민평의회에 장인이 직접 참여하고 있다는 사실만으로도 주민자치에 의한 대안적 개발이라 부를 수 있다. 그 때문인지 볼로냐의 환경정책은 매우 진보적이다. 숲의 보존을 위해 사유지라도 수목을 벌채할 때는 시의 허가를 받도록 규정하고 있고, 도심지의 80%를 오염제한 지역으로 설정해 문화유산을 보호하면서 자동차 교통을 엄격하게 통제했다. 유네스코에 세계문화유산으로 등재되어 있는 구 시가지에는 보행자, 자전거, 대중교통과 전기 자동차만 진입을 허용하고 있다.[4]

앞에서 소개한 볼로냐와는 달리 라벤나(Ravenna)는 다른 의미에서 미래를 준비하는 독창적인 발전방식을 제시하고 있다. 인구 16만 명(주변을 포함한 도시권의 인구 약 40만 명)을 거느린 라벤나 시는 이탈리아에 전후 제2의 경제기적을 가져온 '제3의 이탈리아'와 함께 경제발전을 계속하고 있는 아드리아해 연안지대 중핵에 위치하고 있는 도시다.

원래 석유 콤비나트의 도시였던 라벤나는 1950년대 후반부터 심각한 대기오염, 악취, 수질오염 등 공해 문제에 시달렸고, 간척지였기 때문에 지질이 좋지 않았으며, 무분별한 지하수의 사용으로 지반이 침하된 적도 있었다. 그 결과 공해반대운동이 일어나고 혁신 자치체가 만들어졌는데, 이 혁신 자치체는 라벤나의 미래를 석유 콤비나트의 도시에서 역사적 유산과 자연을 살린 문화예술도시로 전환하기로 결정했다.

라벤나는 5세기에 비잔틴제국의 수도였다는 찬란한 역사가 있다. 이 도시에는 세계에서 보기 드문 대리석 모자이크 벽면을 가진 사원 등 역사적 유산이 많고, 자연경관도 수려하며, 배후에는 울창한 산림과 유럽에서 두 번째의 생산량을 자랑하는 복숭아 과수원 등의 농지가 많이 분포하고 있다. 그래서 시 당국은 이들 환경의 보존을 통해 문화, 예술, 관광업을 발전시켰다. 동시에 석유 콤비나트의 확장을 제한하고 임해공업지대를 상업적 용도 등의 다목적 항만 지구로 바꾸면서 전통적인 장인기업을 육성하는 데 역점을 기울이기로 한 것이다.

이 선견 있는 전환으로 라벤나는 세계적으로 오일쇼크에 의해 석유 관련 공장 지구의 반 이상이 폐쇄된 1970년대 초반의 경제위기를 극복할 수 있었다. 최근 시실리아 등 지중해 연안의 소재 공급형 산업 지역이 불황으로 몸살을 앓고 있는 데 반해, 라벤나가 입지한 아드리아 해 연안은 계속 호황을 누리고 있는 중이다.

이렇듯 경제적으로도 모범사례에 속하는 라벤나는 1983년에 이미 미래 지향적인 도시계획을 입안했다. 원래 산호초에 둘러싸인 간척지로 형성된 라벤나는 간척사업이 자연 생태계를 파괴할 뿐만 아니라 산업발전도 지체시킨다는 판단을 내리고 자연의 복원을 통한 지역개발 방식을 채택했다. 물론 여기에는 이탈리아의 국내 사정이 적지 않게 작용했다. 당시 이탈리아는 우리나라같이 쌀 등의 곡물을 생산하는 농업용지가 과잉 상태에 있었고, 유럽공동체(EC)의 곡물 생산 규제로 더는 농업용지를 유지하는 것이 어려웠으며, 농업 자체도 과일·야채·화훼 등을 생산하는 집약농업으로 전환되고 있어 농지의 전용이 불가피한 실정이었다. 그러나 농지를 무제한으로 사업용지나 택지로 전용하면 숲이 사라지고 경관이 파괴되기 때문에 시 당국은 가히 혁명적이라 할 만한 구상을 내놓고 실현하기에 이른 것이다.

도시의
로빈후드

이를테면 농지의 일부를 바다로 복원하고, 그 지역을 카누나 요트장, 낚시를 위한 오락 공간으로, 또는 양식어업을 위한 전초기지로 이용하기 시작한 것이다. 그리고 다른 농지의 일부는 관광농업용지나 시민농원으로 전환해 개발했다. 또한 이 지역들에서는 앞에서 소개한 볼로냐의 예처럼 농촌 풍경을 보존하면서 오래된 농가를 수복·복원하여 민박이 가능하게 만들었다. 이렇게 다시 태어난 농가에 도시 사람들이 숙박을 하면서 농민의 지도를 받아 농사를 짓고, 수확기에는 작물을 가져가는 식으로 관광업과 농업을 연결시킨 지역경제의 활성화가 이뤄지도록 했다. 또한 삼림을 보존·확대해가면서 그중 일부는 산책이나 승마, 수렵 장소로 활용하고 있다.

이 혁명적인 바다의 복원에 의한 자연공원계획을 라벤나 방식이라 부르고 있다. 라벤나의 한 계획가가 말하듯이 20세기가 자연파괴의 시대였다면 지금부터는 자연복원 혹은 재생을 토대로 한 지역발전의 시대라는 점에서, 라벤나의 사례는 우리에게 아주 귀중한 교훈이 되고도 남을 것이다. 일본 도쿄만의 대부분을 매립하는 '구로카와 구상'이나 오사카만의 1/3을 매립하는 간사이의 '스바루 플랜', 우리나라 부산의 해상 신도시 계획 등이 고도성장기에나 볼 수 있었던, 자연파괴에 기초한 개발 방식이라는 점에서 비교할 가치가 있다. 늦었지만 이제라도 생태위기로 파멸의 길을 가고 있는 '우주선 지구호'를 구하기 위해 우리가 할 수 있는 일이 무엇인지 신중히 생각해야 할 때가 온 것이다.

사회적 발명을 통한
몬드라곤 방식

오늘날 미국, 영국을 중심으로 한 서구 사회과학계에서는 스페인 바스크 지방의 몬드라곤 협동조합(Mondragon Cooperatives)을 산업민주주의의 중요한 모델이자 새로운 사회경제체제의 대안으로 평가하고 있다. 심지어 '인간 중심 경제학'을 선호하는 많은 생태지향주의자들까지도 유럽에서 새로운 생활방식이 가장 성공적으로 정착된 예로서 몬드라곤을 자주 인용해왔다. 그것은 스페인을 비롯한 유럽 전체가 불황에 허덕일 때도 몬드라곤만큼은 꾸준히 성장하면서 고용창출을 해왔고, 지금은 가구·가전제품·기계류·자동차 부품에서부터 로봇·반도체에 이르는 첨단제품을 전 세계에 수출, 국민경제의 중추적 산업단지로 자리 잡고 있다는 사실로도 입증된다.

스페인 북부 귀푸즈코아 바스크 지방의 소규모 노동자촌인 몬드라곤의 역사는 1941년, 젊은 신부 호세 마리아 아리즈멘데(Jose Maria Arizmendi)가 오면서부터 시작된다. 후일 몬드라곤의 정신적 지도자이자 아버지로 불리게 된 그는 처음에 몬드라곤을 지배한 산업회사 유니온 세라제라(Union Cerrajera)의 도제학교에서 학생들을 가르치다가 1943년에 20명의 학생으로 기술훈련학교를 세웠다. 이 학교에서는 자본주의 사회에서 노동이 소외되고 노사관계가 비인간화되고 있다는 문제점을 가톨릭의 사회적 교의로 극복하기 위해 협동조합 운동의 이념과 방법을 교육했다.

첫 졸업생 가운데 공과대학까지 마친 5명의 제자들이 1954년에 '생산요소 중에서 노동의 우위성'을 실행하는 새로운 회사를 설립할 것을 결정하고, 도산한 주물공장을 사들여 협동조합 기업체를 설립했다. 이것이 몬드라곤 협동조합의 모체가 되어 울고(ULGOR: 다섯 제자의 성에서 첫 글자를 모은 이름)가 탄생했고, 여기에서 첫 생산품으로 취사용 가스난로를 비롯한 각종 난로를 생산하기 시작했다. 이렇게 출발한 울고는 1984년 2만여 명을 거느린 85개의 산업협동조합에서 2012년 말 현재 289개의 중소규모 단위협동조합과 공장에 8만여 명의 회원을 가진 거대한 산업체로 성장하여, 오늘날 가장 규모가 크고 가장 성공한 노동자 자주관리체제 산업협동조합 집합체로 세계에서 인정을 받게 된 것이다.[5]

몬드라곤에는 5개의 농업협동조합, 생산조합과 유기적인 연대를 맺고 다양하게 조직돼 있는 소비자협동조합, 그리고 1965년 기혼여성들의 일자리 마련을 위해 세워진 '아우조 라군'[6] 같은 서비스협동조합 등이 있다. 또한 호세 마리아 신부의 이름을 딴 공과대학 뒤쪽에 400~500명의 재학생들이 수업이 끝난 뒤 일정 기간 일을 해서 교육비와 생활비를 스스로 마련할 수 있는 학생산업협동조합도 있다.

이 협동조합들과 연합하거나 이들의 지원을 받아, 40여 개의 기술학교 및 공공교육기관, 주거시설 등의 건설을 담당하는 사회공익기관이 점진적으로 생겨났다. 또한 각 협동조합들이 자본 형성과 도산 방지를 위해 순이익의 25%씩을 적립해서 만든 위험기금으로 창설한 노동자 은행(CLP: Caja Laboral Popular)과, 최근 반도체 산업 등 첨단기술 분야 연구로 국제적인 인정을 받고 있는 컴퓨터 센터이자 기술 연구소인 이케르란(Ikerlan), 그리고 사회보장 및 의료 부문을 담당하는 라군 아로(Lagun-Aro)가 2차 협동조합으로 조직·운영되고 있다. 이렇게 도시 전체가 하나의 공동체로 이루어지노톡 만든 몬드라곤 협동조합은 자본주의도 사회주의도 결코 지지하지 않는 제3의 개발방식임에 틀림없다.

미국 사회학자 윌리엄 화이트(William Whyte)에 따르면, 몬드라곤 협동조합 체계의 핵심에는 '사회적 발명'의 개념이 놓여 있다.[7] 그가 말하는 발명과 혁신은 기술 및 엔지니어링에 국한된 것이 아니다. 거기에는 또한 개인과 집단적 필요가 만나 창출된 새로운 사회구조와 제도 등의 '사회적 발명'이 있었다. 앞에서 소개한 모든 협동조합이 바로 사회적 발명품인 것이다.

이러한 몬드라곤 협동조합의 조직 운영은 모든 회원들이 일정 액수의 출자금을 모으는 데서부터 시작한다. 회원들은 누구나 평등하게 1인 1표의 원칙에 따라 최고 경영진에 속하는 간부들을 고용하고 해임할 수 있는 중앙위원회 위원을 총회에서 선출, 구성하는 역할을 담당한다. 그리고 임원이 아닌 조합원의 경우 모두 사무직이든 현장 근로자든 노동자의 역할을 수행한다. 은행에 저축한 출자금은 탈퇴나 정년퇴직 때에만 찾아갈 수 있도록 규정되어 있고, 그 대신 매해 이익 배당금과 이자가 통장에 입금된다. 모든 회원들은 노동시간과 임금기준에 따라 월급을 받는데, 임금은 최저와 최고의 비율이 1대 3(최근에는 1대 6으로 폭이 증가한 협동조합도 있음)으로 평준화되어 있다. 하지만 이 임금도 '안티피코(antipico)'라 불리는 예상이윤의 몫에서 지급받을 뿐 이윤의 90%는 다시 재정의 확대재생산을 위해 투입되는 게 일반적이다. 그래서 이곳에서는 모든 회원들의 정치적 발언권이 그의 출자금이 아닌 노동의 기능에 따라 결정되고, 지역 주민의 고용기회 창출을 지속적으로 가져오게 된 것이다.

오늘날 몬드라곤 협동조합은 회원들이 더 많은 여가시간을 원하면 이를 곧바로 허용할 수 있을 만큼 유연한 생산체계를 유지하고 있는 것으로 알려져 있다. 사실상 회원들이 받았던 실질임금은 상업적 이윤에 비해 극히 낮은 수준으로 억제되는 경영이 이루어졌는데, 이러한 손실은 공동체에 참여한 회원들이 분리주의 운동을 할 정도로 견고했던 바스크 민족주의에 기초한 이상주의가 있었기 때문에 감수할 수 있었던 것으로 보인다.

어쨌든 이 공동체 사회는 인간이 기계의 노예가 아니라는 원칙 아래 인간의 물리적·사회적·지적 편의를 위해 운영되는 생산과정과 기계류의 완벽한 조합으로 묘사될 만큼 지구상에서 거의 볼 수 없는 예에 속한다. 그러나 자본주의의 원리에 따른 이윤과 효율을 추구하면서도 평등과 참여민주주의의 이념을 최대한 살린 경영으로 노동의 소외를 극복해온 몬드라곤 방식은 우리에게 시사하는 바가 매우 크다.

지금까지 우리는 일본, 이탈리아, 스페인의 일부 지역에서 추진하고 있는 대안적 발전 방식을 검토했다. 물론 그 사례들이 해당 지역의 토양에서 자란 것은 분명하지만, 외래형 개발에 토대를 둔 근대화를 추종해온 우리나라에게 이들 3개국의 실험은 발전 방식의 대전환을 하는 데 귀중한 교훈이 될 것이다. 건전한 '지역 만들기'는 서울의 식민지가 되어가고 있는 지방을 구하고, 심각한 지역 생태계 위기를 극복할 수 있는 지름길이자, 지구적 차원의 환경 문제를 해결하는 열쇠이다. 이 '지역 만들기'가 성과를 거두기 위해 무엇보다 지역 공동체 성원 모두가 '자연은 지배하는 것이 아니라 공생하는 것'이라는 인식을 하고, 헌신과 자기희생의 가치를 최우선으로 하면서 기존의 왜곡된 지역사회를 변화시켜나가야만 한다. 그것이 벼랑에 선 우리가 지속 가능한 삶 살 수 있는 지름길이라는 사실을 기억해야 한다.

다시 읽는 쿠바

석유 없는 세상을
준비하며

지금 지구촌에는 에너지위기가 무서운 기세로 몰려오고 있다. 일부 학자와 전문가들은 이 세상에 묻혀 있는 모든 석유의 절반을 뽑아낸 시점을 뜻하는 '피크오일(Peak Oil)' 또는 '석유생산정점(global oil production peak)'이 2000년에서 2008년 사이에 이미 지났거나, 2012년을 전후로 지날 것이라고 예측한 바 있다. 이는 채굴하기 쉽고 질도 좋으며 경제적으로 생산할 수 있는 석유의 절반이 사라진 반면, 남아 있는 석유는 북극이나 심해 속같이 쉽게 접근할 수 없는 데 묻혀 있어 추출하기 어려울 뿐 아니라, 추출하는 데 에너지가 너무 많이 들어 사실상 가치가 없는 것들이라는 얘기다. 사정이 이러한데도 중앙정부와 지자체는 물론, 주류 언론에서도 이 문제에 깊은 관심을 보이지 않아 우리나라 대다수 국민들은 값싼 석유의 시대가 곧 끝나고 파국적인 종말이 닥쳐올 것이라는 사실을 모르고 있다.

이것은 주로 문화적 관성의 문제로, 집단망상 때문에 악화되었고 안락과

만족이라는 성장환경 속에서 길러진 것이라고 한다. 저술가인 에릭 데이비스(Eric Davis)는 이러한 현상을 '합의된 최면 상태(consensus trance)'라고 부른다.[1] 최근 들어 이런 최면을 깨려는 연구와 외국 사례를 소개하는 글들이 국제사회는 물론 우리 사회에도 급속하고 늘고 있다. 그 좋은 예를 한 가지 소개해보기로 한다.

2010년 4월,《에너지 정책(Energy Policy)》저널에 발표한 한 논문에서 옥스퍼드대학교 정치학 교수인 요르크 프리드리히스(Jorg Friedrichs)는 아주 흥미로운 주장을 펼쳤다.[2] 그는 대부분의 피크오일 이론가들의 견해를 따라 어떠한 대체자원과 기술도 산업사회의 중추자원으로서 석유를 대체하는 데 유용하지 않다고 말한다. 즉, 석유는 유한한 자원이므로 머지않아 고갈할 것이고, 석탄이나 원자력도 석유를 대신해 현대 공업사회와 근대적인 농업을 지속 가능하게 유지할 힘을 갖고 있지 않다는 것이다. 따라서 현재의 공업사회는 조만간 무너지고, 저가의 석유로 지탱하는 자유무역도 결국 붕괴되는 것을 피할 수 없다고 지적한다. 이로 인해 세계는 머지않아 과감하게 삶의 양식을 변모시키고, 지역 공동체에 기반한 전통적인 생활로 돌아갈 수밖에 없다고 힘주어 주장한다.

그리고 프리드리히스는 피크오일에 대응하는 시나리오를 그리기 위해, 역사적으로 공급중단 때문에 석유 없는 세상을 경험한 세 나라의 사례를 구체적으로 제시·분석하고 있다. 약탈적 군국주의(Predatory militarism)에 기반을 두고 있던 일본(1918-1945)과 전체주의적 긴축정책으로 살아남고자 몸부림쳤던 1990년대의 북한, 그리고 사회경제적 적응을 성공적으로 해왔던 1990년대의 쿠바 사례를 들고 있다.

도시의
로빈후드

혁명광장 앞의 내무부 건물에 설치된 체 게
바라 얼굴의 철제 벽화

일본은 19세기 초에서 중엽까지 미국에서 석유를 90% 수입했는데, 이 가운데 75~80%를 캘리포니아에서 선적해오고 있었다. 1930년대 말부터 미국의 경제제재가 서서히 강화되자 일본은 미국으로부터 수입하던 석유의 대안을 찾아 보르네오와 수마트라 등을 약탈했고, 1939년에는 중국 남부를 공격하기 시작했으며, 1940년에는 프랑스령 인도차이나 북부를 점령하기도 했다. 또 1941년 7월, 미국의 경제봉쇄가 최고조에 이르자 선택의 여지가 없어진 일본은 하와이에 있는 진주만을 공습하는 오류를 범하게 되었고, 결국에는 패망의 길로 접어들게 되었다. 이렇게 약탈적 군국주의에 기반을 두고 전략적 거점을 침략했던 일본의 당시 석유수급 사정은 말로 표현하기 어려울 만큼 아주 심각했던 모양이다. 1945년 9월, 권총 자살을 시도했던 내각총리대신 도조 히데키를 병원으로 후송할 때 앰뷸런스를 찾기 어려웠을 정도로 연료가 부족한 상태에 있었다는 사실이 바로 그것을 입증해준다.

두 번째 나라로 자국 내 에너지 자원이라고는 석탄밖에 없고, 대부분의 석유를 소련으로부터 직접 수입하고 있었던 북한을 들 수 있다. 북한은 쿠바와 함께 소련의 붕괴로 농업생산이 크게 하락해 곤경에 처한 대표적인 나라 가운데 하나다. 관개, 기계화, 전기화와 막대한 화학제품에 의존했던 북한의 농업은 석유 없이는 하나도 제대로 작동하지 않는 시스템을 갖추고 있었다. 북한의 1990년 1인당 에너지 사용량 추정치는 중국보다 2배나 컸고, 일본의 절반을 훨씬 넘는 수준이었다. 그런데 1991년에 러시아로부터 수입해오던 석유와 기타 투입물의 공급이 중단되고, 불과 2년 만에 북한으로 공수되던 러시아 수출품이 90%나 줄어들자 나라는 하루아침에 국가 이데올로기인 주체사상을 견지하기 어려울 정도로 암울한 현실과 마주하게 되었다. 1990년대 초에 좋은 기후조건 때문에 일정 수준의 수확을 유지할 수 있었던 북한이 그 후 심각한 홍수와 가뭄, 러시아로부터의 석유공급 중단 등으로 인해 1995년과 1998년 사이에는 극심한 대기근을 경험하게 되었던 것이다.

북한은 석유가 없어 트랙터와 기타 농기계를 작동시키지 못했고, 농사를 짓는 데 필요한 비료, 농약, 석회 등은 물론 도시 소비자들에게 공급해야 할 농산물조차도 실어 나를 수 없었다. 또 전력생산을 위해 발전소로 가져가야 할 석탄을 수송할 연료가 없는 데다 충분한 전력생산도 이루어지지 않아 관개펌프의 사용과 전철의 운영도 일상적으로 중단되는 상황이 되었다. 그 결과 식량생산은 곤두박질치듯 감소했고, 상당히 많은 경작지가 유실되었으며, 토양의 비옥도도 급속하게 떨어졌다. 게다가 사람이 소 같은 일하는 동물들과 먹거리를 두고 경쟁하는 일까지 벌어졌고, 에너지가 부족했던 많은 빈민들이 요리와 난방을 위해 무분별하게 바이오매스를 추출하면서 토양의 비옥도가 한층 더 떨어졌다. 이렇게 맞물린 악순환으로 인해 농업위기가 더욱 깊어져 북한의 쌀과 옥수수 생산은 1991년과 1998년 사이에 거의 50%나 떨어졌다. 이는 북한이 소련의 붕괴로 갑작스레 찾아온 석유 없는 세상에 전체주의적 긴축정책 말고는 아무것도 할 수 있는 게 없었다는 사실을 그대로 보여주었다.

앞의 두 나라와는 달리 세 번째 나라는 북한과 동일한 상황에 직면하고, 한때 일본과 마찬가지로 미국으로부터 경제봉쇄를 받았음에도 석유위기에서 아주 잘 벗어났다. 그 나라가 바로 순환형 사회를 정착시킨 것으로 국제사회가 높이 평가하는 쿠바다. 쿠바는 세계 석유위기에 사회경제적으로 적응해 성공한 거의 유일한 나라인데, 프리드리히스를 비롯한 많은 전문가들은 그 열쇠가 공동체에 토대를 두고 다양한 영역에서 회복력을 증진시키면서도 사회적인 연대와 전통적인 지식의 부활을 아주 성공적으로 잘 추진했기 때문이라고 분석하고 있다.

여기서 말하는 "회복력이란 자연재해 등의 충격을 받았을 때 공황을 일으키지 않고 유연히 대응하는 힘, 또는 타격을 모두 흡수할 수 없어도 즉시 원래 상태로 돌아가는 능력, '극복력'이라고 할 수 있다. 오염된 하천과 호수도 오염 유입을 중지시키면 다시 정화되고 다친 사람도 세월이 충격을 완화시키듯이, 자연과 사회, 개인에게도 회복력이 있다. 그러나 회복력에 관한 연구가 진행되면서, 어느 정도를 넘으면 다시 회복할 수 없는 '한계'가 있다는 것이 밝혀졌다. 예를 들어 과학자들은 지구환경에는 아홉 가시 님

2008년 이후 사라진 아바나의 명물 낙타버스

을 수 없는 한계[3]가 있다고 말하는데, 그 가운데 기후변화 및 생물다양성의 감소, 질소순환의 변화는 인류의 부하로 인하여 이미 지구의 한계를 뛰어넘었다고 말하고 있다."[4]

최근 들어 국제사회에는 농업과 깊은 관계가 있는 앞의 두 가지 한계를 제외하고 기후변화와 석유생산정점(피크오일)이란 '두 위기'를 극복하기 위해 지역사회의 회복력을 높이는 '전환마을(Transition Town)' 운동이 아일랜드의 킨세일에서 시작되어 영국의 토트네스, 브리스톨 등으로 들불처럼 번지기 시작했다. 그 후 영국 각지는 물론, 유럽 각국 및 오세아니아와 등 세계 각지에 이 운동이 급속히 확산되고 있다.[5] 이 운동도 사실 따지고 보면 진원지가 쿠바라고 할 수 있다.

노시의
로빈후드

쿠바를 다시 본다

우리 사회에 본격적으로 쿠바가 알려진 것은 아마도 2004년 초에 요시다 타로가 쓴《생태도시 아바나의 탄생》[6]이 번역 · 소개되면서부터가 아닌가 싶다. 이 책의 추천사에 김성훈 전 농림부장관이 역작이라고 상찬을 아끼지 않았듯이 쿠바의 친환경 유기농법에 기초한 도시농업은 인류 미래의 희망을 제시해주는 모델일 뿐 아니라, 지속 가능한 녹색도시와 마을 만들기의 한 전형으로 많은 사람들의 가슴 속 깊이 새겨졌다.

그 후 우리나라를 대표하는 주요 방송사의 다큐멘터리에서 아바나를 포함한 쿠바의 도시농업과 무상의료 · 교육, 생태 · 문화도시 만들기 사례 등이 지속적으로 소개되고, 많은 작가와 예술가, 전문가, 시민단체 활동가들이 여행기나 르포 등을 꾸준히 발표해왔다. 그중에는 쿠바가 알려진 것과는 달리 CUC(외국인용 화폐인 태환 페소)를 손에 넣을 수 있는 쿠바인과 쿠바페소(CUP)밖에 만질 수 없는 보통사람들과의 격차가 점점 벌어지는 심한 격차사회이며, 유기농업 천국도 아니고, 관광지에서 지하상품을 강매하거나 매춘하는 행위도 계속 발견되고 있다는 비판도 적지 않았다. 또 노후한 차량 운행 등으로 발생되는 대기 질 악화와 같은 환경 문제도 날로 심각해지고 있고, 2011년 5월 제6차 공산당대회에서 채택된 시장원리의 도입 등 여러 개혁이 추진되면서 발생하는 부작용도 상당히 커 보인다는 소식이 이어지고 있다. 실제로 아바나 구 시가지의 오비스포 대로를 비롯한 주요 거리에는 외국인 관광객이 흘러넘치고 전자제품을 포함한 고급 수입품을 취급하는 점포가 줄지어 들어서면서 자본주의 사회에서 발생한 폐해가 점진적으로 증가하고 있다고 한다. 이런 쿠바에 대한 비판적인 평가는 우리나라는 물론 요시다 타로가 사는 일본에서도 이어지고 있다고 한다. '여기에는 과도한 기대로 인해 그만큼 실망도 크지 않았을까' 하는 생각이 든다. 어찌 됐든 쿠바는 이제 우리에게 낯설지만은 않은 나라다.

우리가 피델 카스트로가 이끄는 악의 독재국가 정도로만 이해하고 있었던 쿠바를 제대로 보고 배울 수 있도록 기회를 만들어줬던 요시다 타로의 《생태도시 아바나의 탄생》 후속작인 《몰락선진국》[7]이 2011년 11월에 우리나라에 출간되었다. 이 책은 그가 기존에 출간한 도시농업, 환경, 의료, 교육 분야의 '쿠바 리포트 시리즈'와는 달리 2000년 이후 10여 년 동안 입수한 귀중한 정보를 토대로 전작에서 놓쳤던 주요한 내용을 보완하면서 쿠바 사회의 변화 과정을 섬세하게 추적한 노작이다. 이 책에서 언급하고 있는 몇 가지 흥미로운 내용만을 우선 간단히 소개해보기로 한다.

쿠바는 권력자가 가난하고 작은 정부를 추구했던 일본의 에도막부 시대처럼 권력과 재력을 분산한 불가사의한 정권이다. 에도 시대의 일본이나 쿠바 모두 초기에는 환경파괴형 대규모 개발과 주요 자원을 채굴해 수출하는 방식으로 국가를 유지했으나, 시간이 경과하면서 생태발자국(일정 기간 동안 소비하는 생태적 생산량)이 아주 작은 순환형 사회를 구축하는 데 성공한 것으로 보인다고 요시다는 말한다. 두 나라 모두 중앙혁명정권이라는 권위를 가지면서도 지방분권화를 토대로 주민자치를 실행하고, 자원의 재활용을 철저히 하면서 환경보전과 식량의 지역자급은 물론 풍요로운 교육과 문화 생활을 향유할 수 있는 기반을 구축하는 데 비교적 성공한 것 같다고 그는 언급하고 있다. 한마디로 요약하면 쿠바는 돈과 물질에 의존하는 경제성장

도시의
로빈후드

제일주의에 빠지지 않았다는 것이다. 따라서 경제규모는 작았지만, 문화를 아주 소중히 여기는 탓에 사람들이 아주 풍요롭지는 않더라도 존엄성을 갖고 행복하게 살 수 있는 대국이다. 그는 책 제목인《몰락선진국》이 암시하듯이 쿠바는 '탈성장'이라는 개념 아래 검소한 생활을 하면서도 서구 선진 사회와는 완전히 다르게 행복하게 사는 선진국의 한 예라고 말하고 있다.

이러한 나라를 만들기 위해 쿠바는 소련의 붕괴로 갑작스레 닥친 특별 시기 이후부터 석유 없는 세상에서 살아남을 수 있고, 지구 환경의 제약 조건 아래서도 생활해나갈 수 있는 다양하고 창의적인 방식을 개발·추진하게 된다.《몰락선진국》에는 그런 사례들이 구체적으로 제시되어 있다.

낡은 주택의 옥상을 활용해 어떻게 야채를 재배하고 토끼를 사육했는지, 공동체 건축가 제도를 도입해 주택 문제를 지역사회 단위에서 어떻게 해결했는지, 친환경 자재를 이용해 어떤 방식으로 집을 지었는지, 그리고 주민 참여형 워크숍을 통해 마을 만들기 운동을 어떻게 정착시켰는지 등을 상세히 소개한다. 또 세계 최대 규모의 허리케인 속에서도 사상자가 거의 나오지 않는, 미국보다 월등히 뛰어난 재해방지 모델국으로 어떻게 자리 잡았는지, 어떤 방식의 국민참여로 안전·안심사회를 구축해왔는지 하나하나 섬세하게 짚어주고 있다. 이 밖에도 민중교육과 참여형 정치개혁을 어떻게 실천했는지, 문화예술을 경제 이상으로 소중히 여기는 문화대국을 어떻게 건설해왔는지, 역사적인 건물과 전통문화를 어떻게 보전·복원해왔는지 등도 아주 심도 있게 살펴보고 있다.

이와 함께 요시다는 쿠바의 비효율적인 공무원 조직이 가져온 농지와 사탕수수 개혁의 실패, 거친 농지와 국가관리 농정의 폐해 등도 구체적으로 언급한다. 그러면서도 농업 전문가답게 전통·생태농업으로 자급자족을 달성하려고 노력하는 농촌과 지방농업 개혁 프로그램을 심층적으로 살펴보고, 농민이 참여하는 품종개량과 종자교환 박람회 등 쿠바만이 가지고 있는 특색 있는 사업을 소개한다.

특히 요시다는 최근《몰락선진국》에 앞서 역사를 바꾼 고대 농법의 수수께끼를 탐구한《농업이 문명을 움직인다》라는 책에서 농약과 화학비료를 줄이고, 토양침식을 막으며, 병해충을 방제하고, 화석연료에 대한 의존도를 줄이면서 증가하는 인구를 먹여 살릴 수많은 슬기들이 깃들어 있는 전통적인 생태농업을 소개한 바 있다. 이 책에는 쿠바의 전통농법 이외에도 멕시코의 밀파 농법, 아스테카의 치남파스 농법, 뉴기니 고지대의 흙무더기 농법, 벼와 물고기를 동시에 기르는 벼논양어 등 상당히 다양한 세계 농업유산의 사례가 나와 있다. 이런 고대 농법에서 '회복력'을 가진 지속 가능한 문명의 실마리가 있을 수 있으므로, 이에 대해 남다른 관심을 갖고 있는 사람들은《몰락선진국》과 함께 깊이 읽기를 권하고 싶다.

쿠바 최초의 유기농 농장

도시농장에서 운영하는 직판장

도시의
로빈후드

지속 가능한 문명의
나침반

지금까지 소개한 《몰락선진국》은 현재 수많은 전문가들이 이미 왔거나 조만간 닥칠 것이라고 예견하는 피크오일 위기를 넘을 대안을 찾으려고 암중모색하는 사람들에게 커다란 영감을 불러일으킬 아주 의미 있는 책이다. 또 식량을 안정적으로 확보하고, 주거 문제를 해결함과 동시에 재해 없는 안전한 사회를 실현하고자 애쓰는 모든 사람들, 그리고 살기 좋은 삶터와 문화예술을 소중히 하는 마을과 나라를 만들려고 자신이 가진 모든 에너지를 쏟고 있는 수많은 공직자와 전문가, 활동가들이 필히 읽을 만한 가치가 있다.

일본에서 몇 년 전에 《몰락선진국》을 출간할 당시에 놓쳤던 일부 내용이나 오류를 바로잡으면서 우리에게 던진 메시지, 그리고 2011년 들어 3·11 도후쿠 대지진과 후쿠시마 원전사고 후 저자가 그해 5월과 9월 두 차례에 걸쳐 쿠바를 직접 방문하여 얻은 정보를 토대로 작성한 내용은 우리에게 시사하는 바가 매우 크다. 한국어판 서문을 보면, 쿠바의 생태농업은 허리케인 같은 자연재해에도 피해가 월등히 적은, 위험에 강한 농업으로 비상시에도 자국민에게 안정적으로 식량을 공급할 수 있는 장점을 가지고 있다고 한다. 또 2004~2005년 사이에 200일에 달하는 큰 정전사태를 경험한 후 분산형 발전 모델을 채택한 에너지 혁명을 추진하여 허리케인으로 인한 극심한 재난지역에서도 2주 이상 정전이 계속되지 않고, 복구도 신속히 이루어지는 성과를 거두고 있다고 한다. 이 모든 것이 쿠바가 소련 붕괴 이선

계획했던 12기의 원자력발전소 건설을 포기하고 분산형 발전을 체계적으로 추진한 결과라는 사실에 놀라지 않을 수 없다. 쿠바는 최근에 귀중한 에너지 식물로 주목받고 있는 마라부[9]의 효능을 새롭게 발견해 바이오매스 에너지 강국으로 거듭나고 있다고 한다.

우리는 진정 어떤 마을과 나라에서 살기를 원하는가? 그 대답이 《몰락 선진국》 한국어판 서문에 있는 것 같아, 다소 길지만 여기에 옮겨보기로 한다.

쿠바에는 유명한 이솝 우화인 '개미와 베짱이'가 '개미와 매미'로 되어 있다고 합니다. 겨울이 되고 먹을 것이 없어진 매미가 식량을 얻기 위해 개미를 찾아가면 "내가 땀 흘리며 일할 때 너는 무얼 하고 있었지?" 같은 심술궂은 질문을 받습니다. 그러면 매미는 "열심히 노래해서 모두들 즐겁고 신명나게 만들어주고 있었지"라고 대답합니다. 그러자 그때까지 일밖에 몰랐던 개미는 깊이 반성하며 "그렇구나. 이제부터는 함께 춤추며 살자꾸나." 했답니다. 그렇게 개미와 매미는 먹을 것을 서로 나누며 즐겁게 겨울을 넘겼다는 이야기입니다. 경제성장이 풍요로 직결되는 것도 아니고, 물질의 풍요와 행복은 엄연히 다릅니다. 물질적으로 궁핍해서 가난하다는 소리를 듣는 쿠바는, 사람들이 존엄을 가지고 살 수 있는 나라의 모범을 보이며 다른 여러 나라들에게 하나의 힌트가 되고 있습니다.

《몰락선진국》과 더불어 '쿠바 리포트 시리즈'의 하나로 요시다가 쓴《의료천국, 쿠바를 가다》[10] 또한 우리가 쿠바를 이해하는 데 도움이 되는 아주 중요한 저작이다. 이 책은 쿠바의 의료를 비롯하여 교육 분야에 대해 일본인 특유의 보고서 형식을 빌려 작성한 글이다. 이 책은 쿠바의 무상의료 시스템과 의료원조 현황에 대해 자세히 설명해준다.

쿠바가 의료천국으로 불리는 가장 큰 이유는 어디에 있을까? 아마도 그것은 '패밀리 닥터'로 대표되는, 지역사회를 중심으로 한 1차 진료조직의 완벽한 확립에 있을 것이다. 98% 이상의 국민을 담당하는 전국적인 1차 진료조직이 국민의 건강 파수꾼 노릇을 하며, 치료보다 예방을 중시하는 선진적인 시스템을 구축하는 토대가 되고 있다. 여기서 한걸음 더 나아가 쿠바는 현재보다 미래를 내다본다는 생각으로 과학과 의료기술에 대한 투자를 아끼지 않고, 허브와 동양의학 등 대체의학의 연구·개발에도 역점을 기울여 석유 없이도 약품 생산이 가능한 영역을 개척하면서 국민 건강을 증진시키고 있다.

이 밖에도 우리나라에 '맨발의 의사'로 알려진, 전문의와 간호원들을 중심으로 하는 쿠바의 인도적인 의료원조 및 지원활동은 국제사회에도 정평이 나 있을 만큼 그 활동이 눈부시다. 2005년 파키스탄 지진, 2006년 인도네시아 자바 섬 지진, 2010년 아이티 강진 때 쿠바는 전 세계 어느 나라보다도 많은 의료 인력을 파견하여 피해지역 주민들을 도왔다. 그리고 베네수엘라, 볼리비아 등 중남미 여러 국가에 직간접적으로 의료원조를 하고 있으며, 심지어 돈이 없어 의대에 가지 못하는 제3세계 학생들을 위해 '라틴 아메리카 의과대학(ELAM)'이라는 의대를 만들어서 무상으로 교육하고 있기도 하다. 게다가 쿠바가 국제연대 사업의 일환으로 역점을 기울여 벌이고 있는 '국경 없는 의사단' 활동은 참으로 감동적이다. 전 세계의 재해지역으로 달려가서 원조활동을 벌이는 쿠바의 인도적인 의사를, 아예 그민

활동을 전문적으로 담당하기 위해 꾸려진 '헨리 리브'[11] 국제구조대, 그리고 어떤 나라도 감히 하지 않았던 체르노빌 원폭 피해자들에 대한 인도적 원조 등은 우리의 가슴을 뭉클하게 만든다.

이제 쿠바에 대한 이야기를 마무리하며 마지막으로 필자의 간절한 소망 하나를 언급하고자 한다. 그것은 더 많은 사람들이 기후변화위기에 대응하면서 석유 없는 세상을 준비할 수 있도록 지금까지 괴물로 보아온 쿠바를 다시 보고 거기서 우리 사회에 없는 어떤 강력한 힘과 창의적인 에너지를 느꼈으면 좋겠다는 것이다. 우리가 사는 세상은 결국 혁명적인 의지와 신념을 가지고 있고, 기존 체제의 한계를 뛰어넘으려는 모험과 도전정신을 가진 로빈 후드나 돈키호테와 같은 사람들이 바꾼다. 뉴욕에서 몬드라곤까지 지구촌의 많은 도시와 지역 공동체의 사례들은 이 사실을 명확하게 가르쳐주고 있다. 바로 지금, 우리가 사는 삶터에서 너도나도 적극적으로 로빈 후드나 돈키호테가 되도록 노력해보거나, 이런 혁명가들을 지원하는 대열에 동참해보도록 하자. 우리의 미래는 우리가 어떤 꿈을 꾸느냐에 따라 결정된다. 이제 행동에 적극 나서야 할 때다.

도시의
로빈후드

주석

참고문헌

주석

1부
사람을 위한 교통

뉴욕의 로빈후드

1   David Metz (2010), "Saturation of demand for daily travel," *Transport Reviews*, 30 (5): 659-674; Peter Newman and Jeff Kenworthy (2011), "'Peak Car Use': Understanding the Demise of Automobile Dependence," *World Transport Policy and Practice*, 17 (2): 31-42; Phil Goodwin (2012), "Three Views on 'Peak Car'," World Transport Policy and Practice, 17 (4): 8-17.

2   Bureau of Infrastructure, Transport and Regional Economics (2012), *Traffic growth: Modelling a Global Phenomenon*, Report 127, BITRE, Canberra, Australia. http://www.bitre.gov.au/publications/2012/report_128. aspx

3   《뉴욕타임스》는 지난 6월 말 토요판 기사에서 미국인들의 차량 이용률이 이미 정점을 찍고 지속적인 하락 국면에 접어들었다는 통계를 내놨다. 이 때문에 앞으로 자동차 업계는 물론 도시 생활과 문화에도 일대 패러다임 전환이 예상된다고 엘리자베스 로젠탈 기자는 보도했다. Elisabeth Rosenthal (2013), "The End of Car Culture," *The New York Times*, Jun 29.

4   '말괄량이 샐리' 또는 '포드 자동차 머스탱을 탄 샐리'라는 뜻을 지닌 이 노래는 R&B 차트 6위에 까지 오른 유명한 곡이다.

5   듀스 쿠페는 포드 자동차의 1932~34년 형 자동차의 이름으로 이 노래는 1963년 곡이다.

6   시박 교수의 연구에 따르면, 1983년에만 해도 만 16세 연령 인구의 약 절반(46%)이 운전면허를 갖고 있었지만, 2010년 현재 28%를 기록, 거의 절반 수준으로 떨어졌다. 17세의 경우 전체 69%에서 46%로, 18세의 경우 80%에서 61%로, 19세의 경우 87%에서 70%로 감소했지만, 20~24세의 경우는 전체 92%에서 81%로 다른 연령층에 비해 상대적으로 적게 감소한 것으로 나타났다. 그리고 청년들의 운전도 2001년과 2009년 사이에 23%나 감소한 것으로 보고되고 있다.

7   지난해 바르셀로나에서 이동통신 관련 행사 세계모바일회의(MWC: Mobile World Congress)가 열렸을 때 포드가 참여한 것도 이런 배경에서다. 거기서 포드 이사장 빌 포드(Bill Ford)

도시의
로빈후드

는 "이제 통신수단과 자동차를 접목시켜야 하는 세상이 왔다"고 강조하면서, "보행자, 자전거, 승용차, 상업 및 대중교통을 하나의 연결망으로 엮은 도시를 창조하여 시간 절약, 자연 보전, 배기가스 저감, 교통안전을 개선하도록 통신산업과 파트너를 맺자"고 제안했다.

8   리처드 플로리다, 김민주, 송희령 공역(2010), 《그레이트 리셋: 아이디어 중심 창조경제로 비즈니스 새판 짜기맵》, 비즈니스맵, p. 245.

9   Robert Puentes and Adie Tomer (2008), "The Road...Less Traveled: AnAnalysis of Vehicle Miles Traveled Trends in the U.S.," *Metropolitan Infrastructure Initiative Series*, Brookings Institution.

10   2011년 록펠러재단은 새로운 아이디어와 활동 공로를 인정해 자넷 사딕-칸에게 '제인 제이콥스 메달(Jane Jacobs Medal)'을 수여했다. 그녀는 비즈니스 인사이더(Business Insider) 가 세계를 바꾸는 50명의 여성 중 8번째로 선정한 저명인사이기도 하다. 1위가 마이크로 소프트 창립자이자 세계 최대의 자선단체를 이끌고 있는 빌 게이츠(Bill Gates)의 아내 멜린다 게이츠(Melinda Gates)이고, 2위가 페이스북의 최고운영책임자(COO)인 셰릴 샌드버그(Sheryl Sandberg), 3위가 미국의 전 국무장관 힐러리 클린턴(Hillary Clinton)이고, 10위가 독일 수상 앙겔라 메르켈(Angela Merkel)이란 사실만 보더라도 그녀가 국제사회에서 얼마나 높은 위상을 갖고 있는지 알 수 있다.
http://www.businessinsider.com/50-women-who-are-changing-the-world-2013-4?op=1

11   뉴욕시 교통국 내부 자료 참조.

12   리처드 플로리다, 앞의 책, pp. 24-25.

13   2007년 6월에 다시 공화당을 탈당해 현재는 무소속 시장으로 있지만, 블룸버그 L.P의 창립자로서 미국에서 8번째 부자로 선정된 바 있는 그는 지난 10여 년 동안 뉴욕을 혁명적으로 바꾼 지휘자였다.

14   좀 더 구체적인 내용을 알고 싶은 사람들은 하이라인 공원과 '하이라인의 친구들'의 공식적인 홈페이지를 참조하라. www.thehighline.org

15   설계와 시공 기간이 약 8년에 걸쳐 중복된 이유는 "급하게 설계해 빨리 완공하겠다는 생각보다 시간을 들여서 제대로 계획하고 또 한 구간에서 고칠 점이 발견되면 다음 구간의 설계에 반영하겠다는 의도 때문이었다"고 한다. "이렇게 장기간에 걸쳐 다단계로 이루어지는 방식은 현존하는 도시와 새로 지어지는 건축물이 더 유기적인 관계를 맺게 하는 데 도움이 되기도 하는 장점이 있다"고 하이라인 설계팀의 일원으로 참가했던 공원 건축가 황나현은 말한다(중앙일보, 2011년 6월 25일자).

16   The City of New York (2007), *PlaNYC: A Greener, Greater NEW YORK*. 이 보고서의 수정판은 2011년에 다시 출간되었다.

17   GEHL Architects (2007), *World Class Streets: Remaking New York City's Public Realm*.

18   Janette Sadik Khan이 발표한 ppt 자료인 "Transforming New York City Streets" 참조.

19 New York City (2013), *NYC Bike Share: Designed by New Yorkers*.

20 유료 자전거 공유 시스템인 '시티바이크'는 연회비 95달러(약 10만원)를 내고 전자키 형태의 회원권을 받으면 누구나 1년 내내 하루 몇 번이라도 자전거를 빌려 탈 수 있다. 이용 시작 후 처음 45분은 무료로 이용하고, 이후 45~75분 2.5달러, 75~105분 9달러, 105분 이후에는 매번 추가 30분마다 9달러를 부과한다. 이와는 달리 단거리 이용 시에는 보증금 101달러를 내고, 1일 이용료 9.95달러, 1주일 이용료 25달러, 이용 시작 후 30분은 무료, 이후 30~60분은 4달러, 60~90분 13달러, 90분 이후는 매 추가 30분마다 9달러를 부과한다.

21 좀 더 상세한 내용을 알고싶은 사람들은 다음에 소개된 뉴욕시 홈페이지와 페이스북을 찾아보기 바란다.
    http://www.nyc.gov/html/dot/summerstreets/html/home/home.shtml
    https://www.facebook.com/SummerStreets

굿바이 하이웨이!

1 김용옥 (2003), 《도올의 淸溪川 이야기: 서울, 유교적 풍류의 미래도시》, 통나무, pp. 11-12.

2 앞의 책, pp. 59-83.

3 청계천시민위원회는 2년간의 활동을 마무리하며 금년 3월 중순 경에 '청계천 역사성 및 자연생태성 회복안'을 시에 제출했다. 이 안에는 수표교를 원 위치에 중건하는 역사성 회복, 인공적인 용수 공급 중단, 자연 물길 복원, 비좁은 인도 확장과 장애인들이 이용할 수 없던 계단 대신 경사로 설치 등 보도환경 개선이 주로 담겨 있다. 앞으로 서울시에서는 이를 분야별로 상세히 검토한 후 단기 또는 중장기 과제로 나누어 민선 6기부터 본격적으로 추진할 것으로 보인다.

4 《한겨레신문》, 2012년 4월 2일자 6면 참조.

5 ITDP(Institute for Transportation and Development Policy) and EMBARQ (2012), The Life and Death of Urban Highways.

6 http://www.preservenet.com/freeways/FreewaysPompidou.html

7 센트럴 파리 지역에는 자전거역이 300m당 1개씩 자리잡고 있다.

8 Enrique Penalosa (2011), "A Powerful Symbol," *Transport for Society*, OECD International Transport Forum, pp. 18-21.

보고타의 돈키호테

1 앨런 이레이라 (1992), "이대로 가면 세상이 곧 죽을 것이다: '인류의 형님들'이 보내온 메시지," 《녹색평론》, 통권 제5호, 녹색평론사; 앨런 이레이라, 이태화 옮김 (2006), 《영혼의 부족 코기를 찾아서》, 샨티.

2 앨런 와이즈먼 지음, 황대권 옮김 (2002), 《가비오따쓰: 세상을 다시 창조하는 마을》, 월간 말.

3 콜롬비아는 전 세계에서 새의 종류가 가장 많으며, 식물류와 양서류는 두 번째로 많고, 파

도시의
로빈후드

충류는 세 번째로 많다. 전체 종의 수로 보면 브라질이 더 많을 수 있겠지만, 브라질은 콜롬비아보다 면적이 7배나 더 넓다. 이 사실을 고려할 때 콜롬비아의 단위면적당 생물종 다양성 수준은 세계 최고라 할 수 있다.

4　Enrique Penalosa (2002), "Urban Transport and Urban Development: A Different Model," *The Center for Latin American Studies*, University of California, Berkeley, April 8.

5　《사이언티픽 아메리칸》에 게재된 '현명한 성장의 과학(The Science of Smart Growth)'이라는 제목의 글에서 도날드 첸이 소개한 1990년대의 애틀랜타 시의 사례는 단연 돋보이는 것이다. 올림픽 유치를 계기로 시작된 10년간의 준비작업 과정에서 애틀랜타는 인구증가와 주택 건설, 고용창출, 고속도로 건설의 경우 그 어떤 다른 미국의 도시들보다 앞서나갔다. '새로운 남부'의 한 거점이기도 한 애틀랜타는 폭발적으로 성장했다. 그러나 오늘날 이는 악몽과도 같은 결과를 초래했다. 대기오염은 계속 심해지고 있으며, 인구증가에 의한 극심한 교통혼잡이 발생하여 주민들의 불만이 점점 고조되고 있다. 결국 애틀랜타는 델라웨이만 한 크기로 무분별하게 확장하면서, 로스앤젤레스와 휴스턴을 제치고 미국 도시 가운데 통근시간이 가장 긴 도시가 되었다. 자동차에 의존하는 도시의 최종적인 결과가 어떠한지 보여주는 아주 좋은 사례이다.

6　예를 들어, 보고타 시에서는 월요일 첨두시간대(오전 6시~8시 30분, 오후 3시에서 7시 30분까지)에 번호판 끝자리 수가 5, 6, 7, 8, 화요일에는 9, 0, 1, 2, 수요일에는 3, 4, 5, 6, 목요일에는 7, 8, 9, 0, 그리고 금요일에는 1, 2, 3, 4인 경우에 승용차 통행이 제한되었다. 이 숫자는 통상 2년 간격으로 순환되는 것으로 알려져 있다. 만약 이 규정을 운전자들이 위반할 경우 2만5000페소(1만5000원 정도)의 벌금을 내야 하는데, 그 금액은 보고타 시민들의 소득 수준에 비추어 볼 때 상당한 액수에 해당한다.

7　여기서 말하는 하루 6시간의 첨두시간이란 오전 6시부터 9시까지, 그리고 오후 4시 30분부터 7시 30분까지를 말한다. 이는 현재 보고타에서 출퇴근 시간대에 실시되는 4시간 동안의 자동차 통행 제한에 비해 2시간이 확대된 것이다.

8　자세한 내용은 다음의 홈페이지를 참조하라. www.cicloviasrecreativas.org/en/

9　오전 6시 30분부터 오후 7시 30분까지 자가용 통행을 금지한 이 날은 질소산화물이 8%, 일산화탄소가 22%, 미세먼지가 21%씩 각각 감소된 것으로 나타났다. 이 외에도 건강과 경제적 편익 등의 수치는 다음의 웹자료(http://stratus.city.toronto.on.ca)를 보면 알 수 있다. Oscar Edmundo Diaz & Eric Britton, "Car Free in Bogota and Follow-up Program."

10　원래 계획목표가 350㎞인 자전거도로망 시범사업 구간은 네덜란드의 IBC 위트레흐트(IBC Utrecht)와 I-ce(Interface for Cycling Expertise)가 설계하고, 콜롬비아 기업 RyU(Restrepo y Uribe)가 건설했다고 한다. 이 사업은 건설구간에서 수백 그루의 나무를 베는 문제로 한 때 일부 환경주의자들의 저항을 받았고, 콜롬비아의 금융 일간지 《라 레푸블리카(La Republica)》의 한 논설위원한테서도 "사치스러운 돈 낭비"라는 비판을 받기도 했나고 된다. 어지긴 흥두지엑이 보고타 시의 실정에 비추어 다소 많고, 연구결과가 비용에 비해 편익이 다소 과장된 측면이 있기는 하지만 이 글에서는 그리 중요한 사안이 아니므로

구체적인 언급은 생략하기로 한다.

11 총 22개 버스전용도로로 구성된 트랜스밀레니오 시스템 건설의 1단계는 1998~2001, 2
단계는 2002~2005년, 3단계는 2006~2010년, 그리고 4단계는 2011~2016년으로 각
각 계획되어 있다.

12 57개의 정류장에는 도로중심부의 중앙분리지역(5m)에 500m마다 있는 기본 정류장
(simple stations) 53개와 노선의 도로상에 입지하지만 지선버스를 바꾸어 탈 수 있는 4개
의 중간통합역(intermediate integrations stations)이 있다. 이런 정류장의 길이는 30m에서부
터 198m까지 승객수와 이용밀도에 따라 다양한데, 현재 보고타에 있는 정류장의 평균 길
이는 113m인 것으로 보고되고 있다. 그리고 간선 노선의 끝 부분에 있는 4개의 터미널
(terminal stations)은 버스요금의 추가부담 없이 지선버스, 지구 간 버스를 바꾸어 탈 수 있
는 일종의 환승정류장이자 터미널의 역할을 담당하고 있는 곳이다.

13 트랜스밀레니오의 간선운영을 담당하는 4개 회사(SI99 S. A., Express del Futuro S. A., SITM
S. A., Metrobus S. A.), 지선버스 운영을 담당하는 5개 회사(SIDAUTO, CODATERMIL, URIBE-
URIBE, ALOCN, ALNORTE), 버스요금 징수를 전담하는 ANGELCOM S. A., 통제센터를 제
공한 Electronic Traffic ETRA, 징수된 버스요금을 관리·배분하는 신탁회사 Lloyd's
Trust, 그리고 다수의 민간 계약자들이 트랜스밀레니오 시스템이 정상적으로 운영되는
데 이바지하고 있다.

14 2013년 말을 기준으로 할 경우 간선노선 운영자는 숫자가 동일한 데 반해 지선노선 운영
자는 5개 회사에서 7개 회사로 확대된 것으로 보고되고 있다.

15 전체 버스요금 수입액의 4%는 '트랜스밀레니오 S. A.'에 시스템 운영비로 할당된다. 그
리고 나머지 96%는 주요 간선노선의 운행 면허를 가진 민간 버스회사와 지선을 운행하
는 버스회사에 각각 72%와 15%가 배분되고, 9%는 버스요금을 징수하는 민간기업에 배
분되는 것으로 알려져 있다. Julie Porter (2010), "Trade Union responses to World
Bank restructuring projects: The case of Transmilenio in Colombia," Public
World, London, Public World Ltd. 이와는 달리 UNDP의 한 자료에 따르면, 운임수입
과 광고료 등이 포함된 전체 수입금 가운데 4%는 '트랜스밀레니오 S. A.'에 배분되고, 간
선노선과 지선노선 운영자에게 각각 65%와 20%, 버스요금 징수 회사에 10%, 그리고 나
머지 1%는 행정관리기금으로 적립되는 것으로 알려져 있다. 이상을 종합해보면 우리는
조사 시점에 따라 분배비율이 약간 차이가 있음을 알 수 있다.

16 이 수치는 보고타 시의 전 시장 엔리케 페냐로사의 자문역이었던 디아즈(Diaz)가 2003년
6월 24일 미국 상원의 '은행, 주택 및 도시 문제 위원회'의 청문회에서 진술한 자료에 구
체적으로 제시되어 있다.

17 충돌사고 건수가 1999년 1060건에서 2001년에는 220건, 부상자는 720건에서 180건,
사망자는 66건에서 5건으로 각각 감소하여 트랜스밀레니오 시스템의 건설 전후로 대조
적인 차이를 보이고 있다.

18 2003년 6월 24일에 '은행, 주택 및 도시 문제 위원회' 청문회에서 미국 연방대중교통청
(FTA) 행정관 제니퍼 돈(Jennifer L. Dorn)이 진술한 내용이다.

19 www.brtdata.org/#/location

도시의
로빈후드

20 Aileen Carrigan, Robin King, Juan Miguel Velasquez, Matthew Raifman & Nicolae Duduta (2013), Social, *Environmental and Economic Impacts of BRT Systems: Bus Rapid Transit Case Studies from Around the World*, Washington, EMBARQ, pp. 49-57.

21 74개 근린마을과 연계된 지선의 총연장은 309㎞이다. 지선은 승객들을 외딴 지역에서 환승정류장과 통합터미널로 연결해주는 역할을 수행한다.

22 http://www.brtdata.org/#/location/latin_america/colombia/bogota

23 보고타 시민들을 전체적으로 6분위로 나눌 경우, 하위 2분위에 속하는 트랜스밀레니오 이용객이 40%, 3분위가 39%인데 반해 4분위는 13%, 1분위는 6%이고, 5분위와 6분위는 각각 2%와 1%인 것으로 나타난다. 이는 중간 이하의 소득자 85%가 주로 트랜스밀레니오 시스템을 이용하고 있다는 것을 말해준다.

24 www.unece.org/fileadmin/DAM/thepep/en/committee/documents/2010/presentations/05.rodriguez.pdf

25 뉴욕 소재의 비영리연구단체 ITDP(Institute for Transportation and Development Policy)의 회장으로 국제사회에서 저명한 인물로 급부상한 엔리케 페냐로사는 이 두 사람과 2007년과 2011년에 치른 보고타 시장 선거에서 겨뤘으나 낙선했다.

26 지하철 같은 대규모 토건사업을 추진하려던 로자스 시장은 판사에 의해 법정 구속된 것으로 전해지고 있는데, 이때 보고타 시의 도시개발과 건설 분야의 고위 공직자 중 약 60%가 현직에서 물러났다고 한다. 이 이야기는 페냐로사 시장의 동생이자 보고타 시의 전 공원국장이었고, 현재는 8-80cities의 사무총장을 맡고 있는 질 페냐로사(Gil Penalosa)가 필자에게 직접 수원의 생태교통 국제 세미나에서 증언해준 말이기도 하다.

27 Hiroaki Suzuki, Robert Cervero, and Kanako Luchi (2013), *Transforming Cities with Transit: Transit and Land-Use Integration for Sustainable Urban Development The World Bank*, pp. 113 ~ 114.

28 World Bank Project Information Document, Concept Stage. Report No.: AB4561. Project Name: Colombia Integrated Mass Transit Systems (IMTS) Additional Financing. Date approved: July 2009.

29 2000년 개통 당시에 1000페소였던 트랜스밀레니오의 요금이 계속 인상되어 현재는 1700페소이다.

30 Hiroaki Suzuki, Robert Cervero, and Kanako Luchi, op. cit, p.126.

31 Ian Roberts (2003), "Car Wars," Resurgence, no. 218, May/June.

Eco + Mobility

1 리처드 하인버그 지음, 노승영 옮김(2013), 《제로 성장 시대가 온다》, 부키.

2 Peter Newman, Timothy Beatley and Heather Boyer (2009), *Resilient Cities: responding to Peak Oil and Climate Change, Washington D.C.*, Island Press, pp. 22~23

3 http://www.climatechange2013.org/images/uploads/WGIAR5SPM_

Approved27 Sep2013.pdf(이 보고서를 개괄한 내용은《한겨레신문》, 2013년 10월 2일자 참조)

4   1.0℃는 온실가스를 당장 적극적으로 감축하는 경우(RCP2.6 시나리오), 3.7℃는 온실가스 감축 없이 지금의 온실가스 배출 추세를 지속하는 경우(RCP8.5 시나리오)의 최적 상승 전망 치이다.

5   Peter Newman, Timothy Beatley and Heather Boyer, op. cit, p. 32.

6   여기서 밝힌 기본적인 통계나 자료 등 주요 정보는 물론 사업의 성과 분석결과는 수원시 교통국의 내부자료를 주로 참고했다. 이 자리를 빌려 수원시 교통국과 생태교통주민추진 단 그리고 팔달구 행궁동 주민 모두에게 머리 숙여 감사의 인사를 드리고 싶다.

7   염태영 (2013), "생태교통과 함께하는 수원의 내일,"《제15회 지속 가능발전 전국대회 자 료집》, p. 115.

8   박홍수 (2013), "즐거운 도시산책 생태교통 수원 2013,"《녹색도시전국대회 자료집》.

9   Nicole Foletta and Simon Field (2011), *Europe's Vibrant New Low Car(bon) Communities*, New York, ITDP.

자동차여 잘 있거라!

1   이런 도시를 두고 무지하기 이를 데 없는 국내의 한 자치단체장은 브라질리아가 생태도 시이기는 하지만 배후도시가 없어 실패했다는 허무맹랑한 논리를 강변하고 있기도 하다.

2   리처드 로저스 · 필립 구무치안, 이병연 옮김,《도시 르네상스》, 이후, 2005.

3   개발지상주의 아래서 대규모 토목 사업을 벌이기 위해 정 · 관 · 재계가 담합하여 건설을 통해 '나눠먹기' 식으로 국가를 운영하는 한 형태를 흔히 '토건 국가'라고 부른다.

4   조한선 이동민,〈2009년 전국 교통혼잡비용 추정과 추이 분석〉, 한국교통연구원, 2012.

5   김태헌 · 이상열,〈2011년 에너지수급 실적 분석〉, 에너지경제연구원, 2013. 1; 지식경제 부 · 에너지경제연구원,에너지통계연보, 2012.

6   국토해양부 · 교통안전공단,〈국가 교통부문 온실가스 배출량 보고서〉, 2010. 12.

7   D. Appleyard, 1981, *Livable Streets*. Berkeley:University of California Press.

8   David Enqwicht, 1993, *Reclaiming Our Cities & Towns: Better Living with Less Traffic*, Philadelphia: New Society Publishers.

9   리처드 로저스의 정의에 따르면, 지금까지 우리가 일반적으로 알고 있었던 지속 가능한 도시와는 상당한 차이가 있다. 그는 지속 가능한 도시를 정의로운 도시, 아름다운 도시, 창조적인 도시, 환경친화적인 도시, 교신과 이동이 자유로운 도시, 밀집되고 다중심적인 도시, 다양성이 있는 도시 등 일곱 가지 양상을 종합적으로 지닌 도시로 비교적 광범위하 게 정의하고 있다.

대한민국 버스는 안녕하십니까?

1   한귀영, "무상버스…무모한 발상인가, 대담한 상상력인가,"《한겨레신문》, 2014년 4월 1 일자 참고.

2   www.sibrtonline.org

3   기초자치단체 중 전국에서 최초로 준공영제를 시행(2007. 7. 16)했던 마산시의 경우 통합

도시의
로빈후드

창원시에 편입된 이후 2011년부터 폐지하였다.

4   2004년 5월 18일, 건설교통부 차관 주재로 6대 광역시 교통국장 회의를 개최했는데, 이
때 서울시에서 7월 1일부터 시행하기로 한 버스체계 개편을 토대로 자치단체별로 시내버
스의 '준공영제' 도입을 적극 검토·추진하기로 하고, 노조 대표, 사용자 대표, 관계 공무
원 등으로 '노사정협의회'를 구성하여 시내버스의 근본적인 문제점을 찾고, 대책을 마련
하기로 했다. 그 후 대전, 부산, 인천의 경우는 자치단체가 준공영제를 도입 내지 검토하
겠다는 선언을 했거나 검토하겠다는 입장을 밝히면서 협상이 조기에 타결된 반면, 대구와
광주 등은 파업이 장기화되는 사태가 벌어지기도 했다.

5   전남 신안군은 군청에서 직접 14개 민간업체의 버스 22대를 영업 보상, 차량 인수 비용
명목으로 9억여 원을 들여 6년간 인수했다. 신안군은 현재 40개 노선에 버스 38대를 직
영으로 운행하고 요금은 성인 1000원, 학생 500원, 65세 이상 고령자는 무료다. 연간 운
영비 20억 원(2013년 기준)을 부담한 반면, 요금 수입은 1억5000만 원에 불과하다. 따라
서 순수한 운영보조금은 18억5000만 원에 달한다. 신안군은 공영제 시행 전인 2006년
8억 원을 버스회사 보조금으로 지급했지만 공영제 시행 후인 2013년에는 보조금이 18
억5000만 원으로 증가했다. 보조금이 10억 원 이상 늘어난 것은 당초 22대이던 버스를
38대로 늘렸고, 무료버스를 이용하는 65세 이상 고령층이 증가했기 때문이다. 그 덕분에
공영제 시행 이전인 2006년 20만 명이던 버스 이용객이 2013년 68만5000명(무료 이용
객 53만 명)으로 급증했다고 한다. 모창환, "공짜 좋지만 ''돈'은 어쩔 건데…,"《주간동아》,
930호, pp. 18-21참조.

6   전자는 운송수입금을 지자체가 일괄적으로 관리하고 노선운행에 소요되는 모든 비용을
지원하는 조건으로 이를 입찰에 부치고 최저액을 제시하는 업자에게 노선운영권을 맡기
는 방식이고, 후자는 업체가 수입금을 관리하되 운송수입과 운송비용의 차액에 해당하는
보조금을 지자체가 지급하는 것으로서 공개입찰에서 보조금 최저액을 제시한 업자에게
노선운영권을 위탁하는 방식을 말한다.

7   ITDP, GIZ, ClimateWorks Foundation, ICCT and Rockefeller Foundation.
(2013), The BRT Standard 2013.

2부
위기를 준비하는 사람들

민중의 도시, 벨루오리존치

1   박용남 (2006),《작은 실험들이 도시를 바꾼다: 보고타에서 요하네스버그까지》, 이후, p.
321.

2   안토니 가우디에 필적하는 것으로 평가되는 현존 최고의 건축가(105세)로, 1988년에 건축
분야의 노벨상이라 불리는 프리츠커 상을 수상.

3   Frances Moore Lappe and Anna Lappe (2002), *Hope's Edge: The Next Diet for a
Small Planet*, New York: Jeremy P. Tarcher/Putnam.

4   World Future Council (2009), Celebrating the Belo Horizonte Food Security Programme-Future Policy Award 2009: Solutions for the Food Crisis.

5   벨루오리존치 시를 집중적으로 연구하고 있는 대표적인 영어권 학자로는 캐나다 토론토 라이어슨대학교(Ryerson University)의 세실리아 로차 교수가 있는데, 그녀가 발표한 주요 논문들을 소개하면 다음과 같다. Cecilia Rocha (2000), "An Integrated Program for Urban Food Security Policy: The Case of Belo Horizonte," unpublished paper; Cecilia Rocha (2001), "Urban Food Security Policy: The Case of Belo Horizonte, Brasil," *Journal for the Study of Food and Society*, Vol. 5, No. 1, pp. 36-47; Cecilia Rocha and Adriana Aranha (2003), Urban Food Policies and Rural sustainability? How the Municipal Government of Belo Horizonte, Brasil is Promoting Rural Sustainability; Cecilia Rocha (2005), "Urban Agriculture in Brazil," Food for Talk Seminar Series(2005. 12. 2), York University; Cecilia Rocha (2009), "Healthy Food for All: The Alternative Food System in Belo Horizonte, Brazil," Earth Week at Wayne Sate University(April 21-22), Detroit, MI, USA; Cecilia Rocha (2009), "Developments in National Policies for Food and Nutrition Security in Brazil," *Development Policy Review*, 27 (1): 51-66.

6   Cecilia Rocha (2007), "Food Insecurity as Market Failure: A Contribution from Economics," *Journal of Hunger & Environmental Nutrition*, Vol. 1, no. 4, pp. 1-22; 김종덕 (2009), "브라질 벨로오리존치 시의 식량보장 정책 사례,"《농촌경제》, 32(4), 한국 농촌경제연구원.

7   http://www.silentkillerfilm.org/interview_aranha.html

8   Frances Moore Lappe (2009), "The City that Ended Hunger," *YES! Magazine*, Issue 49.

9   후에 '영양 및 식량 보장 통합국(SMASAN)'으로 확대·개편되었다. 이하 영양·식량보장국.

10 Prefeitura Belo Horizonte (2012), "SMASAN"; Prefeitura Belo Horizonte (2012), "Belo Horizonte City Government"; Prefeitura Belo Horizonte (2012), Belo Horizonte Cidade Sustentavel; Public Policies for Food Supplies in Belo Horizonte City, Brazil. http://www.unesco.org/most/southa10.htm

습지에서 꽃핀 공동체, 파우마스 은행

1   UNDP (2013), *Human Development Report 2013*-The Rise of the South: Human Progress in a diverse World.

2   Neiara de Morais (2010), "Conhunto Las Palmeiras, Fortaleza, Brazil: Banco Palmas," Mimeo, p. 2.
    http://www.uclg-cisdp.org/sites/default/files/Fortaleza_2010_en_FINAL.pdf

3   베벌리 슈왈츠 지음, 전해자 옮김 (2013),《체인지메이커 혁명》, 에이지21, p. 152.

4   Carlos de Freitas Institut Palmas Europe (2010), "Joaquim Melo, the Palmas Institute and the Community Banks," Mimeo.

도시의
로빈후드

www.banquepalmas.fr

5   Jahan Ara Peerally, Marlei Pozzebon and Fabio Prado Saldanha (2012), The Remarkable Expansion of Community Banks in Brazil: Discovering Palmas' Methodology, Mimeo, pp. 3-5.
http://casepalma.files.wordpress.com/2012/10/case-palmas-pdf.pdf

6   앞의 글, p. 7.

7   1997년에 최소임금은 1달에 120헤알(reals)이었다. 환율이 미화 1달러당 약 1.10헤알이었으므로 90%의 가구는 대략 1개월당 218달러(또는 하루당 7달러) 아래서 살았다는 것을 의미한다.

8   Ashoka재단 웹사이트(https://www.ashoka.org/fellow/Joaquim-de-melo-neto-segundo) 참조.

9   Margrit Kennedy, Bernard Lietaer & John Rogers (2012), *People Money: The Promise of regional currencies*, Triarchy Press Ltd, p. 41.

10   앞의 책, p. 40.

11   Jahan Ara Peerally, Marlei Pozzebon and Fabio Prado Saldanha, 위의 글, p. 9에서 재인용.

12   Joao Joaquim de Melo Neto Segundo (2010), "Associative Community Banks in Brazil," *WorkingUSA: The Journal of Labor and Society*, Vol. 13, p. 69. 스위스의 비어(Wir) 은행에서는 파우마스 은행과 같이 법정화폐인 스위스 프랑(Swiss francs)과 함께 보완화폐인 비어(wirs)를 이용해 거래를 한다. 파우마스 은행보다 훨씬 규모가 큰 비어 은행에서는 6만5000개의 사업체가 참가하고, 1년에 약 20억 달러가 유통되고 있다.

13   P. Prada (2011), In pockets of Booming Brazil, a Mint Idea Gains Currency, *Wall Street Journal*, September 20.

14   Jahan Ara Peerally, Marlei Pozzebon and Fabio Prado Saldanha, 위의 글, pp. 12-13.

15   앞의 글, pp. 14-15.

16   Joao Joaquim de Melo Neto Segundo, 위의 글, p. 63.

17   베벌리 슈왈츠 지음, 전해자 옮김 (2013), 위의 책, pp. 153-154.

18   파우마스 은행의 네트워크 저널(Network Journal)은 매달 5000부를 인쇄해 주민들에게 무료로 배포하고 있다.

19   Joao Joaquim de Melo Neto Segundo, 위의 글, pp. 64-66.

20   앞의 글, p. 69.

21   2009년 10월 현재, 공동체은행연합(associative commmunity banks)에 소속된 47개 공동체 은행 가운데 42개가 파우마스 시스템을 이용하는 것으로 보고되고 있다.

22   앞의 글, p. 75.

23   Jahan Ara Peerally, Marlei Pozzebon and Fabio Prado Saldanha, 위의 글, p. 19. 최근 수치는 파우마스 은행 홈페이지에 게시되어 있다.

24   http://www.bancopalmas.org.br/

25 Margrit Kennedy, Bernard Lietaer & John Rogers, 위의 책, pp. 38-41.

26 Neiara de Morais, 위의 글, p. 9.

27 Jahan Ara Peerally, Marlei Pozzebon and Fabio Prado Saldanha, 위의 글, p. 20

28 앞의 글, pp. 22-23.

29 Joao Joaquim de Melo Neto Segundo, 위의 글, p. 74.

모든 이에게 햇볕을, 세계의 사회적 기업

1 1996년 유럽연합 15개국의 연구자들로 구성된 사회경제연구 분야의 연구 네트워크임.

2 정병순 · 신경희 · 차은수 (2007), 〈서울시 사회적기업 육성 및 지원방안〉, 서울시정개발연구원; 신경희 (2010), 〈서울시 (예비)사회적기업 육성 지원방안〉, 서울시정개발연구원.

3 지경배 (2010), "사회적 기업과 커뮤니티 비즈니스의 통합지원체계 구축방안," 강원발전연구원, 정책브리프 제80호 참조.

4 무함마드 유누스, 송준호 옮김 (2011), 《무함마드 유누스의 사회적 기업 만들기》, 도서출판 물푸레, p. 23.

5 고용노동부 · 사회적기업연구원(2010), 《사회적기업 개요집 501》과 한국사회적기업진흥원(2013), 《2013년 사회적기업 개요집 950》, 그리고 관련 단체 및 업체와 조합의 홈페이지에 제시된 자료를 토대로 작성했음을 밝혀둔다.

6 식품의 원료, 제조·가공·조리 및 유통의 전 과정에서 위해물질이 해당식품에 혼입되거나 오염되는 것을 사전에 방지하기 위하여 각 과정을 중점적으로 관리하는 기준을 말한다.

7 '새미'는 '마을'을 뜻하는 순우리말로 '푸른새미'는 지역에서 자생할 수 있는 생태적이고 공동체적인 마을을 의미한다.

8 파비오 호사(번역서에는 영어식으로 '로사'로 표현되어 있으나 여기서는 브라질어로 표기함)는 2001년 스위스 제네바 소재 슈밥 사회적기업재단이 선정하는 '사회적 기업가 40인'의 첫 수상자 명단에 오른 인물이다. 그는 같은 해에 새너제이 기술박물관이 인류에 증진에 기여한 기술자에게 수여하는 기술혁신박물관상을 받기도 했다. 이 상은 약 50개 국가에서 등록한 400여명의 후보자 가운데 5명에게만 주어진 것이다. 호사의 활동에 대한 보다 구체적인 내용은 데이비드 본스타인, 박금자 · 나경수 · 박연진 옮김 (2008), 《달라지는 세계: 사회적 기업가들과 새로운 사상의 힘》, 지식공작소, pp. 37-66을 참조하라.

9 무함마드 유누스 (2011), 앞의 책, pp. 49-50. 이 책에서 유누스는 아주 논쟁이 될 만한 견해를 밝히고 있다. '선샤인즈포올'은 사회적 기업이 아니라고 말하고 있는데, 그 이유는 호사의 사업계획이 이윤을 추구하는 외국 투자가들을 끌어들이는 데 필요한 내부수익률(20% 내지 30%)을 충족해야 하기 때문이라고 말하고 있다. 이런 논리라면 유누스가 창립한 은행의 최근 이자율이 26~31%이기 때문에 그라민 은행도 사회적 기업이라고 볼 수 없게 된다. 이 부분은 논쟁의 여지가 있지만 여기서는 구체적인 논의를 생략한다.

10 박용남 (2011), 《꾸리찌바 에필로그: 세계화에서 지역화로, 지구를 살리는 창조적 도시혁명》, 서해문집, pp. 221-237.

11 게세코 폰 뤼프케 · 페터 에를렌바인 엮음, 김시형 옮김 (2011), 《희망을 찾는가: 전혀 다른 방식으로 세상을 바꾸는 대안 노벨상 수상자들 이야기》, 갈라파고스, pp. 253-267.

도시의
로빈후드

12 그라민 은행에서 돈을 빌린 사람들은 아주 소액의 할부금을 일주일 단위로 갚는 반면에 그라민 샥티는 월 단위로 할부금을 받는다. 그 수준은 한 달 등유비를 절약해 할부금을 납부하는 정도다.

13 무함마드 유누스, 앞의 책, p. 61.

14 위의 책, pp. 25-34.

15 게세코 폰 뤼프케 · 페터 에를렌바인 엮음, 앞의 책, pp. 195-215.

16 이 부분은 사회적 기업을 직접 운영하거나 연구하는 활동가와 현장 취재를 주로 해온 기자들의 생생한 목소리를 토대로 작성했음을 밝혀둔다. 박송이, "정부의 '지속불가능한 사회적 기업' 정책,"《주간경향》, 927호, 2011. 5. 31; 문진수, "서울형 사회적 기업 1000개 전시행정 표본,"《오마이뉴스》, 2010. 6. 19; 문진수, "사회적기업 육성, 숫자 늘리기 게임이 아니다,"《오마이뉴스》, 2011. 5. 5.

17 사회적 기업 육성법을 시행한 2007년 이후 6년 동안 68개의 사회적 기업이 문을 닫았고, 현재에도 자체 수익모델을 개발하지 못한채 경영난에 시달리며 존폐를 고민하는 기업이 적지 않다. 또 고용노동부로터 사회적 기업 인증 취소와 함께 지원금 전액 환수명령을 받은 사회적 기업도 적지 않게 있다는 사실을 우리는 유념해야 한다.

18 김해창 (2009), "꿈꾸고 실천하는 사람들,"《녹색평론》, 통권 107호, p. 233.

옳은 발전, 가나자와─볼로냐─몬드라곤

1 宮本憲一 (1990),《環境經濟學》, 東京: 岩波書店.

2 세계적인 경제위기를 가져온 대량 생산방식의 대안으로 현재 언급되고 있는 이 방식은 프로그램 가능한 기술의 도움을 받아 더욱 유연하게 상황변화에 적응할 수 있는 새로운 형태의 장인적 생산방식을 의미한다. 이것은 다양한 개인의 기호와 필요를 충족시킬 수 있는 주문생산방식으로 대규모 기업에 의해서가 아니라, 10명 안팎으로 구성된 소규모 기업들에 의해 채용되고 있는 방식이다.

3 Michael J. Piore and Charles Sabel (1984), *The Second Industrial Divide: Possibilities for Prosperity*, New York, Basic Books, Inc., Publishers.

4 http://www.iclei.org/fileadmin/PUBLICATIONS/Case_Stories/Case_stories_EcoMobility_bologna_PDF_print.pdf

5 현재 몬드라곤 그룹은 스페인에서 7번째로 큰 기업으로 금융, 산업, 소매업, 지식 분야에서 광범위하게 활동하고 있다. http://en.wikipedia.org/wiki/Mondragon_Corporation

6 이 조합은 도시락을 주문 · 배달하는 일종의 서비스협동조합으로, 현재 400여 명의 여성 회원이 경영, 노동, 배달까지 떠맡아 하루에 약 5000명분의 점심을 제공하고 있고 대중식당과 청소용역업 · 청소도구 대여업도 함께 하고 있다고 한다.

7 William Foote Whyte (1982), "Social Inventions for Solving Human Problems," *American Sociological Review*, Vol. 47, pp. 1-13.

1 제임스 하워드 쿤슬러, 이한중 옮김 (2011), 《장기비상시대: 석유 없는 세상, 그리고 우리 세대에 닥칠 여러 위기들》, 갈라파고스, p. 42 재인용.

2 Jorg Friedrichs (2010), "Global energy crunch: How different parts of the world would react to a peak oil scenario," *Energy Policy*, Volume 38, Issue 8, pp. 4562~4569.

3 여기서 말하는 9가지 한계는 기후변화, 해양산성화, 성층권의 오존층 파괴, 질소 순환, 인 순환, 지구 규모의 담수 사용, 토지 체계 변화, 생물다양성 손실, 대기의 에어로졸 방출, 화학적 오염을 뜻한다.

4 요시다 타로 지음, 김석기 옮김 (2011), 《농업이 문명을 움직인다: 역사를 바꾼 고대 농법의 수수께끼》, 들녘.

5 www.transitionnetwork.org

6 요시다 타로, 안철환 옮김 (2004), 《생태도시 아바나의 탄생》, 들녘.

7 편의상 책 제목을 줄여 《몰락선진국》으로 한다. 요시다 타로, 송제훈 옮김 (2011), 《몰락 선진국, 쿠바가 옳았다》, 서해문집.

8 요시다 타로 지음, 김석기 옮김 (2011), 《농업이 문명을 움직인다: 역사를 바꾼 고대 농법의 수수께끼》, 들녘.

9 마라부는 87t/ha의 바이오매스량이 있어 3t을 소각하면 석유 1t에 맞먹는 에너지를 얻을 수 있다고 한다. 농지를 황폐화시키는 잡목인 마라부는 사탕수수와는 달리 연중 내내 얻을 수 있다는 장점이 있다.

10 요시다 타로, 위정훈 역 (2011), 《의료천국, 쿠바를 가다: 세계적 의료모범국 쿠바 현지 리포트》, 파피에.

11 지금으로부터 100여 년 전에 쿠바의 스페인으로부터의 독립전쟁을 응원하기 위해 싸운 뉴욕 출신 청년의 이름인데, 쿠바는 그의 업적을 기려 새로이 편성한 구조대의 명칭으로 삼았다.

도시의
로빈후드

참고문헌

- 강현수 (2010), 《도시에 대한 권리: 도시의 주인은 누구인가》, 책세상.
- 고용노동부·사회적기업연구원 (2010), 《사회적기업 개요집 501》.
- 국토해양부·교통안전공단 (2010. 12), 《국가 교통부문 온실가스 배출량 보고서》.
- 게세코 폰 뤼프케·페터 에를렌바인 엮음, 김시형 옮김 (2011), 《희망을 찾는가: 전혀 다른 방식으로 세상을 바꾸는 대안 노벨상 수상자들 이야기》, 갈라파고스.
- 김용옥 (2003), 《도올의 淸溪川 이야기: 서울, 유교적 풍류의 미래도시》, 통나무.
- 김종덕 (2009), "브라질 벨로오리존찌 시의 식량보장 정책 사례," 《농촌경제》, 32(4), 한국농촌경제연구원.
- 김태헌·이상열 (2013), 〈2011년 에너지수급 실적 분석〉, 에너지경제연구원.
- 김해창 (2009), "꿈꾸고 실천하는 사람들," 《녹색평론》, 통권 107호(7-8월호).
- 데이비드 본스타인, 박금자·나경수·박연진 옮김 (2008), 《달라지는 세계: 사회적 기업가들과 새로운 사상의 힘》, 지식공작소.
- 데이비드 브룩스, 형선호 옮김 (2000), 《보보스: 디지털 시대의 엘리트》, 동방미디어.
- 리처드 플로리다, 김민주·송희령 공역 (2010), 《그레이트 리셋: 아이디어 중심 창조경제로 비즈니스 새판 짜기맵》, 비즈니스맵.
- 리처드 로저스·필립 구무치안, 이병연 옮김 (2005), 《도시 르네상스》, 이후.
- 리처드 하인버그, 노승영 옮김 (2013), 《제로 성장 시대가 온다》, 부키.
- 모창환, "공짜 좋지만 '돈'은 어쩔 건데…," 《주간동아》, 930호, pp. 18-21.
- 무함마드 유누스, 송준호 옮김 (2011), 《무함마드 유누스의 사회적 기업 만들기》, 도서출판 물푸레.
- 문진수, "서울형 사회적 기업 1000개 전시행정 표본," 《오마이뉴스》, 2010. 6. 19.
- 문진수, "사회적기업 육성, 숫자 늘리기 게임이 아니다," 《오마이뉴스》, 2011. 5. 5.
- 박송이, "정부의 '지속 불가능한 사회적 기업' 정책," 《주간경향》, 927호, 2011. 5. 31.
- 박용남 (1997a), "지금은 자동차를 길들일 때," 《녹색평론》, 통권 제36호, 녹색평론사.
- 박용남 (2003b), "차 없는 도시를 향한 실험 – 보고타," 《녹색평론》, 통권 제73호, 녹색평론사.
- 박용남 (2006c), 《작은 실험들이 도시를 바꾼다: 보고타에서 요하네스버그까지》, 이후.
- 박용남 (2009d), 《꿈의 도시 꾸리찌바: 재미와 장난이 만든 생태도시 이야기》, 녹색평론사.
- 박용남 (2011e), "쿠바에서 배운다," 《녹색평론》, 통권 제121호, 녹색평론사.

- 박용남 (2011f), 《꾸리찌바 에필로그: 세계화에서 지역화로, 지구를 살리는 창조적 도시혁명》, 서해문집.
- 박용남 (2011g), "우리나라 사회적 기업의 현실과 향후 과제," 대전발전연구원, 《대전발전포럼》, 통권 제37호.
- 박용남 (2012h), "도시에서 간선도로가 사라지고 있다." 《녹색평론》, 통권 제124호, 녹색평론사.
- 박용남 (2012i), "시민들의 식량권을 지킨 도시," 《녹색평론》, 통권 제124호, 녹색평론사.
- 박용남 (2013j), "습지에서 꽃핀 공동체, 파우마스은행," 《녹색평론》, 통권 제130호, 녹색평론사.
- 박용남 (2013k), "뉴욕, 자동차 없는 도시를 꿈꾸다," 《녹색평론》, 통권 제132호, 녹색평론사.
- 박용남 (2013l), "생태교통을 이용한 마을만들기," 《녹색평론》, 통권 제132호, 녹색평론사.
- 박홍수 (2013), "즐거운 도시산책 생태교통 수원 2013," 《녹색도시전국대회 자료집》.
- 베벌리 슈왈츠, 전해자 옮김 (2013), 《체인지메이커 혁명》, 에이지21.
- 스기타 사토시, 임삼진 옮김 (1996), 《자동차, 문명의 이기인가 파괴자인가》, 따님.
- 신경희 (2010), 《서울시 (예비)사회적기업 육성 지원방안》, 서울시정개발연구원.
- 신혜경 (2005), "살맛 나는 도시 만들기," 《중앙일보》, 3월 19일자.
- 염태영 (2013), "생태교통과 함께하는 수원의 내일," 《제15회 지속 가능발전 전국대회 자료집》.
- 앨런 와이즈먼 지음, 황대권 옮김 (2002), 《가비오따쓰: 세상을 다시 창조하는 마을》, 월간 말.
- 앨런 이레이라 (1992), "이대로 가면 세상이 곧 죽을 것이다: '인류의 형님들'이 보내온 메시지," 《녹색평론》, 통권 제5호, 녹색평론사.
- 앨런 이레이라, 이태화 옮김 (2006), 《영혼의 부족 코기를 찾아서》, 샨티.
- 요시다 타로, 안철환 옮김 (2004), 《생태도시 아바나의 탄생》, 들녘.
- 요시다 타로, 송제훈 옮김 (2011), 《몰락 선진국 쿠바가 옳았다》, 서해문집.
- 요시다 타로, 김석기 옮김 (2011), 《농업이 문명을 움직인다》, 들녘.
- 요시다 다로, 위정훈 옮김 (2011), 《의료천국, 쿠바를 가다: 세계적 의료모범국 쿠바 현지 리포트》, 파피에.
- 웬델 베리 (2002), 《나에게 컴퓨터는 필요없다》, (주)양문.
- 정병순·신경희·차은수 (2007), 《서울시 사회적기업 육성 및 지원방안》, 서울시정개발연구원.
- 제레미 리프킨 지음, 이정배 옮김 (1996), 《생명권 정치학》, 대화출판사.
- 제임스 하워드 쿤슬러, 이한중 옮김 (2011), 《장기비상시대: 석유 없는 세상, 그리고 우리 세대에 닥칠 여러 위기들》, 갈라파고스.
- 조한선·이동민 (2012), 《2009년 전국 교통혼잡비용 추정과 추이 분석》, 한국교통연구원.
- 존 라이언, 이상훈 옮김 (2002), 《지구를 살리는 7가지 불가사의한 물건들》, 그물코.
- 지경배 (2010), "사회적 기업과 커뮤니티 비즈니스의 통합지원체계 구축방안," 강원발전연구원, 정책브리프 제80호.

도시의
로빈후드

- 지식경제부 · 에너지경제연구원 (2012),《에너지통계연보》.
- 케이티 앨버드 지음, 박응희 옮김 (2004),《당신의 차와 이혼하라》, 돌베개.
- 한국사회적기업진흥원 (2013),《2012년 사회적기업 개요집 723》.
- 한귀영, "무상버스…무모한 발상인가, 대담한 상상력인가,"《한겨레신문》, 2014. 4. 1.
- 宮本憲一 (1990),《環境經濟學》, 東京: 岩波書店.
- 西村幸夫 (1997),《環境保全と景觀創造》, 東京: 鹿島出版會.
- Alvord, Katie (2000), *Divorce Your Car!* : Ending the love affair with the automobile, Gabriola Islands, New Society Publishers.
- Amin, Ash (1989), "Flexible Specialisation and Small Firms in Italy: Myths and Realities," *Antipode 21*: 1, pp. 13-34.
- Appleyard, D. (1981), *Livable Streets*, Berkeley, University of California Press.
- Barton, Hugh ed.,(2000), *Sustainable Communities: The Potential for Eco-Neighbourhoods*, London, Earthscan Publications Ltd.
- Beatley, Timothy (2000), *Green Urbanism: Learning from European Cities*,
- Washington, D.C., Island Press.
- Bocarrejo, Juan Pablo and Luis Eduardo Tafur (2013), "Urban Land Use Transformation Driven by an Innovative transportation Project, Bogota, Colombia," Case study prepared for Global Report on Human Settlements.
- Booth, Douglas E. (1984), "Building a Cooperative Economy: A Strategy for Community Based Economic Development," *Review of Social Economy*, Vol. XLII, No. 3, pp. 339-359.
- Brown, Lester R. (2001), *Eco-Economy: Building an Economy for the Earth*, New York: W. W. Norton & Company.
- Bureau of Infrastructure, Transport and Regional Economics (2012), *Traffic growth: Modelling a Global Phenomenon*, Report 127, BITRE, Canberra, Australia.
- Carrigan, Aileen, Robin King, Juan Miguel Velasquez, Matthew Raifman & Nicolae Duduta (2013), *Social, Environmental and Economic Impacts of BRT Systems: Bus Rapid Transit Case Studies from Around the World*, Washington, EMBARQ.
- Cavanagh, John & Jerry Mander (eds) (2002), *Alternatives to Economic Globalization: A Better World is Possible*, San Francisco, Berrett-Koehler Publishers, Inc.
- Cervero, Robert (1998), *The Transit Metropolis: A Global Inquiry*, Washington, D.C., Island Press.
- Cervero, Robert et al. (2004), "Transit-Oriented Development in the United States: Experiences, Challenges, and Prospects," *TCRP Report 102*, Washington, DC, TCRP(Transit Cooperative Research Program).
- Cox, Peter (2010), *Moving People: Sustainable Transport Development*, London

Zed Books.

- Crawford, J. H. (2000), *Carfree Cities*, Utrecht, International Books.
- Diaz, Oscar Edmundo (Feb. 2001), "Bogota: The World's First Car Free City," *Peace and Environment News*.
- Diaz, Oscar Edmundo (2003), "Bus Rapid Transit and Other Bus Service Innovations: Bogota's Bus Rapid Transit System, TransMilenio," Senate Committee on Banking, Housing, and Urban Affairs, June 24.
- Dittmar, Hank and Gloria Ohland (2004), *The New Transit Town: Best Practices in Transit-Oriented Development*, Washington, Island Press.
- Dodds, Felix ed. (2000), *Earth Summit 2002: A New Deal*, London, Earthscan Publications Ltd.
- Donaldson, Sarah (Fall 2000), "Bogota's Mayor Stakes His Legacy on Sustainable Transport," *Sustainable Transport*.
- Ellerman, David P. (1984), "Entrepreneurship in the Mondragon Cooperatives," *Review of Social Economy*, Vol. XLII, No. 3, pp. 272-294.
- Enqwicht, David (1993), *Reclaiming Our Cities & Towns: Better Living with Less Traffic*, Philadelphia, New Society Publishers.
- Ewing, Reid H. (1999), *Traffic Calming: State of the Practice*, Washington, D.C., Institute of Transportation Engineers.
- Foletta, Nicole and Simon Field (2011), *Europe's Vibrant New Low Car(bon) Communities*, New York, ITDP.
- Freitas, Carlos de Institut Palmas Europe (2010), "Joaquim Melo, the Palmas Institute and the Community Banks," Mimeo.
- Friedrichs, Jörg (2010), "Global energy crunch: How different parts of the world would react to a peak oil scenario," *Energy Policy*, Volume 38, Issue 8, pp. 4562~4569.
- GEHL Architects (2007), *World Class Streets: Remaking New York City's Public Realm*.
- Girardet, Herbert (1992), *The Gaia Atlas of Cities: New Directions for Sustainable Urban Living*, London, Gaia Books Limited.
- Goodwin, Phil (2012), "Three Views on 'Peak Car'," *World Transport Policy and Practice*. 17 (4): pp. 8-17.
- Hass-Klau, Carmen (1990), *The Pedestrian and City Traffic*, London, Belhaven Press.
- Hawken, Paul, Amory Lovins and L. Hunter Lovins (2000), *Natural Capitalism: Creating the Next Industrial Revolution*, Little, Brown and Company.
- Hugh Schwartz (2004), Urban Renewal, Municipal revitalization: The Case of Curitiba, Brazil, Alexandria, VA.

- Inzerilli, Giorgio (1990), "The Italian Alternative: Flexible Organization and Social Management," International Studies of Management & Organization, Vol. 20, No. 4, pp. 6-21.
- ITDP(Institute for Transportation and Development Policy) and EMBARQ (2012), *The Life and Death of Urban Highways*.
- ITDP, GIZ, ClimateWorks Foundation, ICCT and Rockefeller Foundation (2013), *The BRT Standard 2013*.
- J. Jacobs, J. (1961), *The Death and Life of Great American Cities*, Vintage.
- Jones, Lisa (2002), "A Tale of Two Mayors: The improbable story of how Bogota, Colombia, became somewhere you might actually want to live," *Grist magazine*, 04 April.
- Kay, Jane Holtz (1997), *Asphalt Nation: How the Automobile Took Over America and How We Can Take It Back*, Berkeley, University of California Press.
- Kimmelman, Michael(2012), "Past Its Golden Moment, Bogota Clings to Hope," *The New York Times*, July 5.
- Lafferty, William M. ed. (2001), *Sustainable Communities in Europe*, London, Earthscan Publications Ltd.
- Lappé, Frances Moore and Anna Lappé (2002), *Hope's Edge: The Next Diet for a Small Planet*, New York, Jeremy P. Tarcher/Putnam. 2002.
- Lappé, Frances Moore (2009), "The City that Ended Hunger," *YES! Magazine*, Issue 49.
- Levinson, Herbert, Samuel Zimmerman, Jennifer Clinger, Scott Rutherford, Rodney L. Smith, John Cracknell and Richard Soberman (2003), "Bus rapid transit, Volume 1: Case studies in bus rapid transit," *TCRP Report 90*, Washington, DC, TCRP(Transit Cooperative Research Program).
- Melo Neto, Joao Joaquim (2010), "Associative Community Banks in Brazil," *WorkingUSA: The Journal of Labor and Society*, Vol. 13.
- Metz, David (2010), "Saturation of demand for daily travel," *Transport Reviews*, 30 (5): pp. 659-674.
- Mollner, Terry (1984), "Mondragon: A Third Way," *Review of Social Economy*, Vol. XLII, No. 3, pp. 260-271.
- Morais, Neiara de (2010), "Conhunto Las Palmeiras, Fortaleza, Brazil: Banco Palmas," Mimeo.
- Newman, Peter, Timothy Beatley and Heather Boyer (2009), *Resilient Cities: responding to Peak Oil and Climate Change*, Washington D.C., Island Press.
- Newman, Peter & Jeffrey Kenworthy (1989), *Cities and Automobile Dependence: A Sourcebook*, Vermont, Gower Publishing Company.
- Newman, Peter & Jeffrey Kenworthy (1999), *Sustainability and Cities: Overcoming*

Automobile Dependence, Washington, D.C., Island Press.

- Newman, Peter and Jeff Kenworthy (2011), "'Peak Car Use': Understanding the Demise of Automobile Dependence," *World Transport Policy and Practice*, 17(2), pp. 31-42.
- New York City (2013), *NYC Bike Share: Designed by New Yorkers*.
- Peerally, Jahan Ara, Marlei Pozzebon and Fabio Prado Saldanha (2012), *The Remarkable Expansion of Community Banks in Brazil: Discovering Palmas' Methodology*, Mimeo.
- Penalosa, Enrique(2002), "Urban Transport and Urban Development: A Different Model," *The Center for Latin American Studies*, University of California, Berkeley, April 8.
- Penalosa, Enrique (2011), "A Powerful Symbol," *Transport for Society*," OECD International Transport Forum, pp. 18-21.
- Piore, Michael J. and Charles Sabel (1984), *The Second Industrial Divide: Possibilities for Prosperity*, New York, Basic Books, Inc., Publishers.
- Porter, Julie (June 2010), "Trade Union responses to World Bank restructuring projects: The case of Transmilenio in Colombia," *Public World*, London: Public World Ltd.
- Prada, P. (2011), In pockets of Booming Brazil, a Mint Idea Gains Currency, *Wall Street Journal*, September 20.
- Prefeitura Belo Horizonte (2012), "SMASAN".
- Prefeitura Belo Horizonte (2012), "Belo Horizonte City Government".
- Prefeitura Belo Horizonte (2012), Belo Horizonte Cidade Sustentavel.
- Public Policies for Food Supplies in Belo Horizonte City, Brazil.
- Puentes, Robert and Adie Tomer (December 2008), "The Road...Less Traveled: An Analysis of Vehicle Miles Traveled Trends in the U.S.," *Metropolitan Infrastructure Initiative Series*, Brookings Institution.
- Rabinovitch, Jonas (1992), "Curitiba: Toward Sustainable Urban Development," *Environment and Urbanization*, Vol. 4, No. 2.
- Register, Richard (2002), *Ecocities: Building Cities in Balance with Nature*, Berkeley, Berkeley Hills Books.
- Richards, Beian (2001), *Future Transport in cities*, London, Spon Press.
- Roberts, Ian (2003), "Car Wars," *Resurgence*, no. 218, May/June.
- Rocha, Cecilia (2000a), "An Integrated Program for Urban Food Security Policy: The Case of Belo Horizonte," unpublished paper.
- Rocha, Cecilia (2001b), "Urban Food Security Policy: The Case of Belo Horizonte, Brasil," *Journal for the Study of Food and Society*, Vol. 5, No. 1, pp. 36-47.

도시의
로빈후드

- Rocha, Cecilia (2005c), "Urban Agriculture in Brazil," *Food for Talk Seminar Series*(2005. 12. 2), York University.
- Rocha, Cecilia (2007d), "Food Insecurity as Market Failure: A Contribution from Economics," *Journal of Hunger & Environmental Nutrition*, Vol. 1, no. 4, pp. 1-22.
- Rocha, Cecilia (2009e), "Healthy Food for All: The Alternative Food System in Belo Horizonte, Brazil," Earth Week at Wayne Sate University(April 21-22), Detroit, MI, USA.
- Rocha, Cecilia (2009f), "Developments in National Policies for Food and Nutrition Security in Brazil," *Development Policy Review*, 27 (1), pp. 51-66.
- Rocha, Cecilia, and Adriana Aranha (2003), Urban Food Policies and Rural sustainability-How the Municipal Government of Belo Horizonte, Brasil is Promoting Rural Sustainability.
- Rogers, Richard and Anne Power (2000), *Cities for a small country*, London, Faber and Faber Limited.
- Rosenthal, Elisabeth (2013), "The End of Car Culture," *The New York Times*, Jun 29.
- Saavedra, Nestor Saenz (2010), "The Evolution of Transportation Planning in Bogota".
  (http://www.docentes.unal.edu.co/nsaenzs/docs/TheEvolutionOfTransportionPlanning_in%20Bogota_Ver_ENG_Stuttgart.pdf)
- Sandoval, Edgar E. & Dario Hidalgo (2001), "TransMilenio: A High Capacity-Low Cost Bus Rapid Transit System developed for Bogota, Colombia," TransMilenio S.A.
- Seyfang, Gill & Noel Longhurst (2013), "Growing green money? Mapping community currencies for sustainable development," *Ecological Economics*, Vol. 86.
- Suzuki, Hiroaki, Robert Cervero, and Kanako Luchi (2013), *Transforming Cities with Transit: Transit and Land-Use Integration for Sustainable Urban Development*, The World Bank.
- The City of New York (2007), *PlaNYC: A Greener*, Greater NEW YORK.
- Tolley, Rodney ed. (1990), *The Greening of Urban Transport: Planning for Walking & Cycling in Western Cities*, London, Belhaven Press.
- TransMilenio S. A. (2002), Structural Change in Bogota's Transportation Systems: Public and Non Motorized Transportation Priority and Private Car Restrictions.
- Turner, Michael, Chuck Kooshian & Steve Winkelman(2012), Case Study: Colombia's Bus Rapid Transit(BRT) Development And Expansion, Center for

Clean Air Policy.

- UNCTAD & UNDP (2010), *Creative Economy Report 2010: Creative Economy A Feasible Development Option*.
- UNDP (2013), *Human Development Report 2013*-The Rise of the South: Human Progress in a diverse World.
- Weisman, Alan (1998), *Gaviotas: A Village to Reinvent the World*, Vermont, Chlsea Green Publishing Company.
- Whyte, William Foote (1982), "Social Inventions for Solving Human Problems," *American Sociological Review*, Vol. 47, pp. 1-13.
- World Bank Project Information Document, Concept Stage. Report No.: AB4561. Project Name: Colombia Integrated Mass Transit Systems (IMTS) Additional Financing. Date approved: July 2009.
- World Future Council (2009), Celebrating the Belo Horizonte Food Security Programme-Future Policy Award 2009: Solutions for the Food Crisis.
- Wright, Lloyd (2004), *Bus Rapid Transit: Planning Guide*, Eschborn, GTZ.

- http://casepalma.files.wordpress.com/2012/10/case-palmas-pdf.pdf
- http://en.wikipedia.org/wiki/Mondragon_Corporation
- http://www.esc-pau.fr/ppp/documents/featured_projects/colombia_bogota.pdf
- https://www.ashoka.org/fellow/Joaquim-de-melo-neto-segundo
- http://www.bancopalmas.org.br/
- http://www.bitre.gov.au/publications/2012/report_128.aspx
- http://www.brtdata.org/#/location/latin_america/colombia/bogota
- http://www.businessinsider.com/50-women-who-are-changing-the-world-2013-4?op=1
- http://www.climatechange2013.org/images/uploads/WGIAR5SPM_Approved27 Sep2013.pdf
- https://www.facebook.com/SummerStreets
- http://www.iclei.org/fileadmin/PUBLICATIONS/Case_Stories/Case_stories_EcoMobility_bologna_PDF_print.pdf
- http://www.nyc.gov/html/dot/summerstreets/html/home/home.shtml
- http://www.preservenet.com/freeways/FreewaysPompidou.html
- http://www.recyclebank.com
- http://www.silentkillerfilm.org/interview_aranha.html
- http://www.thesharehood.org
- http://www.uclg-cisdp.org/sites/default/files/Fortaleza_2010_en_FINAL.pdf

도시의
로빈후드

- http://www.unesco.org/most/southa10.htm
- www.banquepalmas.fr
- www.brtdata.org/#/location
- www.cicloviasrecreativas.org/en/
- www.sibrtonline.org
- www.thehighline.org
- www.transitionnetwork.org
- www.unece.org/fileadmin/DAM/thepep/en/committee/documents/2010/ presentations/05.rodriguez.pdf